Qualitative Sozialforschung

Reihe herausgegeben von
U. Flick, Berlin, Deutschland
B. Littig, Wien, Österreich
C. Lueders, München, Deutschland
A. Poferl, Dortmund, Deutschland
J. Reichertz, Essen, Deutschland

Stefan Thomas

Ethnografie

Eine Einführung

 Springer VS

Stefan Thomas
Fachhochschule Potsdam
Potsdam, Deutschland

Qualitative Sozialforschung
ISBN 978-3-531-18078-6   ISBN 978-3-531-94218-6   (eBook)
https://doi.org/10.1007/978-3-531-94218-6

Die Deutsche Nationalbibliothek verzeichnet diese Publikation in der Deutschen National-
bibliografie; detaillierte bibliografische Daten sind im Internet über http://dnb.d-nb.de abrufbar.

Springer VS ist ein Imprint der eingetragenen Gesellschaft Springer Fachmedien Wiesbaden GmbH
und ist ein Teil von Springer Nature
Die Anschrift der Gesellschaft ist: Abraham-Lincoln-Str. 46, 65189 Wiesbaden, Germany

Inhaltsverzeichnis

Vorwort

Diese Einführung in die Ethnografie versteht sich selbst als ethnografisch. In diesem Buch hat sich der Autor auf die Spurensuche gemacht, um auf der Grundlage seiner Felderfahrung zu rekonstruieren, was ethnografisches Arbeiten ausmacht. Das Schreiben von qualitativen Methodenbüchern – so sachlich und begrifflich diese auch daherkommen – ist fast immer ein zurückblickendes Sich-ins-Verhältnis-Setzen zum eigenen Forschen. Anstatt auf inhaltliche Befunde zu zielen, geht es um jene Wege, die der Forscher gegangen ist – im Sinne der altgriechischen Bedeutung von *méthodos* als der „Weg zu etwas hin". Der zurückgelegte Weg ist zunächst immer ein persönlicher, auf dem sich das praktische Erfahrungswissen, das beim Beschreiten der Forschungsfelder gesammelt wurde, mit der Lektüre der Literatur zur Forschungsmethodik vermengt hat. Die Systematik dieser Einführung zielt auf die Rekonstruktion und das In-Beziehung-Setzen von diesen beiden Erfahrungspolen. Erstens geht es um die Begründung des ethnografischen Verfahrens im Geiste wissenschaftlicher Standards. Hierzu greife ich auf die Erfahrungen, Reflexionen und Einsichten anderer Wissenschaftler*innen zurück, wie dies vor allem in der Literatur als aufgeschichtetes Wissensarchiv dokumentiert ist, aber sich auch durch den fachlichen Austausch vermittelt hat. Auf der anderen Seite geht es um die Aneignung derjenigen Erfahrungen, die ich selbst im ethnografischen Arbeiten gemacht habe.

Methodenbücher beruhen in der qualitativen Sozialforschung auf keinen letztbegründeten Wahrheiten, sondern sind Resultat reflexiver Praxis. Diese Reflexion darf kein beliebiges, persönlichen Vorlieben überlassenes, rein subjektives Wegebeschreiten sein, sie muss vielmehr gegenüber der Scientific Community, das heißt gegenüber kritischen Infragestellungen, rational begründet werden. Aus diesem Grund ist für die Darstellung von wissenschaftlichen Methoden und Theorien eine allgemeingültige Darstellung zu finden. Das reflexive Schreiben verbindet ich über diesen systematischen Rückbezug auf Wissenschaft mit dem Anspruch auf Wahrheit. Das mag ein großer Begriff sein, aber Wissenschaft ist ein großes Projekt; und ich bin der Überzeugung, dass das emanzipatorische Potential der Wissenschaften genau darin besteht, dass nicht jede Aussage als (gleich-)gültig bestehen kann. Vielmehr sind alle Aussagen im sorgfältigen Rückbezug auf empirische Erfahrungen und theoretische Konzeptualisierungen zu begründen. Es sind – wie gesagt – keine letztbegründeten Wahrheiten, aber es sind Wahrheiten, die so lange gelten, bis die Schlüssigkeit in Bezug auf Empirie und Theorie durch ein besseres Argument widerlegt ist. Die kritische Prüfung von Aussagen im Diskurs, das ist das Geschäft der Wissenschaften.

Eine große Herausforderung beim Schreiben von Methodenbüchern besteht darin, dass das Forschen, das heißt das Sammeln und Auswerten von Daten, nur im direkten Tun anschaulich ist, etwa beim Knüpfen von Feldkontakten, beim Interviewen, beim Beobachten, beim Kodieren etc. Worum es aber eigentlich geht, wenn sich Wissenschaftler*innen in der Welt herumtreiben, das ist eine intellektuelle Aneignung von Wirklichkeit in Begriffen und Theorien. Genau diese intellektuelle Leistung, also das, was im Kopf der Wissenschaftler*innen vor sich geht, wenn die empirische Welt zu verstehen und zu erklären ist, bleibt jedoch wenig anschaulich. Daher verfolgt dieses Buch den Anspruch, diese verborgene Leistung wissenschaftlichen Arbeitens ins Licht zu heben, um einen Fokus auf das intellektuelle Abenteuer zu richten, das mit dem ethnografischen Forschen verbunden ist.

Das Buch soll eine orientierende Einführung in die sozialwissenschaftliche Ethnografie bieten. Als Sozialwissenschaftler*innen sollen sich alle im großen Spektrum der Disziplinen angesprochen fühlen, die sich mit der sozialen Welt auseinandersetzen: Soziolog*innen, Politolog*innen, Psycholog*innen, Erziehungswissenschaftler*innen, Sozialarbeiter*innen und viele mehr. Vor allem möchte diese Einführung den Leser*innen einen sowohl praxisbezogenen als auch theoretisch fundierten Leitfaden zum ethnografischen Forschen an die Hand geben. Was diese Einführung nicht leisten kann, ist Vollständigkeit und eine Differenzierung der Methodendebatte in der Tiefe – hier ist ein Weiterlesen in den Quellen dieses Buches notwendig. Und schließlich erfordert eine Aneignung dessen, was es bedeutet, dort draußen im Feld Ethnografie zu betreiben, auch das praktische Erlernen von Fertigkeiten, wozu am Ende eines jeden Kapitels entsprechende Aufgabenstellungen anleiten sollen.

Danksagungen

Dass dieses Buch geschrieben werden konnte, beruht auf einer Vielzahl an tatsächlichen und literarischen Begegnungen, die mich dahingeführt haben, nun die letzten Zeilen anzufertigen. Die Grundlage meiner akademischen Laufbahn bildet insbesondere jene aufregende Zeit, in der ich am Psychologischen Instit der Freien Universität studiert und promoviert habe. Hier traf sich die Emphase methodischer Dignität, die für die Psychologie kennzeichnend ist, mit der (Not-) Wendigkeit, dem nomothetischen Ansatz eine sozial- und kulturwissenschaftliche Perspektive entgegenzusetzen. Danken möchte ich für meine Bildung durch Seminare, Lektüren und Gespräche vor allem Irmingard Staeuble, Morus Markard und Manfred Zaumseil. Besonders herausheben möchte ich Jarg Bergold, der mir die „Narrenfreiheit" gegeben hat, im Rahmen meiner Diplomarbeit eine ethnografische Studie zu schreiben, und der mich im Anschluss aufgefordert hat, mein wissenschaftliches Arbeiten im Feld der Ethnografie fortzusetzen.

Eine andere Gelegenheit, meinen Horizont zu erweitern, ergab sich aus einer Einladung von Aaron Cicourel als Visiting Scholar am Soziologie-Department der University of California, San Diego in La Jolla. Dort wurde ich von Bud Mehan als Sponsoring Professor sehr freundlich aufgenommen. Zurück in Berlin eröffnete mir Uwe Flick ein neues Tätigkeitsfeld als Lehrbeauftragter für qualitative Sozialforschung an der Alice Salomon Hochschule. Hier konnte ich im Gespräch mit Studierenden mein eigenes Verhältnis zur Forschungsmethodik klären, wofür ich ihm danken möchte. Neben vielen anderen Hilfestellungen hat er mir vorgeschlagen, dieses Buch in der Reihe Qualitative Sozialforschung bei Springer VS zu publizieren. Viele wichtige Anregungen zur Ethnografie resultierten nicht zuletzt aus meinem Forschungsaufenthalt am Center for Urban Ethnography bei Martin Sanchez-Jankowski am Soziologie-Department der University of California, Berkeley.

Besondere Bedeutung bei der Entstehung dieses Buchs hatte Erika Alleweldt, die immer die Erste war, die ein fertiggestelltes Kapitel gelesen hat, und mit ihren Korrekturen und Vorschlägen unverzichtbar war. Danken möchte ich zudem meinen Kolleg*innen, Mitarbeiter*innen und Student*innen an der Fachhochschule Potsdam, an der ich in einem sehr produktiven, kollegialen Umfeld meiner wissenschaftlichen Tätigkeit nachgehen kann. Für anregende Diskussionen und sorgfältiges Korrekturlesen möchte ich vor allem Jasmina Maurer, Madeleine Sauer, David Scheller, Susan Schröder und Ingmar Zalewski Dank sagen. Schließlich möchte ich Katja Rasmus und Barbara Driesen für das sorgfältige Lektorat danken.

Am Ende hat es ewig lang gedauert, dieses Buch zu schreiben, weil zwischenzeitlich meine Kinder geboren und ein Stück größer geworden sind. Da tat es gut, das Wissenschaftliche dem Familienleben hintanzustellen, für das ich Erika, Jakob, Elias und Frida danken will.

Ethnografische Entdeckungsreise 1

Ethnografie begibt sich auf Entdeckungsreisen in soziale Welten als ein Wagnis beobachtender und intellektueller Aneignung. Die Sozialwelt da draußen ist der Forschung als eigene Wirklichkeit längst vorgegeben. Ethnografie zielt auf ein Kennenlernen, Erforschen und Verstehen der Kulturen, in denen Menschen ihr Leben führen. Die kulturellen Bedeutungswelten erschließt sich die Ethnografin[1] aus der Begegnung mit Menschen in sozialen Situationen. Kennzeichnend ist, dass der Ethnograf sein Forschungscamp unter den Menschen aufschlägt, um aus erster Hand etwas über ihre Lebenspraxis in Erfahrung zu bringen. Ethnografie ist vor allem und zunächst Feldforschung (Atkinson 2015, S. 3 f.). Dabei geht es sowohl um die in der Alltagswelt typischen Situationen als auch um das Denken, Fühlen, Sprechen und Handeln der Menschen. Dies lässt sich aus allen möglichen Perspektiven sozialwissenschaftlicher Disziplinen betrachten: Soziologie, Anthropologie, Psychologie, Pädagogik, Soziale Arbeit etc. Die Ethnografin begnügt sich nicht damit, vom Schreibtisch aus eine Karte der sozialen Landschaft anzufertigen; vielmehr schreitet sie selbst die Landschaft ab, um sie auf diesem Wege kennenzulernen. Zum Aufgabenbereich der Ethnografie gehört es, dass sie Instrumentarien und Verfahrensweisen zur methodisch angeleiteten und reflektierten Kartografierung kultureller Welten sozialer Gruppen bereitstellt.

Ethnografie ist *die* klassische Methode zur Erforschung der Sozialwelt. Und doch bezeichnet Ethnografie im engeren Sinne keine spezielle Methode, sondern einen Forschungsstil. Dies liegt daran, dass sich das methodische Vorgehen nicht

---

[1] Sobald von mehreren Menschen die Rede ist, gebrauchen wir die alle sozialen Geschlechter umfassende Plural-Schreibweise mit Asterisk (Ethnograf*innen). Geht es um einen Menschen, nutzen wir unregelmäßig wechselnd die männliche und weibliche Form.

© Springer Fachmedien Wiesbaden GmbH, ein Teil von Springer Nature 2019
S. Thomas, *Ethnografie*, Qualitative Sozialforschung,
https://doi.org/10.1007/978-3-531-94218-6_1

vorab festlegen lässt. Denn die Sozialwelt konstituiert sich nicht erst – wie etwa beim Experiment – als künstlicher Forschungskontext, sondern besteht als der Untersuchung vorausgehende Wirklichkeit. Der Forschungsprozess wird der zu explorierenden *realen* Sozialwelt der Menschen untergeordnet, um die Charakteristika und Besonderheiten eben dieser zu entdecken, zu beschreiben und zu verstehen.

Die der Untersuchung vorausgehende Wirklichkeit ist jedoch nicht im direkten Zugriff zu erkennen, wie ein naiver Realismus oder Naturalismus behaupten würde (Hammersly & Atkinson 2007, S. 5 ff.). Erkenntnis erfordert Begriffe und Theorien, um die Wirklichkeit zu ergreifen. Das Erkenntnisverhältnis zwischen Sozialwelt und Wissenschaft lässt sich nicht zerreißen, indem die Empirie auf die eine Seite, die Theorie auf die andere Seite gestellt wird, denn die empirische Alltagswelt ist längst in (Alltags-)Begriffen und (Alltags-)Theorien gefasst. Die Bedeutungen in der Sozialwelt sind nicht naturhaft gegeben, sondern Resultat sozialer Verständigungs-, Aushandlungs- und Konstruktionsprozesse. Die Sozialwissenschaften haben nach Alfred Schütz (1973, S. 6) von diesen Common-sense-Bedeutungen als Konstruktionen erster Ordnung auszugehen, um daran mit der eigenen Theoriebildung als eine Konstruktion zweiter Ordnung anzusetzen. Damit greift Ethnografie die Alltagsbedeutungen, -verständnisweisen und -begriffe im Feld auf, um diese in die Wissenschaftssprache hereinzuholen (Cicourel 1974). Ansonsten verfehlen die Forscher*innen die sozialweltliche Bedeutung, wodurch sich Menschen erst über ihre Situationsdeutungen und Handlungsabsichten klar werden und untereinander verständigen können.

> The constructs used by the social scientists are, so to speak, constructs of the second degree, namely constructs of the constructs made by the actors on the social scene, whose behavior the scientist observes and tries to explain in accordance with the procedural rules of his science. (Schütz 1973, S. 6)

Im Konkreten erfordert Feldforschung ein hohes Maß an methodischer Flexibilität und praktischen Opportunismus, um den Forschungsgegenstand in der Sozialwelt aufzufinden. Standardisierung und Formalisierung läuft diesem offenen Erkenntnisinteresse eher zuwider. Ethnograf*innen sind angehalten, sich nicht auf spezielle Methoden zu beschränken, sondern den sozialen Phänomenen im Feld mit dem ganzen Werkzeugkoffer der empirischen Sozialforschung nachzuspüren. Es handelt sich um einen Forschungsstil, der alle möglichen Methodenperspektiven einnimmt, um die Sozialwelt in ihrer empirischen Vielschichtigkeit offenzulegen (Lüders 2000, S. 389). Dies macht den Rückgriff auf das umfassende Spektrum kognitiver Modi wie Zuhören, Fragen, Lesen, das aktive Intervenieren im Feld und die reflexive Introspektion notwendig (Gobo 2017, S. 23). Vor allem etabliert sich der Ethnograf als das Forschungsinstrument par excellence, was erfordert, sich als aktiven Teil des Erkenntnisprozesses zu reflektieren. Aus diesem Grund wäre es verkehrt, die Definition von Ethnografie auf rein methodische Aspekte engzuführen und sie, was häufig geschieht, auf die Teilnehmende Beobachtung zu reduzieren (Thomas 2010a).

Im Forschungsprozess ist immer wieder ausgehend vom Inhalt neu zu prüfen, mit welchen Methoden den Besonderheiten des Forschungsgegenstands im nächsten Schritt am besten auf die Spur zu kommen ist – gemäß dem Diktum von Glaser: All is data (2001, S. 145). Darunter können neben Teilnahme, Beobachtung, Interviews und Gruppengesprächen auch quantitative Methoden fallen, etwa indem ein Fragebogen verwendet wird oder standardisierte Beobachtungsprotokolle statistisch ausgewertet werden. All diese methodischen Entscheidungen zum Forschungsdesign ergeben sich aus der direkten Rückkopplung mit den inhaltlichen Einsichten und Rückschlüssen. Je mehr sich der Forschungsgegenstand im Lichte der Fragestellung aufklärt, desto profunder lässt sich die Planung des weiteren Vorgehens aus den identifizierten Charakteristika des Forschungsgegenstands inhaltlich begründen (Strauss & Corbin 1996, S. 148). „Primat des Gegenstandes" bedeutet also, dass alle methodischen Entscheidungen der Erkundung und Entdeckung des Feldes untergeordnet werden. Denn wie Blumer sagt:

> Reality exists in the empirical world and not in the methods used to study that world; it is to be discovered in the examination of that world and not in the analysis or elaboration of the methods used that study that world. (1969, S. 27; Filstead 1979, S. 32)

Trotz dieser methodischen Offenheit gehört zum festen Kern jeder ethnografischen Studie die Teilnehmende Beobachtung. Für die Ethnografin besteht die Herausforderung darin, das „wirkliche" Leben im Feld erst einmal aufzustöbern, damit in Kontakt zu treten und es sukzessive von innen her kennen zu lernen und zu erschließen.

> The participant observer gathers data by participating in the daily life of the group or organization he studies. He watches the people he is studying to see what situations they ordinarily meet and how they behave in them. He enters into conversation with some or all of the participants in these situations and discovers their interpretations of the events he has observed. (Becker 1958, S. 652; ähnlich: Hammersly & Atkinson 2007, S. 3)

Der Forscher gewinnt auf diesem Wege die einzigartige Möglichkeit, Menschen und ihre Wirklichkeit im Kontext ihrer Alltagswelt zu ergründen. „Ethnographie untersucht also die soziale Wirklichkeit im Vollzug" (Knoblauch 2014, 523). Folglich wird durch die Situierung des Forschers in der Welt der Akteur*innen die Ausgangsbasis dafür geschaffen, die vorfindliche kulturelle Landschaft aus der Nähe zu erkunden. Es ist ein Unterschied, ob die Wissenschaftlerin beispielsweise aus einer Studie über Schulen lediglich eine vage Vorstellung davon hat, wo die Schüler*innen tagtäglich lernen, oder ob sie die Lernanstalten von innen besichtigt hat; man denke nur an den Unterschied von Nutzungs- und Aufenthaltsqualitäten zwischen preußischen Gymnasien mit historisierender Fassade und kasernenförmigen Klassenzimmern, den asbestsanierten Gesamtschulen der 1970er Jahre im Sichtbetonlook oder moderne Schulgebäude mit offenen Lernlandschaften und bonbonfarbener Innenraumgestaltung (vgl. Fetterman 2010, S. 34). Wie sehr werden schon diese globalen Charakteristika die Alltagskulturen, die Aneignungsprozesse, die Tagtäglichkeit der Nutzung bestimmen? Um zu verstehen, was Menschen in ihrer Welt machen, sollten auch all jene Forscher*innen, die nicht gleich eine ganze Ethnografie durchführen wollen, zumindest durch kurze Feldaufenthalte zu eigenen Einsichten gelangen. Denn was für die Interviewpartner*innen längst zum Alltag geworden ist, wird in der Befragungssituation genauso wenig thematisiert und anschaulich wie sonst die Luft zum Atmen.

Dass sich Ethnografie dem definitorischen Zugriff als die *eine* Methode weitgehend entzieht, kommt der Feldforschung zugute. Im Vergleich dazu sind alle anderen Methoden in den Sozialwissenschaften viel formalisierter und regelgeleiteter. Die Sozialforscher*innen bewegen sich – wenn überhaupt – nur für sehr kurze Zeit ins Feld und ziehen sich mit den gewonnenen Daten rasch wieder zurück. Während es der Fragebogen erlaubt, tausende Menschen zu befragen, ohne ihnen jemals begegnet zu sein, verblasst selbst das qualitative Interview im Hinblick auf die Begegnungsintensität des Feldes. Während ein ausgedehntes Interview lediglich ein, zwei Stunden dauert, vollzieht sich der Feldkontakt in einer Ethnografie über Tage, Wochen, Monate und Jahre. Das Irritationspotential in der Feldforschung als Grundvoraussetzung dafür, etwas Neues zu lernen, ist im Vergleich zu allen anderen Methoden bedeutend größer.

Dieses Buch will einen forschungspraktischen Leitfaden entlang der zentralen Planungsstationen eines ethnografischen Forschungsprozesses bieten. Es werden jene Entscheidungspunkte und Herausforderungen behandelt, die in der Planung eines Forschungsprojekts relevant sind. Arbeitsaufgaben am Ende dieser Kapitel sollen helfen, das praktische Tun im Feld und am Schreibtisch zu planen. Dies soll alle, die noch keine eigene Erfahrung mit der Ethnografie gesammelt haben, soweit vorbereiten, dass sie im Anschluss an die Lektüre selbst ins Feld gehen können.

Neben diesem Fokus auf die Forschungspraxis sollen wichtige theoretische Diskussionen und Reflexionen dargestellt werden, damit das eigene tentative Forschungshandeln eingeordnet und kritisch reflektiert werden kann. Im 2. Kapitel steht eine grundlagentheoretische Auseinandersetzung mit methodologischen und historischen Hintergründen der Ethnografie im Vordergrund. Insofern ist dieses Kapitel das theoretisch voraussetzungsvollste, was die geneigten Leser*innen aber nicht abschrecken soll. Die folgenden Kapitel fokussieren dann die Forschungspraxis, die immer wieder theoretisch fundiert an den Wissenschaftsdiskurs rückgebunden wird.

Im Kapitel 3 werden wir in das Forschungsdesign einführen, in dem Fragestellung und die wichtigsten methodischen Verfahrensschritte festgelegt werden. In der Ethnografie ist insbesondere das Theoretical Sampling zu beachten, das Datenerhebung, -dokumentation und -auswertung inhaltlich miteinander verschränkt. Ebenso sind Gütekriterien von Bedeutung, um die Qualität von Prozess und Ergebnissen zu sichern. Wenn Fragestellung und Forschungsdesign geklärt sind, kann mit der Datenerhebung begonnen werden. Mit einem Fokus auf Teilnahme, Beobachtung und Interview sollen wichtige Verfahren aus dem Methodenkoffer empirischer Sozialforschung dargestellt werden (Kapitel 4). Daraufhin werden Techniken zur Datenaufzeichnung in der Feldforschung aufgezeigt, bei der insbesondere die Protokollierung von Beobachtungsdaten wichtig wird (Kapitel 5). In dem Kapitel zur Auswertung stellen wir zwei Verfahren gegenüber. Auf der einen Seite erörtern wir unter dem Begriff „synthetische Auswertung" die Herstellung von Dichten Beschreibungen. Auf der anderen Seite steht die analytische Auswertung – als die klassische Methode –, in der das Material konzeptualisiert und kategorisiert wird (Kapitel 6). Der Forschungsprozess mündet im Schreiben des ethnografischen Reports. Neben einigen Hinweisen zur Schreibpraxis diskutieren wir unter dem Stichwort „Writing Culture" die Kritik an der ethnografischen Repräsentation der Anderen (Kapitel 7). Das Buch endet mit einigen Schlussbemerkungen zur Lage der Ethnografie (Kapitel 8).

2.1 Bestimmungslinien der Ethnografie

Das Reisen in unbekannte Länder und das Interesse an den Anderen reicht tief in die Menschheitsgeschichte zurück (Wax 1971, S. 21 ff.). Zu einer eigenständigen Methode hat sich das wissenschaftliche Schreiben über Kulturen und soziale Gruppen erst in jüngster Zeit entwickelt. Gegenüber den anderen Methoden der Sozialforschung zeichnet sich Ethnografie insbesondere durch die direkte Begegnung der Menschen im Feld aus. Auf der anderen Seite steht jedoch die persönliche Unvertrautheit mit der untersuchten Sozialwelt. Auf methodologischer Ebene spiegelt sich dies in dem Bruch zwischen dem Eigenen und Fremden wider. Es muss daher eine Brücke geschlagen werden, damit der Ethnograf seine eigenen Sichtweisen und Selbstverständlichkeiten durch ein Kennenlernen der Lebenspraxis der Anderen erweitern kann. Dies ist einfacher gesagt als umgesetzt. Hinzu kommt, dass, so sehr das Kennenlernen des Alltags konkret und anschaulich ist, sich die Frage nicht einfach zu beantworten lässt, was Verallgemeinerungsansprüche sein können, um neben einer Beschreibung auch zu einer Theorie der untersuchten Sozialwelt zu gelangen.

Im Folgenden werden durch die Skizzierung der historischen Wurzeln zunächst wichtige Traditionslinien dargestellt, die zur Entwicklung des ethnografischen Forschens in den Sozialwissenschaften maßgeblich beigetragen haben (2.2). Im Anschluss daran werden grundsätzliche Herausforderungen von Ethnografie herausgehoben. Auf der methodologischen Ebene kennzeichnet sich Ethnografie als Begegnung des „Fremden" und der „Anderen". Zugleich führt dies zur Notwendigkeit, sich als Feldforscher*in einer „zweiten Sozialisation" zu unterziehen, die auf der einen Seite mit der Gefahr des „going native" einhergeht, die auf der anderen Seite aber eine Qualifizierung als „deep actor" erlaubt (2.3). Daraufhin

© Springer Fachmedien Wiesbaden GmbH, ein Teil von Springer Nature 2019
S. Thomas, *Ethnografie*, Qualitative Sozialforschung,
https://doi.org/10.1007/978-3-531-94218-6_2

werden die Erkenntnisansprüche der Ethnografie entlang des Konzepts der Dichten Beschreibung verallgemeinert, um eine Antwort auf die Frage zu suchen, wie Ethnografie über Einzelfallbeschreibungen hinauskommt und zu allgemeingültigen Aussagen gelangt (2.4).

2.2   Traditionslinien ethnografischen Forschens

2.2.1   Ethnografie in der Sozialanthropologie

Von ihren historischen Ursprüngen her verkörpert ethnografische Feldarbeit stets die Konfrontation und Auseinandersetzung mit einer fremden Kultur – zumindest aus Sicht der westlichen Wissenschaften. In den Anfangszeiten war Ethnografie mit dem Entdecken von exotischen und bis dahin unerforschten Sozialwelten in entlegenen Regionen der Erde untrennbar verbunden. „Anthropologists, along with natural scientists, cartographers, explorers, missionaries, and miscellaneous other travelers from the West, shipped out, Darwin-like, in the mid-nineteenth century to study cultural diversity face to face" (van Maanen 1988, S. 14 f.). Ethnografisches Material wurde zumeist in Gesellschaften gesammelt, die vom kulturellen Lebenszusammenhang der Anthropolog*innen weit entfernt waren. Die Auseinandersetzung zielte auf die systematische Erfassung und Beschreibung der besonderen Lebensweisen und der kulturellen Eigenarten fremder Völker und Ethnien ab. Dabei war das wissenschaftliche Erkenntnisinteresse an den „Primitiven" von Anfang an eingelassen in die Kolonialisierung ihrer Länder (Denzin & Lincoln 2005, S. 1). Das Leben der Indigenen wurde vielfach zu einer primitiven Vorform der westlichen Kulturform verklärt, während Letztere als Krönung der Entwicklung angesehen wurde – wie etwa im kulturellen Evolutionismus (Kohl 2012, S. 151 ff.).

Dieser vermeintliche Blick in die eigenen kulturellen Ursprünge ging nicht selten mit einer romantischen Verklärung der Anderen einher. Dieser Romantizismus entsprang mehr der Sehnsucht der Anthropolog*innen nach einem Leben in ursprünglichen Kulturzusammenhängen, organisiert in kleinen, überschaubaren sozialen Einheiten und in unmittelbarer Naturverbundenheit als Gegenbild zu der eigenen Zivilisation und den anonymen und entfremdeten Formen des modernen Lebens. Als ein bekanntes Beispiel steht für diese Tendenz Margaret Meads verklärende Schilderung der Sexualität Heranwachsender auf Samoa (1970). Diese brachte ihr später den Vorwurf ein, dass sie eigene Vorstellungen von einem repressionslosen Umgang mit Sexualität auf das untersuchte Inselvolk projizierte (Freeman 1983). Und doch findet sich immer wieder auch das Erstaunen der frühen Anthropolog*innen, wie etwa bei Franz Boas, der auf seiner Expedition entlang der Küste von British Columbia auf Menschen traf, die sich gar nicht so sehr von ihm unterscheiden, auch wenn sie sich in einer anderen Sprache unterhielten und andere kulturelle Praxen pflegten (Boas 1994).

Erst mit der Wende zum 20. Jahrhundert bildete sich Ethnografie als eigenständiger Forschungsansatz heraus. Noch zuvor war es in der Sozial- und Kulturanthropologie eine Ausnahme, dass die Wissenschaftler*innen eigene Feld- und Fremderfahrung ihrer Arbeit zugrunde legten. In den Anfängen der Sozialanthropologie war ursprünglich „die Figur des ‚Lehnstuhl-Ethnologen' bestimmend gewesen". „Diese Gelehrten stützten sich zunächst unter anderem auf die Berichte von Missionaren, Angehörigen der Kolonialverwaltung, Händlern und Reisenden, das heißt derjenigen, die von Malinowski später als ‚Amateurforscher' bezeichnet werden sollten" (Fuchs & Berg 1993, S. 25).

Aufgrund der Institutionalisierung und Akademisierung der Ethnologie als eigenständige Disziplin wurde es jedoch erforderlich, sich gegenüber diesen laienhaften Reisebeschreibungen abzugrenzen und sich des wissenschaftlichen Niveaus des eigenen Vorgehens zu vergewissern. Damit die Datengenerierung verstärkt methodischen Kriterien folgt, wurden zuerst Forschungsleitfäden entwickelt. Dabei haben speziell die „Notes and Queries on Anthropology" (British Association for the Advancement of Science 1874) besondere Bedeutung erlangt. Bei dem notizbuchgroßen Booklet für die Jackentasche mit dem anregenden Untertitel „For the Use of Travellers and Residents in Uncivilized Lands" werden auf immerhin 150 Seiten eine Vielzahl von Leitfäden präsentiert, um Sachverhalte wie Kopfumfang, Augen- und Hautfarbe – mithilfe von abgedruckten Farbtafeln –, die Ausprägung des sensorischen Leistungsvermögens – etwa beim Sehen oder Hören – bis hin zu Kulturformen – etwa Gebräuche, Totems, Navigation etc. – zu klassifizieren und zu vermessen.

Im Zuge dieser Professionalisierung wurde die Arbeitsteilung zwischen Wissenschaftler*innen und Informations- und Datenlieferant*innen mit der Herausbildung von einem „academician-cum-ethnographer" schließlich aufgehoben (Stocking 1983, S. 91). Zudem entwickelte sich gegen Ende des 19. Jahrhunderts vor allem in Nordamerika ein zunehmendes Bewusstsein dafür, dass die von westlichen Kultureinflüssen, kapitalistischen Wirtschaftsformen und kolonialisierenden Landnahmen weitgehend unberührten Zivilisationen zu verschwinden drohten. Für die Sozialanthropolog*innen begann ein Wettlauf mit der Zeit: Sie gingen nun verstärkt ins Feld, um auf Forschungsexpeditionen die „Natives" in ihren bedrohten Kulturformen selbst kennenzulernen. Obwohl einige Forscher*innen dabei auch die Sprachen erlernten, um sich mit den Menschen zu verständigen, handelte es sich zumeist um Stippvisiten, um sich die Sagen, Magie und Religion erzählen zu lassen und kulturelle Artefakte wie Totems, Masken und alltägliche Gebrauchsgegenstände zu erwerben. Als schließlich unter anderem Bronisław Malinowski den neuen Ansatz einer intensiven Feldforschung qua Teilnehmender Beobachtung entwickelte, setzte er damit federführend die moderne Form ethnografischer Forschung durch (Stocking 1983).

> Das mit dem Namen Bronislaw Malinowski verbundene Feldforschungsmodell der gesamthaften Erkundung einer Stammesgesellschaft in allen ihren Aspekten durch einen einzelnen Ethnologen, der sich in ihrem Lebensraum aufhält, ihre Sprache benützt und in laufender Kommunikation mit ihr steht, ist nach dem Ersten Weltkrieg zum vorherrschenden Paradigma der modernen Ethnologie geworden. (Stagl 2000, S. 270)

Dass sich diese intensive Form von Teilnehmender Beobachtung genau zu diesem Zeitpunkt entwickelte, war eher einem historischen Zufall geschuldet, obwohl die Amalgamierung von Theoretiker und Feldforscher nur folgerichtig war. Malinowski hielt sich beim Ausbruch des Ersten Weltkriegs als polnischer Staatsbürger in Australien auf und entschied sich, vorerst nicht nach Europa zurückzureisen (Young 2004, S. 289 ff.). Er konnte bei den australischen Behörden erwirken, dass er nach Papua-Neuguinea weiterreisen durfte, um seine Feldforschung auf den Trobriand-Inseln durchzuführen (Young 2004, S. 383 ff.).

> Wenn wir, den schwierigen Passagen zwischen den Sandbänken folgend, über die Lagune segeln und uns dem Festland nähern, bricht der dicht verfilzte, niedrige Dschungel über einem Strand hier und dort auf und läßt uns in einen Palmenhain blicken, wie in einen von Pfeilern getragenen Innenraum. Das deutet auf ein Dorf hin. Wir betreten den Küstenstreifen, der wie üblich von Abfall und Schmutz bedeckt ist und auf dem die hochgezogenen Kanus trocken liegen, und betreten, die Baumgruppe durchquerend, das Dorf selbst. (Malinowski 1922/1979, S. 78 f.)

Diesen teils aus Not verlängerten Aufenthalt auf der Trobriand-Inselgruppe systematisierte er zur Teilnehmenden Beobachtung als eine Methode, um die Kultur der beforschten Menschen in einer neuen Intensität zu studieren:

> Das Ziel besteht, kurz gesagt, darin, den Standpunkt des Eingeborenen, seinen Bezug zum Leben zu verstehen und sich *seine* Sicht *seiner* Welt vor Augen zu führen. Unsere Aufgabe ist es, Menschen zu studieren, wir müssen das untersuchen, was sie am unmittelbarsten betrifft, nämlich ihre konkreten Lebensumstände. (Malinowski 1979, S. 49)

Die Ethnografie sollte imstande sein, „die alltäglich gelebten, routinierten, ‚gewöhnlichen' Beziehungen und Aktivitäten in fremden Lebenswelten zu erfassen" (Fuchs & Berg 1993, S. 26 f.).

In dieser Form der intensiven Feldforschung kristallisierte sich deutlich das Wesentliche der Ethnografie heraus: Teilnahme am kulturellen Lebenszusammenhang und – damit zusammenhängend – persönliche Begegnung der Anderen. Der Ausgangspunkt der ethnografischen Grunderfahrung ist, dass der Bezug der Anderen zu *ihrem* Leben sowie *ihre* Sicht auf *ihre* Welt, das heißt der ganze kulturelle Zusammenhang, mehr oder weniger unbekannt, fremd und rätselhaft ist. Der Prozess des Kennenlernens und Verstehens realisiert sich in einer Form, dass sich der Forscher auf „eine wirkliche Berührung mit den Eingeborenen" einlassen muss (Fuchs & Berg 1993, S. 26 f.). Die epistemologische Annäherung an den Anderen ist somit in einen forschenden Interaktionsprozess eingebunden, in dessen Mittelpunkt die persönliche Beziehung des Forschers zu den Anderen steht. „Der Stoffwechsel mit der fremden Kulturgemeinschaft läuft über Reziprozitätsbeziehungen mit deren Angehörigen" (Stagl 1991, S. 60). Insofern ist die „Begegnung" mit den im Feld lebenden Menschen als ein zentraler Aspekt der schon oben angeführten Teilnahme an den „konkreten Lebensumständen" anzusehen, deren Notwendigkeit sich aus der Fremdheit und Andersartigkeit der zu explorierenden kulturellen Sozialwelt begründet.

> Der Sozialanthropologe muß seine bequeme Lage im Liegestuhl unter der Veranda einer Missionarshütte, in seinem Verwaltungsposten und im Bungalow eines Pflanzers verlassen, wo er mit Bleistift, Notizbuch und manchmal auch Whisky und Soda versehen, sich angewöhnt hat, die Aussagen von Informanten zusammenzutragen, Geschichten niederzuschreiben und ganze Seiten mit Texten von Wilden zu füllen. Er muss in die Dörfer gehen, den Menschen im Garten, am Strand und im Dschungel zusehen; zusammen mit ihnen muss er zu weit entfernten Sandbänken fahren und fremde Stämme besuchen; er muss sie beim Fischfang, bei der Jagd und zeremoniellen Meeresfahrten beobachten. (Malinowski 1954, S. 146)

In der Sozialanthropologie ist heutzutage eine wissenschaftliche Karriere ohne einen solchen intensiven, mehrmonatigen, typischerweise einjährigen Forschungsaufenthalt im Feld nicht mehr denkbar. Die ethnografische Erfahrung wurde zum Initiationsritus, anhand dessen sich alle Anthropolog*innen auszuweisen haben.

2.2.2 Ethnografie in den Sozialwissenschaften

Die Initialzündung zur Etablierung und Institutionalisierung der Feldarbeit als eigenständige Forschungsstrategie in den Sozialwissenschaften wird allgemein ab den 1920er Jahren den Arbeiten des „Department of Sociology" an der University of Chicago zugeschrieben; der „Chicago-School" (Salerno 2007). Dort vollzog sich eine Hinwendung zu der empirischen Exploration und Erfassung sozialer Welten, die innerhalb der eigenen Gesellschaft anzutreffen sind (vgl. Burgess 1984, Kap. 1). Wegweisend war hier die Arbeit von Robert E. Park, der seinen Beruf als Journalist aufgab und sich wieder der akademischen Sphäre zuwandte. Die Forschung der „Chicago-School" widmete sich vorzugsweise dem sozialen Leben in amerikanischen Großstädten expressis verbis Chicago.

> Park (1925/1967) conceived the city to be a social laboratory containing a diversity and heterogeneity of peoples, lifestyles, and competing and contrasting worldviews. [...] Under his and Ernest W. Burgess' direction or inspiration, a set of ethnographic studies emerged focusing on singular descriptions of one or another aspect of human life that was to be found in the city. (Vidich & Lyman 1994, S. 33)

Die neue Forschungsmethode etablierte sich im Kontext eines umfassenden gesellschaftlichen Strukturwandels. Chicago war ähnlich wie andere US-amerikanische Großstädte, die sich im 19. Jahrhundert herausgebildet hatten, gravierenden Urbanisierungs- und Transformationsprozessen unterworfen. Die rahmende Kulisse für das Aufgreifen und Ankommen der Feldforschung in der Soziologie bildete das rasante Städtewachstum und damit einhergehend die Erfahrung einer sich zuspitzenden Spaltung der Gesellschaft. Die Ursachen lagen einerseits in der Zuwanderung vorwiegend aus Europa stammender Menschen nach Nordamerika, später auch der Afroamerikaner*innen aus den Südstaaten. Andererseits beförderten die wachsenden Großstädte die zunehmende Auflösung, Dissoziation und Differenzierung einer mehr oder weniger einheitlichen überschaubaren Sozialwelt. Bei den Sozialwissenschaftler*innen schärfte sich die Wahrnehmung für solche Transformationsprozesse und deren Auswirkungen auf das soziale Leben (Deegan 2007). In einer Stadt wie Chicago musste die kulturelle Fremdheit schon an der nächsten Straßenecke beginnen. Ein Blick auf den historischen Stadtplan verrät anhand der Namen der verschiedenen Quartiere – Ukrainian Village, Little Sicily, Greektown, Chinatown – die Herkunft der Menschen. Sie kamen nicht nur aus unterschiedlichen Ländern, sondern migrierten häufig aus bäuerlichen und kleinstädtischen Lebensgemeinschaften, die sich auf den Weg in ein neues Leben in die USA machten – wie dies eindrucksvoll etwa in „The Polish Peasant in Europe and America" von Thomas und Znaniecki anhand von Briefen, Zeitungsartikeln, Gerichtsakten etc. historisch dokumentiert ist (1918-1920). Zentrale Forschungsthemen waren vor allem der soziale Zusammenhalt und die Desintegration in den Straßenzügen der anonymen Großstadt. Damit vollzog sich nicht nur eine allgemeine Intensivierung und Ausdehnung empirischer Feldforschung. In der Soziologie rückte nun die Exotik und Fremdheit der eigenen Gesellschaft in den Brennpunkt. Zudem richtete sich das Interesse explizit auf diejenigen „communities" und „sozialen Räume", die der akademische Blick des mittelständischen Bürgertums bisher nicht beachtet hatte: die Welten der Migranten, Underdogs, Außenseiter etc. Die Anweisung Parks an die Studierenden lautete dabei: „go into the district", „get the feeling", „become acquainted with people" (Lindner 2007, S. 118).

Wegweisende Studien zur Etablierung der ethnografischen Methode in der Soziologie waren etwa „The Hobo" von Anderson als ein Sozialpanorama der auf Güterzügen landfahrenden Wanderarbeiter (1923), Thrashers Buch „The Gang" (1927) über jugendliche Banden, Wirths „The Ghetto" (1928), in der städtische Ein- und Ausschlüsse analysiert werden, Zorbaughs „The Gold Coast and the Slum" (1929), worin zwei aneinander angrenzende Chicagoer Stadtteile verglichen werden, auf der einen Seite „The Gold Coast" mit den Anwesen der Reichen, auf der anderen die Armenviertel des Slums, oder Cresseys Studie „The Taxi-Dance Hall" (1932) über Vergnügungslokale, in denen weibliche „taxi dancers" für einen Tanz gemietet werden konnten (hierzu auch Lindner 2007, S. 104). Als klassische Studie über das großstädtische Leben gelten aber auch die „Street Corner Society" von William Foote Whyte, in der die soziale Struktur eines italienischen Immigrantenviertels in Boston untersucht wird (1955/1981), oder die Studie über das Leben der Afroamerikaner*innen in der Chicagoer South Side: „Black Metropolis" von Drake und Caton (1945).

Vor dem Hintergrund der großstädtischen Entfremdung wurde die Notwendigkeit augenscheinlich, dass die Sozialwissenschaftler*innen „Primärerfahrung" (Gerdes 1979) im Feld selbst machen müssen. Was als Teil der eigenen Sozialwelt den Ethnograf*innen auf den ersten Blick bekannt und vertraut erscheint, entpuppt sich als selbständige soziale Welt, die nur aus einer voreiligen Projektion des eigenen Vorverständnisses verständlich und wohlbekannt gemacht wurde. Dabei ist die Soziologie aufgrund der „scheinbaren" Nähe zu ihrem Untersuchungsgegenstand noch viel stärker als die Ethnologie von der Gefahr des Ethnozentrismus bedroht:

Was den *soziologischen* Ethnografen vom ethnografisch arbeitenden *Ethnologen* bzw. Kulturanthropologen unterscheidet, das ist, dass er (der Soziologe) in der Regel erst wiedererlernen muß, dass er die ‚Sprache des Feldes' tatsächlich *nicht* ohnehin und selbstverständlich beherrscht. Anders ausgedrückt: Soziologische Ethnografie muss sozusagen in nächster Nähe jene ‚Fremde' zuerst überhaupt *entdecken*, die der ethnologische Ethnograf gemeinhin fast zwangsläufig ‚existentiell' erfährt, weil und indem seine alltäglichen Routinen ‚im Feld' oft ziemlich brachial erschüttert werden. (Honer 1989, S. 308)

In den Sozialwissenschaften fehlt in der Regel jede Form exotischer Fremdheit. Umso wichtiger wird eine „Befremdung des scheinbar Vertrauten" (Amann & Hirschauer 1997, S. 13), um durch die Dezentrierung gegenüber den eigenen Kategorien in ein offenes Verhältnis zum Feld zu treten, um idealiter die soziale Welt sowie die Akteur*innen in ihrer Eigenständigkeit und Besonderheit zu entdecken.

2.2.3 Ethnografie im deutschsprachigen Raum

Christian Lüders attestierte noch 2000 der deutschsprachigen Debatte um Ethnografie den Stand eines „Entwicklungslandes" (S. 389). Seitdem ist allein durch die verstärkte Öffnung der Sozialwissenschaften hin zur qualitativen Methodik einiges geschehen. Uwe Flick macht deutlich, wie gesellschaftliche Entwicklungen hin zu entdifferenzierten, pluralisierten und individualisierten Sozialwelten eine explorative und theoriegenerierende Sozialforschung erforderten (2007a, S. 22 f.). Durch die Zerklüftung der soziokulturellen Landschaft ist die Wissenschaft mit vielfältigen und unterschiedlichen Orientierungen, Rationalitäten und Maximen konfrontiert, vor denen Menschen ihre Alltagserfahrung reflektieren und ihre Handlungsweisen begründen (Honer 2000). Daraus leitet sich die Notwendigkeit zur methodischen Offenheit ab, denn den pluralisierten Sozialwelten wird eine Festlegung des Forschungsgegenstands auf der Grundlage von allgemeingültigen (Groß-)Theorien und standardisierten Methoden nicht mehr gerecht.

Trotz dieses Bekenntnisses zur Offenheit gegenüber dem Gegenstand ist in Deutschland eine Engführung der qualitativen Aufgabenstellung feststellbar. Von Anbeginn der Institutionalisierung qualitativer Forschung findet sich eine deutliche Bevorzugung des Interviews. Damit verengt sich methodenbedingt das Erkenntnisinteresse auf die Sichtweisen, Meinungen und Erzählungen der Interviewten. Darin kommt als implizite Prämisse zur Geltung, dass sich trotz aller sozialen und kulturellen Verschiedenheit der Andere sicherlich verstehen lässt. Im Gegensatz zu dieser Fokussierung auf das Interview gehört in den USA die Ethnografie zu den klassischen Methoden der Erforschung der Sozialwelt. Wenn Denzin und Lincoln (2005) salopp qualitative Sozialforschung mit Ethnografie gleichsetzen, dann ist dies trotz aller begrifflichen Unschärfen einem anderen Methodologieverständnis geschuldet, demzufolge die Konfrontation mit dem Unbekannten und Fremden eine kulturelle Grunderfahrung darstellt. Daher stammen die meisten Einführungen in die qualitative Sozialforschung aus dem US-amerikanischen Raum, in denen Ethnografie als „normale" Methode längst etabliert ist (vgl. Atkinson 2015; Coffey 2018; Fetterman 2010; Murchison 2010) und im Rang als eines der zentralen Grundparadigmen qualitativer Sozialforschung steht (Creswell 2013;

Marshall & Rossman 2016). Feldforschung wird als Kernqualifikation qualitativer Forschung wahrgenommen: „Immersion in the setting permits the researcher to hear, see, and begin to experience reality as the participants do" (Marshall & Rossman 2016, S. 145). Als weit verbreiteter Grundanspruch kann die Maxime angesehen werden: „Qualitative research takes place in the natural setting" (Creswell 2003, S. 181). Dagegen lässt sich die Präferierung des Interviews als Leitmethode in Deutschland auf der soziokulturellen Ebene in Beziehung setzen zu der für lange Zeit gehegten Illusion, dass hierzulande alle Bürger Deutsche sind, damit eine gemeinsame Sprache sprechen und ihren kulturellen Hintergrund miteinander teilen. Dementsprechend wird ungleich stärker betont, dass die Erfahrung kultureller Fremdheit überhaupt erst durch eine Forschungshaltung der Befremdung hergestellt werden muss (Amann & Hirschauer 1997, S. 11 ff.). Im Vergleich dazu hat es in den USA immer schon gereicht, den eigenen Wohnblock hinter sich zu lassen und um die Straßenecken der Großstadt zu ziehen, um das fremde Leben kennenzulernen (Lindner 2004).

Zunehmend wird jedoch Ethnografie auch in den deutschen Sozialwissenschaften zur etablierten Methode, die nicht mehr als exotisch gilt (Thomas 2017a). Obwohl sich immer auch Bücher zur Feldforschung gefunden haben (Sutterlüty & Imbusch 2008; Girtler 2001; Lueger 2000), liegen erst seit Anfang der 2010er Jahre zwei systematische Einführungsbücher vor, welche die Ethnografie in den Mittelpunkt und ins Verhältnis zum Selbstverständnis qualitativer Sozialforschung stellen, wie dieses sich im deutschsprachigen Raum etabliert hat (Breidenstein, Hirschauer, Kalthoff & Nieswand 2013; Dellwing & Prus 2012). Zudem stützt sich mittlerweile eine Vielzahl von Forschungsfeldern – gerade auch im Schnittbereich zur Bildungsforschung – ganz selbstverständlich auf Ethnografie: etwa unter dem Stichwort der Ethnografie der kleinen Lebenswelten (Honer 1993; 2000; Hitzler & Eisenwicht 2016), die Welt sozialer Randgruppen (Girtler 1995; Thomas 2010b), türkische Jugendgangs (Tertilt 1996), das Alltagsleben von Jugendkulturen und -szenen (Hitzler 1998; Pfadenhauer 2005), die Organisation von Armut (Maeder & Nadai 2004), die sozialen Konstruktionspraxen von Transsexualität (Hirschauer 1993), Migration und „Islamismus" in Deutschland (Schiffauer 1991; 2010), die Prozeduren des Asylverfahrens (Scheffer 2001), Studien in der Schul- und Bildungsforschung (Breidenstein & Kelle 1998; Breidenstein 2006), der Alltag in Internatsschulen (Kalthoff 1997) sowie Forschungsfelder in den Erziehungswissenschaften (etwa Cloos & Thole 2006; Hünersdorf, Müller & Maeder 2008). Und gerade in Qualifizierungsarbeiten ging das Interesse an der Methode ihrer „offiziellen" Anerkennung für lange Zeit voraus; hier wurde das ethnografische Arbeiten trotz eines noch bestehenden Mangels an ausreichenden Lehrangeboten an den Hochschulen einfach ausprobiert.

Schließlich finden sich neuere Studien, die sich aus den disziplinären Zuordnungen lösen und als Ethnografien sozialer Mikropraxen das alltägliche Leben in seiner Vielgestaltigkeit in einer individualisierten Gesellschaft anschauen. Es sind dann nicht mehr die großen, weithin identifizierbaren Institutionen, die das gesellschaftliche Leben in grosso modo bestimmen – wie die Schule, die Psychiatrie, das Krankenhaus. Vielmehr sind es die kontextualisierten, verstreuten, subkulturellen Milieus, Lebensstile und Lebensweisen, denen in einer Hinwendung zum Lokalen, Einzigartigen und Narrativem in detaillierter Forschungsarbeit Gehör und Ansicht verschaffen wird. Und nicht umsonst sind viele ethnografische Arbeit in Disziplinen der angewandten Wissenschaften entstanden. An dieser Stelle können nur sehr exemplarisch Forschungsinteressen herausgegriffen werden: Fallarbeit im Jugendamt bei Entscheidungen zum elterlichen Sorgerechtsentzug (Ackermann 2017), Bearbeitung von Fällen im Jugendamt über Tür- und Angelgespräche (Matzner 2018), professionelle Arbeit an und mit Gefühlen in der Heimerziehung (Schröder 2017), Performance Ethnografie eines Videoprojekts mit Schüler*innen zu transnationalen Zugehörigkeitsordnungen (Oester & Brunner 2015), Scham und Beschämung im schulischen Aufklärungsunterricht (2014), Weinen als Doing-Gender-Praktiken im pädagogischen Hortalltag (Graff, Kolodzig & Johann 2016), das soziale Leben in einem Ökodorf (Andreas 2015), transnationales Identitätslernen in Organisationen in der deutsch-tschechischen Grenzregion (Engel 2014), kreatives Arbeit in der Werbebranche (Krämer 2014) oder die Interaktionen von Fußballfans (Winands 2015).

Die Impulse der Ethnografie für die qualitative Sozialforschung weisen in zwei Richtungen: Einerseits rekurrierten Einführungsbücher schon immer stark auf das Vorgehen und die Erfahrungen in ethnografischen Studien, wenn es um die Darstellung methodischer Forschungsschritte ging: Feldzugang, Triangulation, Rollenambiguität, Selbstreflexion, wissenschaftliches Schreiben etc. Andererseits kann der ethnografische Ansatz überhaupt als Paradigma qualitativen Forschens gelten. Speziell wenn grundlegende Kennzeichen qualitativer Sozialforschung diskutiert werden – Gegenstandsangemessenheit, Orientierung am Alltagswissen, Perspektivität, Prozessbezogenheit, Kommunikation etc. (Flick, Kardorff & Steinke 2000, S. 24; Mayring 2008) – dann finden diese im ethnografischen Forschungsprozess eine maßstabsbildende Umsetzung.

2.3 Methodologische Herausforderungen

Zwei Diskussionsstränge, die in der Debatte um Ethnografie besondere Aufmerksamkeit erlangen, betreffen einerseits die Begegnung des „Fremden" und der „Anderen", andererseits die Herausforderungen, die mit der zweiten Sozialisation des Forschers im Feld einhergehen. Diese birgt sowohl die Gefahr des Going Native als auch die Möglichkeit, sich als Deep Actor zu qualifizieren.

2.3.1 Das „Fremde" und der „Andere"

Die Notwendigkeit – aber auch die Faszination – der Teilnahme an der *anderen* Sozialwelt begründet sich in der Ethnografie aus der Fremdheit. Das Fremde macht sich ganz konkret als Erfahrung der Ethnografin geltend. Ihre Weltsicht hat sich vor dem Hintergrund des eigenen kulturellen Lebenszusammenhangs herausgebildet. Ihre über die Sozialisation erworbenen Wahrnehmungs-, Orientierungs- und Handlungsweisen stellen ihre epistemologische Brille dar, durch die sie die Welt sieht. Das bedeutet aber auch, dass der Ethnograf sich davor hüten sollte, seine eigenen Interpretationen, seinen eigenen kulturellen Bedeutungsrahmen leichtfertig auf das Untersuchungsfeld zu projizieren. Was es heißt, Eltern zu haben, in einer Familie groß geworden zu sein, den eigenen Geburtstag zu feiern, Karriere zu machen, aber auch eine strebsame Schülerin, ein guter Freund oder eine treue Partnerin zu sein, wurzelt tief in dem eigenen Welt- und Selbstverständnis. Ein Verstehen der fremden Welt der Anderen ist außerhalb dieses erworbenen Referenzrahmens nicht denkbar. Wenn wir nicht wüssten, was es heißt, ein Mensch zu sein, der in existentieller Weise in der sozialen Welt handeln muss, dann wäre auch kein Verstehen der Anderen möglich. Verstehen bedeutet, dass die Enträtselung dessen, was es heißt, der *andere* Mensch zu sein, nur durch mich möglich ist, um zugleich aus dem eigenen Verständnishorizont heraus eine Brücke zu dem Verschiedensein des Anderen zu bauen. Gadamer hat das Anliegen des hermeneutischen Verstehens entsprechend als Verschmelzung der Horizonte bezeichnet (1990).

Die Bedeutungen und Begriffe, welche die Ethnografin sowohl in der Wissenschaft als auch in ihrem Alltag verwendet, um selbst die Welt zu verstehen, dürfen deshalb nicht absolut gesetzt werden, sondern müssen in ihrer Geltung eingeklammert werden. Um die Fremdheit und die Andersheit sowohl im eigenen Referenzrahmen zu verstehen als auch in ihrer eigenständigen Geltung zu begreifen, bedarf es einer sensiblen Rekonstruktion der Verschiedenheit der Sichtweisen. Auch wenn dies kompliziert klingen mag, so machen wir doch in der Forschung nichts anderes als das, was uns längst mehr oder weniger gut im Alltag gelingt (Kleining 1982). Zugunsten eines offenen Erkenntnisprozesses ist der Forscher aber gut beraten, viel strikter als der Alltagsmensch seine eigenen Kategorien und seine Verständnisweise in ihrer Geltung einzuklammern, um sich vom Eigenen freizumachen und sich auf das Fremde und Andere einzulassen. Ansonsten wird auch er nur das sehen, was er durch die eigene Brille schon immer gesehen hat. Eine einseitige Lösung dieses Widerspruchs ist nicht möglich. Vielmehr ist hier eine wechselseitige Annäherung notwendig, ein Begreifen und Objektivieren in der Semantik des eigenen Verständnishintergrundes sowie eine Infragestellung der Kategorien und Schemata zugunsten anderer Weltsichten, Sprachen und Handlungen. Die Herausforderung besteht eben darin, nicht der spontanen Tendenz zu erliegen, in einfacher Entsprechung und Analogisierung die eigenen Wahrnehmungsformen und Handlungsorientierungen auf das erst zu explorierende Feld zu übertragen (Mayntz, Holm & Hübner 1978, S. 88).

Diese Differenz der Welten in den Köpfen beruht aber zugleich auf einer Differenz der Kulturen. Die Bedeutung der sozialen Welt wie auch der eigenen Person ist keine Erfindung des Einzelnen. Vielmehr müssen wir uns über unsere Sozialisation mit dem kulturellen Bedeutungsgewebe vertraut machen, durch welches die Welt überhaupt erst ihre subjektive Sinnhaftigkeit erlangt. Hochzeitsbräuche, Weihnachtsfest, Junggesellentreffen – so seltsam diese Kulturformen für Außenstehende erscheinen mögen – erklären sich durch den sozialen Lebenszusammenhang, in dem diese eingelassen sind. Der Ethnografin ist daher nicht nur der Andere in der persönlichen Begegnung fremd, sondern diese Fremdheit ist prinzipieller Natur. Sinn ergeben die Sicht- und Handlungsweisen nur aus dem jeweiligen kulturellen Referenzrahmen heraus. Aus diesem Grund muss Fremdheit im Forschungsprozess künstlich hergestellt werden. Denn die Ethnografie ist stets der Gefahr ausgeliefert, dem aufzusitzen, was gemeinhin als „Ethnozentrismus" bezeichnet wird (hierzu Berg & Fuchs 1993). Ethnozentrismus heißt, dass die strukturelle Differenz der unterschiedlichen Perspektiven sowohl zwischen Akteurin und Forscher als auch zwischen den kulturellen Bedeutungssystemen vernachlässigt wird. Begriffe, Kategorien und Konzepte, die ihren Ursprung in der spezifischen Kultur und (Welt-)Erfahrung der Forscherin finden, werden in inadäquater Weise auf das empirische Feld übertragen. Daher wird im Forschungsprozess ein Perspektivenwechsel notwendig, der „vom Relevanzsystem des Normalsoziologen weg und hin zum Relevanzsystem desjenigen führt, dessen Lebenswelt beschrieben, rekonstruiert und, wenn möglich, verstanden werden soll" (Hitzler & Honer 1995, S. 383). Der Ethnograf ist gut beraten, in einer „Attitüde der künstlichen Dummheit" das Feld zu befremden (Hitzler 1986), um nicht abgeklärt und voreingenommen nur das zu sehen, was ihm längst klar ist.

Ethnozentrismus ist aber nicht nur ein rein kognitives Problem. Hinzu kommt, dass die Welt der Anderen, indem diese in dem wissenschaftlichen Sprach- und Erklärungssystem ausgelegt wird, eine eigenartige Objektivierung erfährt. Der Ethnograf schreibt mit seiner machtvollen Sprache der Wissenschaft seine Version vom Leben der Anderen in den sozialen Diskurs ein. Die Anderen aber haben nicht in gleicher Weise die Möglichkeit, ihr eigenes Bild von sich und ihrer Welt zur Geltung zu bringen (Clifford & Marcus 1986). Die folkloristischen Beschreibungen der „Primitiven" oder die romantisierende Verklärung gesellschaftlicher Außenseiter stellt nicht nur eine Entwertung ihrer Kultur dar, sondern ordnet diese zugleich in eine Hierarchie, in der darüber entschieden wird, wer etwas zu sagen hat und über Andere bestimmen darf. Indem die Welt der Anderen in dem westlichen Erklärungssystem der Wissenschaften beschrieben wird, erleidet diese ihre intellektuelle Kolonialisierung. Auch aus diesem Grund muss sich die Forscherin gegenüber den kulturellen Kategorien und Konzepten des Feldes öffnen, damit sie ihre Einsichten und Schlüsse aus der Begegnung mit dem Feld nicht durch ihr kulturspezifisches Vorverständnis kolonialisiert. Der Anspruch muss folgender sein: „[...] to understand alien belief systems ‚from inside', rather than judging them from a Western, scientific point of view" (Hammersley 1992, S. 44 f.). In dieser politischen Lesart wird der Ethnografie nicht selten die Legitimität abgesprochen, von der Warte der Wissenschaft über Andere zu sprechen und zu schreiben, diese in wissenschaftlichen Repräsentationen zu objektivieren und damit in einer westlichen Welterklärung semantisch zu kolonialisieren (siehe hierzu ausführlich Kapitel 6). Das bedeutet aber auch, dass die Möglichkeit eines begreifenden Erfassens durch die Wissenschaften und damit Wissenschaft überhaupt in Frage gestellt ist.

Der Ethnograf hat also mit der Herausforderung zu tun, die Perspektive des Anderen nicht zu nivellieren, sondern innerhalb eines explorativen Forschungsprozesses in größtmöglichem Ausmaß zur Geltung zu bringen. Dies ist aber keine Aufgabe, welche die Ethnografin heroisch allein zu lösen hat, sondern es ist die Methode, die zur Dezentrierung taugt. Und gerade die Ethnografie mit ihren Kompetenzen als Feldforschung bietet dafür einige Handhabe, indem diese viel strikter als andere sozialwissenschaftlichen Methoden darauf ausgerichtet ist, was Malinowski als Anspruch der Ethnografie folgendermaßen gefasst hat: „to grasp the native's point of view" (1922, S. 25). Es ist diese Möglichkeit des Miterlebens in der Teilnehmenden Beobachtung, welche es erlaubt, probeweise den Standpunkt der Anderen einzunehmen; also vor Ort zu stehen, sich der vorgefundenen Situation in der Sozialwelt auszusetzen, an den alltäglichen Aktivitäten teilzunehmen, sich sowohl mit den Anderen verständigen zu müssen als auch von ihnen verstanden werden zu wollen und Gemeinsames miteinander zu tun. Im Zuge dieses praktischen In-Erfahrung-Bringens der Eigenheiten des kulturellen Lebenszusammenhangs wird eine Annäherung an den „insider point of view" (Lüders 1995, S. 319) möglich.

2.3.2 „Going native" und „zweite Sozialisation"

Die sich durch Teilnahme vollziehende Aneignung der fremden Kultur wird als „zweite Sozialisation" bezeichnet. Der Begriff der zweiten Sozialisation beschreibt die fortschreitende Übernahme des kulturellen Referenzrahmens, der Bedeutungshorizonte und Handlungsweisen des Feldes. Gerade während der anfänglichen Orientierungsphase muss sich der Forscher stets aufs Neue der Arten und Weisen der untersuchten Welt versichern. Allein schon im Hinblick auf das eigene soziale Überleben im Feld, um akzeptiert, anerkannt und ernstgenommen zu werden, wird die Forscherin darum bemüht sein, die alltagspraktischen Bedeutungen zu erlernen. Erst dies beugt einem ständigen Hineintreten in Fettnäpfchen vor und ermöglicht ein zunehmend selbstsicheres Auftreten. Kluckhon (1972) illustriert diesen Lernprozess anhand seines eigenen ethnografischen Arbeitens: „Überdies war ich unwissend, und man musste mich belehren. [....] Meine Unwissenheit war der Grund, weshalb man mir Verstöße gegen die Etikette nicht übelnahm, und diente zugleich als vollkommen einleuchtende Entschuldigung für meine Fragen" (S. 102). Diese wohlwollende Unbekümmertheit gegenüber der Unwissenheit und den Regelverstößen zu Beginn wird jedoch mit Fortschreiten des Feldkontakts von der Erwartung abgelöst, dass der Ethnograf situationsangemessen und rational als kompetent Handelnder agiert.

Die sekundäre Sozialisation führt aufseiten der Ethnografin zu zweierlei: Einerseits vertieft sich das Wissen als Teilnehmer an der fremden Lebensform und das Vertrautsein mit den Orientierungs- und Handlungsweisen des Feldes. Irving Goffman (1996) schlägt dementsprechend dem Forscher zur Intensivierung der Beziehungen zum Feld eine Form der ethnografischen Askese vor. Er soll alle Bezüge zum eigenen Alltag für die Dauer der Feldforschung kappen, sodass die Teilnahme an der fremden Sozialwelt lebensnotwendig wird. Andererseits verliert die Ethnografin, je stärker und länger sie mit den Akteur*innen des Feldes interagiert, ihre reflexive Distanz als Beobachterin. Für Goffman ist es ein guter Indikator für das eigene Ankommen im Feld, wenn der Forscher sich dort in die Menschen zu verlieben beginnt, was zugleich ein deutlicher Hinweis auf die Gefahren zunehmender Identifikationen und Betriebsblindheiten ist.

Die doppelte Anforderung der Teilnehmenden Beobachtung, sowohl Teilnehmerin als auch Beobachterin zu sein, verweist insgesamt auf den inhärenten Grundwiderspruch der Methode. Die reine Objektivität der Beobachterin wäre nur zu haben, wenn die Ethnografin der fremden Kultur äußerlich gegenüberstehen bliebe. Das würde aber auch bedeuten, dass sie den „insider point of view" verfehlt. Die Position des kompetenten Teilnehmers erfordert es gerade, nicht jedes Mal verunsichert und ungelenk fragen zu müssen, was in einer Situation zu tun ist. Vielmehr muss dieser die lokalen Bedeutungen derartig verinnerlichen, um sich wie der Fisch im Wasser intuitiv im Feld zu bewegen. Andererseits wird es für die Ethnografin im Zuge ihrer Feldsozialisation immer schwieriger, sich von dem, was ihr vertraut geworden ist, zu distanzieren, und sich als wissenschaftliche Beobachterin wieder ins Spiel zu bringen. Sie sieht angesichts ihrer Erfahrung, Routiniertheit und Gelassenheit bald die naheliegendsten Dinge nicht mehr, gerade weil diese so nah und vertraut geworden sind. Diese Verschiebung der subjektiven Relevanzhorizonte wurde schon früh als Going Native problematisiert; wobei genauso von „over-identification" oder „over-rapport" gesprochen wird. Der Teilnehmenden Beobachtung wurde das Going Native ausdrücklich zum Vorwurf mangelnder Objektivität gemacht. Auf diese Kritik wurde im Gegenzug mit einer zunehmenden Methodisierung reagiert. Systematisierung und Standardisierung der beiden Rollen – Teilnehmerin und Beobachter – sollten die wissenschaftliche Dignität sichern (vgl. McCall & Simmons 1969).

Trotz aller Bemühungen der Verwissenschaftlichung ist der Grundwiderspruch von Teilnahme und Beobachtung nicht aufzulösen, weil auch hier das eine nur auf Kosten des anderen zu haben wäre; vielmehr sind beide Seiten produktiv zueinander ins Verhältnis zu setzen (zumindest phasenweise). Eine Neubewertung des Going Native setzte sich in der Methodendebatte aber nur zögerlich durch. Anstatt einer groben Klassifikation verschiedener Forschungsrollen und -beziehungen verschob sich das Interesse in Richtung einer differenzierten Analyse des Verhältnisses der Forschenden zum Feld (LeCompte, Schensul, Weeks & Singer 1999). Dabei wurden die Ansprüche sowohl auf unbeirrbare Objektivität der Beobachterin als auch auf eine naive Identifikation der Teilnehmerin wechselseitig ermäßigt. In den Vordergrund ist der Anspruch nach einer „disciplined subjectivity" gerückt, der in „rigorous self-reflection" das eigene Verhältnis zum Feld in den Erkenntnisprozess einbezieht (LeCompte, Schensul, Weeks & Singer 1999, S. 66 f.). Anstatt für klare Zuschnitte zu sorgen, ist die Forscherin herausgefordert, sich während des Forschungsprozesses immer wieder neu zwischen den beiden Polen zu verorten, einmal mehr als Beobachterin, das andere Mal mehr als Teilnehmerin. Vor allem wird mittlerweile das eigenständige Leistungsvermögen der Teilnahme anerkannt und nicht mehr zu einer unwissenschaftlichen Provokation von reaktiven Effekten degradiert, das heißt von unzulässigen Beeinflussungen des Feldes durch die Anwesenheit des Forschers. Positiv gewendet, wird das Going Native erst zur Voraussetzung, um sich im Feld als Deep Actor zu etablieren, der

die kulturellen Bedeutungen verinnerlicht hat (Katz 2004, S. 300). Mehr noch: Es
wurde schließlich in Frage gestellt, ob es der Forscherin überhaupt um Objektivität
gehe, wohingegen die Vorteile betont wurden, die aus einem Verstehen der Anderen in ihrem eigenen kulturellen Referenzrahmen resultieren:

> [...] er verliert nicht seine Objektivität, was auch immer mit diesem nebulösen Be-
> griff gemeint sein mag, sondern eher stumpfen seine Wahrnehmungen des ‚Unge-
> wöhnlichen' in dem Maße ab, daß er vieles für selbstverständlich hinnimmt, was
> ihm vorher im ersten Sehen als ‚fremd' erschien; ein Zeichen, daß er zum Teilneh-
> mer, Sympathisanten, Freund geworden ist. [...] in diesem Falle wird ein Verstehen
> möglich, das nicht mehr das Fremde in sein eigenes Vertrautes übersetzt; sondern
> nun gelingt es, etwas so wahrzunehmen, daß es in einen dortigen, anderen Bedeu-
> tungshorizont paßt. (Koepping 1984, S. 224)

Dennoch greift es zu kurz, wenn ganz auf den Begriff der Objektivität verzichtet
wird und der Ethnograf sich in symbiotischer Weise mit der untersuchten Sozialwelt
in eins setzt. Vielmehr ist der Ethnografin in eigentümlicher Weise eine Fremdheit
zu eigen, die sich für das erkennende Erschließen eines fremden kulturellen Systems
produktiv nutzen lässt (Pfadenhauer 2017). Hammersley und Atkinson (2007) sehen
im Anschluss an die Analyse des Immigranten als kulturellem „Stranger" von Alfred Schütz (1964) die Möglichkeit, zu einer eigenen Objektivität zu gelangen.

> In the process of learning how to participate in the host society, the stranger gradual-
> ly acquires an inside knowledge of it, which supplants his or her previous ‚external'
> knowledge. But Schutz argues that by virtue of being forced to come to understand a
> culture in this way, the stranger acquires a certain objectivity not normally available
> to culture members. (S. 9)

Gleich dem Immigranten kann die Ethnografin ihr Vorwissen als Außenstehende mehr und mehr durch das Insiderwissen der Teilnehmerin ersetzen. Dennoch
habitualisiert sich der fremde kulturelle Referenzrahmen nicht in gleicher Weise
in den Orientierungs- und Handlungsformen des Ethnografen wie aufseiten der
Angehörigen des untersuchten Kulturkreises. Die besondere Objektivität des Er-
fahrungswissens über die fremde Kultur ergibt sich, indem die Sozialforscherin
nun den Sozialisationsprozess bewusst erleben und dirigieren kann. Dies ist anders
als in der Primärsozialisation, in der sich das Hineinwachsen in eine Gesellschaft
und das Erwachen des Bewusstseins gegenseitig bedingten. Damit bleibt sie dem
kulturellen Referenzrahmen merkwürdig fremd, gerade weil sie darin nicht in unmittelbarer und vertrauter Weise zu Hause ist, wie dies in seinem primärsoziali-
sierten Referenzrahmen der Fall ist.

Sich wie ein Fisch im Wasser bewegen zu können ist die eine Seite der Feldforschung, die andere erfordert es, beständig aufzumerken, um einen Blick darauf zu gewinnen, wie das Wasser – das kulturelle System – beschaffen ist. Entgegen aller natürlicher Identifikationen mit den Akteur*innen und der sich einstellenden Alltagsblindheit sollte der Forscher auch aus diesem Grund alle Vertrautheiten und selbstverständlichen Geltungen zurückweisen, um die Distanz des „professionellen Fremden" (Agar 1996) beizubehalten. „Er muß in sich selbst beide Funktionen, die des Engagiertseins und der Distanz, dialektisch verschmelzen" (Koepping 1987, S. 28).

2.4 Erkenntnisansprüche

Bei Ethnografien handelt es sich in der Regel um Einzelfallstudien. Um einen Beitrag zu einer wissenschaftlichen Theoriebildung zu leisten, gehen die Erkenntnisansprüche jedoch über Einsichten hinaus, die nur die untersuchten Orte, Situationen und Handlungen betreffen. In ethnografischen Studien sollen beide Seiten zusammenfinden: Einerseits sollen die Bedeutungen, Regeln und Normen der Sozialwelt, die konkret am Ort der Untersuchung gelten, deskriptiv herausgearbeitet werden, als eine Enzyklopädie lokalen Wissens. Andererseits geht es der Ethnografin darum, eine Theorie zu entwickeln, in der Befunde soweit verallgemeinert werden, dass die Strukturen, auf deren Grundlage die Akteur*innen handeln, fassbar werden. Dichte Beschreibungen stehen für den Anspruch, diese beiden Perspektiven von lokalem Wissen und verallgemeinernder Theoriebildung zu verbinden. Zugleich muss dieses Konzept aus der Sozialanthropologie für eine Theoriebildung, die auch für die Sozialwissenschaften passt, erweitert werden.

2.4.1 Dichte Beschreibung

Das Konzept der Dichten Beschreibung ist zum Paradigma avanciert, welches das Selbstverständnis ethnografischer Sozialforschung gemeinhin prägt (Geertz 1983). Zur Anfertigung von Dichten Beschreibungen findet sich zwar kein im engeren Sinne methodisch ausgestaltetes Verfahren. Dennoch wird bei der Erstellung von Ethnografien häufig der Anspruch verfolgt, Dichte Beschreibungen zu liefern – und wer möchte nicht eine Dichte Beschreibung seines Feldes geben? Vor allem im amerikanischen Raum ist „Thick Description" zum Modekonzept der qualitativen Sozialforschung geworden (vgl. Ponterotto 2006, S. 538). Und wie es sich bei Begriffen verhält, die in Mode gekommen sind, erhöht die Vielstimmigkeit nicht unbedingt die Klarheit und Eindeutigkeit. Dennoch macht Geertz auf etwas aufmerksam, was für Ethnografie überhaupt kennzeichnend ist. Eine gute ethnografische Beschreibung arbeitet die emische Perspektive heraus, nimmt aber zugleich eine etische Perspektive ein (Fischer 1981, S. 67; Fetterman 2010, S. 20 ff.). Die emische Perspektive bezieht sich auf die kulturelle Bedeutungsmatrix, also die Sichtweisen, Handlungsorientierungen und Identitäten des Feldes. Die etische Perspektive verweist auf den begrifflichen Rahmen der sozialwissenschaftlichen Disziplin, in denen der jeweilige Ethnograf arbeitet. Vom Standpunkt der Wissenschaften lässt sich – wie schon oben erläutert – von Konstruktionen erster Ordnung und zweiter Ordnung sprechen. Ethnografie verfolgt nach Michael Burawoy (1991) daher einen zweifachen Erkenntnisanspruch: eine verstehende, immanente Deskription des Feldes aus der Innenansicht der Akteur*innen und eine erklärend-analytische Rekonstruktion der psychischen und sozialen Struktur aus der Außenperspektive.

Wenn wir auf Geertz zurückgehen, dann formuliert dieser den Anspruch, den eine Dichte Beschreibung erfüllen soll, folgendermaßen: Die ethnografische Beschreibung soll ein Zucken von einem Zwinkern unterscheidbar machen (1983, S. 24 f.). Damit ist gemeint, dass das soziale Handeln in seinem emischen Bedeutungsgehalt erfasst wird. Ein organismisches Verhalten (das Zucken des Augenlides) wird zum sozialen Handeln (Zwinkern) genau durch den kulturellen Bedeutungsüberschuss, aus dem sich eine Handlung für andere Mitglieder einer sozialen Gemeinschaft erklärt. In der Auswertung gilt es, diesen soziokulturellen Bedeutungsüberschuss herauszuarbeiten.

Dichte Beschreibung1

„Stellen wir uns, sagt er [Gilbert Ryle], zwei Knaben vor, die blitzschnell das Lid des rechten Auges bewegen. Beim einen ist es ein ungewolltes Zucken, beim anderen ein heimliches Zeichen an seinen Freund. Als Bewegungen sind die beiden Bewegungen identisch; vom Standpunkt einer photographischen, ‚phänomenologischen‘ Wahrnehmung, die nur sie sieht, ist nicht auszumachen, was Zucken und was Zwinkern war oder ob nicht gar beide gezuckt oder gezwinkert haben. Obgleich man ihn nicht photographisch festhalten kann, besteht jedoch ein gewichtiger Unterschied zwischen Zucken und Zwinkern, wie ein jeder bestätigen wird, der ersteres fatalerweise für letzteres hielt. Der Zwinkerer teilt etwas mit, und zwar auf ganz präzise und besondere Weise: (1) er richtet sich absichtlich (2) an jemand Bestimm-

---

1   Es ist sehr lohnenswert, Geertz' Ausführungen im Original weiterzulesen.

> ten, (3) um eine bestimmte Nachricht zu übermitteln, (4) und zwar nach einem gesellschaftlich festgelegten Code und (5) ohne daß die übrigen Anwesenden eingeweiht sind. Es ist nicht etwa so, sagt Ryle, daß derjenige, der zwinkert, zwei Dinge tut – sein Augenlid bewegt und zwinkert –, während derjenige, der zuckt, nur sein Augenlid bewegt. Sobald es einen öffentlichen Code gibt, demzufolge das absichtliche Bewegen des Augenlids als geheimes Zeichen gilt, so *ist* das eben Zwinkern. Das ist alles, was es dazu zu sagen gibt: ein bißchen Verhalten, ein wenig Kultur und – *voilà* – eine Gebärde." (Geertz 1983, S. 10 f.)

Geertz wendet sich gegen ein Objektivitätsverständnis, das alle wissenschaftlichen Aussagen allein auf Sachverhalte reduziert, die einer direkten Beobachtung zugänglich sind. Das Resultat wären dünne Beschreibungen des Feldes, in denen das Wesentliche verfehlt wird. Denn werden die beiden motorischen Bewegungen des Zwinkerns und Zuckens alleine vom Gesichtspunkt des äußeren Verhaltens betrachtet, dann ist eine qualifizierte Unterscheidung unmöglich. Bei beiden Verhaltensweisen handelt es sich um ein und dieselbe Bewegungsabfolge. Es ist von außen, ohne dass weitere Merkmale oder Eigenschaften in die Beschreibung einbezogen werden, nicht zu unterscheiden, ob einer der Jungen gezwinkert oder ob das Augenlid gezuckt hat. Dabei macht der Unterschied zwischen einem „Zwinkern" und einem „Zucken" eine ganze kulturelle Welt aus. Wird die kulturelle Bedeutungsdimension des Zwinkerns nicht berücksichtigt und das flatternde Heben und Senken des Augenlides nur vom Gesichtspunkt der Bewegung als äußeres Verhalten beschrieben, dann droht der tatsächliche Unterschied zwischen beiden verloren zu gehen. Geertz formuliert dies folgendermaßen: „Ist nämlich Ethnografie dichte Beschreibung und Ethnograf derjenige, der solche Beschreibungen gibt, dann lautet in jedem einzelnen Fall [...] die entscheidende Frage, ob Zwinkern von Zucken und wirkliches Zwinkern von parodiertem Zwinkern unterschieden wird" (Geertz 1983, S. 24).

Dichte Beschreibung beginnt immer mit einer Interpretation des emischen Bedeutungsgehalts. Entgegen einem gängigen Verständnis ist mit Interpretieren aber kein wildes Spekulieren gemeint. Zu interpretieren sind die Bedeutungen, die als gemeinschaftlich geteilte Definitionen in einer Kultur oder Gruppe eine Situation oder Handlung überhaupt als solche qualifizieren. Mehr noch, erst die soziokulturellen Bedeutungen, die vor Ort gelten, machen – gemäß dem Thomas-Theorem – ein im reduktionistischen Sinne objektives Ereignis zu einem für Menschen realen Ereignis im alltagspraktischen Sinne. „If men define situations as real, they are real in their consequences" (Thomas & Thomas 1928, S. 572). Eine Interpretation hat daher vom empirischen Fall, von der vorgefundenen Lebenswirklichkeit mit ihrem kulturellen Bedeutungsgehalt auszugehen. Jedoch haben die Gegebenheiten und Ereignisse in der Sozialwelt keine Namensschilder – „tags" –, auf denen die Bedeutungen, die diese für die Menschen „in ihrer letzten Konsequenz" haben, vermerkt worden wären.

Während nun die Mitglieder einer sozialen Lebensgemeinschaft über ihre Sozialisation, Interaktion und Sprache mit den Bedeutungen mehr oder weniger vertraut sind, verkompliziert sich die Situation für die wissenschaftliche Interpretin. Diese ist mit einer „Vielfalt komplexer, oft übereinandergelagerter und ineinander verwobener Vorstellungsstrukturen, die fremdartig und zugleich ungeordnet und verborgen sind und die er zunächst einmal irgendwie fassen muß", konfrontiert (Geertz 1983, S. 15). Geertz aber warnt davor, dieses Sich-in-andere-Menschen-Finden auf ein empathisches Sich-in-den-anderen-Fühlen zu reduzieren (Geertz 1983, S. 20). Es sind nicht telepathische Künste, die in der sozialwissenschaftlichen Methodenausbildung vermittelt werden. Wie sieht also die Forschungsstrategie aus, wenn alle Tags fehlen, die dem Interpreten helfen könnten, die fremdartigen, ungeordneten und verborgenen Vorstellungsstrukturen zu fassen? Ganz automatisch drängt sich das auf, wofür die Ethnografie ohnehin einsteht: Teilnehmende Beobachtung heißt, zu den Menschen zu gehen, um mit ihnen zu sprechen und sich in ihrer Welt zu engagieren, um ihr Verständnis sozialer Wirklichkeit von der Pike auf zu erlernen. Ganz praktisch muss sich die Ethnografin die indigenen bzw. emischen Regeln aneignen, nach denen gespielt wird; sie muss sich also auf der Grundlage der kulturellen Wirklichkeitsdefinitionen in die Teilnehmerperspektive versetzen können. Das Going Native mag mit der Gefahr von Betriebsblindheit einhergehen, ist aber auch aus diesem Grund in Richtung der Qualifizierung zum Deep Actor produktiv zu wenden. „Der Ethnograf versucht dabei, den Bezugsrahmen zu entdecken und zu explizieren, in dem das von ihm beobachtete Verhalten als soziales, das heißt sinnvolles Handeln im Kontext spezifischer Kultur-, Milieu- und Situationszusammenhänge beschreibbar wird" (Schmitt 1992, S. 28).

Damit ist die Erstellung einer Dichten Beschreibung der beobachteten Handlungssituation stets eine interpretative Leistung, da eine Lesart der kulturellen Ereignisse entwickelt werden muss. Die Rekonstruktion einer Handlung, der Situation und der subjektiven Intentionen (wie beim Beispiel der Zwinkerei) ist jedoch in einer nicht überschaubaren Vielfalt an Möglichkeiten durchführbar. Geertz verdichtet diese Szene in einer ganz spezifischen Weise. Während die Beschreibung der Bewegung des Augenlides als Zucken oder Zwinkern als interpretative Leistung anzusehen ist, so darf die Interpretation auf dieser erfahrungsnahen Ebene nicht stehen bleiben. Eine Interpretation zweiter Ordnung (Schütz 1973), die einer empirisch reichen Beschreibung sozialer Tatbestände folgt und auf dieser aufbaut, wird von Geertz als „Diagnose" der Primär-Interpretation bezeichnet. Er veranschaulicht nämlich anhand der Dichten Beschreibung, dass der Handlung des Zwinkerns ein gesellschaftlicher Code zugrunde liegt, der die kulturelle Strukturierung der individuellen Aktivität anleitet. Formalistisch betrachtet hat man nun eine Interpretation erster Ordnung, die eher beschreibend und eine Interpretation zweiter Ordnung, die eher theoretisch ausgerichtet ist und auf der beschreibenden Interpretation aufbaut – weshalb man von der *beschreibenden* Interpretation einerseits, der *theoretischen* Interpretation andererseits sprechen kann. Und erst durch das Zueinander-in-Beziehung-Setzen von beschreibender und theoretischer Interpretation gelangt der Ethnograf zu einer Dichten Beschreibung. Damit sind aber Dichte Beschreibungen nicht nur in einem allgemeinen Sinn interpretativ, sondern auf der begrifflichen Ebene von der Theorie der jeweiligen Disziplin abhängig, auf deren Grundlage der Ethnograf seine Forschung betreibt.

Die Bestimmung dessen, worum es sich bei dem zu entdeckenden „Noema", dem Bedeutungskern der untersuchten Phänomene, überhaupt handelt, ist immer an die jeweiligen Gegenstandsvorstellungen der Wissenschaftsdisziplinen geknüpft. Dies wirkt einer direkten Übernahme des Konzepts der Dichten Beschreibung entgegen. Geertz ist nun Ethnologe und „sein Repertoire von sehr allgemeinen, akademischen Begriffen und Begriffssystemen" (Geertz 1983, S. 40) unterscheidet sich ganz wesentlich von denen anderer sozialwissenschaftlicher Disziplinen. Im Vergleich zu einem genuin sozialanthropologischen Erkenntnisinteresse – etwa der Funktionalismus bei Malinowski oder die Theorie der kommunikativen Globalisierung von Bedeutungssystemen bei Geertz – sind die möglichen Gegenstände sozialwissenschaftlicher Disziplinen mindestens ebenso vielfältig. Und selbst die Disziplinen untergliedern sich in eine bunte Vielfalt von kategorialen Gegenstandszuschnitten, die im Sinne von Kuhn'schen Paradigmen überhaupt erst den begrifflichen Rahmen der theoretischen Interpretation bilden, der darüber entscheidet, was dem Wissenschaftler in den Blick gelangt (Kuhn 1967). Die spezielle Perspektive der Sozialanthropologie, von der Geertz aus argumentiert, ist daher für eine allgemeinere Fassung des Konzepts der Dichten Beschreibung zu überschreiten. Aus diesem Grund brauchen wir zum Abschluss einen allgemeineren Interpretationsrahmen, in dem die kategoriale Verschiedenheit der unterschiedlichen Sozialwissenschaften und ihrer Paradigmen ihren Platz erhält. Erst hierdurch lässt sich angeben, wie Ethnografie über die Deskription des Einzelfalls hinaus zu allgemeinen, daher genuin wissenschaftlichen Aussagen gelangt.

2.4.2 Aufgaben der Theorie: Struktur und Erklärung

Der Auftrag der Wissenschaft geht über die Dokumentation des Faktischen weit hinaus. Dennoch ist die Frage nicht trivial, wie die Interpretation zweiter Ordnung in der Ethnografie zu bewerkstelligen ist, die „auf die Produktion systematisierten, verallgemeinerbaren, einzelfallübergreifenden Wissens" abzielt (Lüders 2009, S. 9). Wenn sich Ethnograf*innen mit der *Kultur* der Bewohner*innen der Trobriand-Inseln (Malinowski 1922), mit dem bei *Organisationen* wie „American Airlines" angestellten Kabinenpersonal (Hochschild 1990) oder den *Menschen*, die sich als Streetcorner Society in Tally's Corner zusammenfinden (Liebow 1967), beschäftigen, dann richtet sich das Erkenntnisinteresse zugleich auch darauf, wodurch sich Kulturen, Organisationen, Gruppen und Personen ganz allgemein kennzeichnen lassen. Umgekehrt: Für die Produktion von theoretischem Wissen ist in den Wissenschaften gerade nicht interessant, was in einer Kultur an einem bestimmten Tag vorgefallen ist, was bei der beobachteten Fortbildung des Kabinenpersonals bei „American Airlines" genau geschah oder was eine einzelne Person in Tally's Corner in einem bestimmten Gespräch gesagt hat. Das einzelne Datum hat für sich genommen in den Wissenschaften keine Bedeutung, weil es in dieser Form in gewisser Hinsicht zufällig ist. In jedem Untersuchungsfeld wird so vieles gesagt, dass völlig unterbestimmt bleiben muss, wofür diese Aussagen stehen. Aber allein schon die Hervorhebung einer partikularen Beobachtung in einer Ethnografie zielt auf eine Verallgemeinerung, indem diese zum typischen Fall der untersuchten Sozialwelt wird, die auf eine ganze Klasse ähnlicher Phänomene verweisen soll.

Zu der Deskription gehört die analytische Durchdringung dessen, was die Forschende sieht, hört und erfährt, um daraus eine Theorie zu entwickeln. Die Aufgabe der Theorie besteht erstens in der Entfaltung einer begrifflichen Ordnung, in der das einzelne Datum aufgehoben wird und seinen Platz erhält. In der Theorie ist daher genau die Essenz herauszuarbeiten, die die singuläre Beobachtung zu einem exemplarischen und typischen Fall macht. In der Literatur finden sich immer wieder heuristische Interpretationsrepertoires, um die Daten in einen Zusammenhang zu bringen. Zu denken ist etwa an das Kodierparadigma von Anselm Strauss und Juliet Corbin (1996), die Coding Families bei Barney Glaser (1978, 74 ff.), die von Howard S. Becker systematisierten Tricks of the Trade (1998) oder neuerdings das Buch von Atkinson „Thinking Ethnographically" (2017). Erst durch dieses analytische Aufschließen der Inhalte steht das einzelne Datum nicht mehr für sich in seiner Partikularität und Zufälligkeit, sondern erlangt seinen Platz in einem System verallgemeinerbarer Aussagen. Die Verallgemeinerung ist damit keine statistische, die auf Repräsentativität zielt, sondern eine theoretische, der es um die Essenz der beobachteten Einzelfälle geht. Eine Theorie bedeutet daher immer eine Dekontextualisierung und Abstraktion von den konkreten Vorkommnissen im Feld. Die Aussage wird aus dem konkreten Entstehungskontext heraus- und von der konkreten Person abgelöst, um zu allgemeinen Aussagen über subjektive Erfahrungsformen zu gelangen, die Menschen allgemein in solchen Situationen haben.

Die Theorie hat neben dieser begreifenden und ordnenden zudem eine erklärende Funktion, indem die Struktur der untersuchten Situationen herauszuarbeiten ist. Mit dem Begriff „Struktur" meine ich die *Bedingung der Möglichkeit der empirischen Erscheinung*. Es wird eine Erklärung gegeben, aufgrund welcher Bedingungen das Beobachtete möglich wurde, sich in der Wirklichkeit zu realisieren. Dabei geht es nicht um das Äußere und Sichtbare des sozialen Geschehens, sondern um die „Sozio-Logik", die Strukturmatrix des Feldes (Amann & Hirschauer 1997, S. 20). Wenn wir zur Veranschaulichung dessen, was Strukturen sind, das Schachspiel heranziehen, dann sind die Spielregeln – so wenige es in diesem Fall sind – die generative Matrix, innerhalb der das Spiel zu spielen ist. Das eigentliche Spiel ist die empirische Möglichkeit, die in einer unabgeschlossenen Vielgestaltigkeit zur Verwirklichung gelangen kann. Bei Geertz findet sich das strukturelle Bedingungsgefüge in den interpretativen Kulturwelten, die das Mitglied einer sozialen Gruppe darüber informiert, was die Welt zu bedeuten und wer der Einzelne als Person zu sein hat (Geertz 1983, S. 202 ff.). Aus den Strukturen bildet sich also die Matrix, in der sich das soziale Geschehen situiert. Im Gegensatz zu den Naturwissenschaften, in denen als starke Kausalität eine spezifische Ursache immer zu einer bestimmten Wirkung führt, werden in der Ethnografie die Menschen fast nie kausal bedingt gefasst. Die Strukturen determinieren nicht als Ursache-Bedingungs-Gefüge den Vollzug des Spiels, sondern generieren in Form von sozialen Bedeutungen, Regeln und Normen eine Matrix an Möglichkeiten, in denen die sozialweltlichen Akteur*innen agieren können. In der interpretativen Aneignung im Alltag der Menschen werden die Bedeutungen, Regeln und Normen nicht nur fortgeschrieben, sondern gestaltet, abgeändert und neugeschrieben (Wilson 1973). Strukturen sind daher keine von der Sozialwelt abgelösten Entitäten, sondern werden im Vollzug von Interaktionen hervorgebracht (Hildenbrand 2007). Aufgrund dieser Regelgeleitetheit sozialen Handelns wird in der sozialwissenschaftlichen Ethnografie auch bloß eine schwache Kausalität in Rechnung gestellt (etwa Winch 1974; Hammersly & Atkinson 2007, S. 7).

Diese strukturelle Matrix von empirischen Sachverhalten wird in Abhängigkeit von den jeweiligen Disziplinen, ihren Paradigmen und Forschungsprogrammen, d.h. im Sinne von *analytic lenses* (Jerolmack & Kahn 2017) ganz unterschiedlich ausgeleuchtet. Es ist ein Unterschied, ob wir aus der Soziologie, aus den Erziehungswissenschaften, der Politologie, der Psychologie oder einem anderen

Wissenschaftszweig kommen und versuchen, aus dem disziplinären Selbstverständnis und den vorhandenen Theorieperspektiven aus den Daten einen Sinn zu generieren. Die Theorieperspektiven werden zudem sehr verschieden sein in Abhängigkeit vom metatheoretischen Hintergrund, vor dem sich der Ethnograf verortet, wie der Phänomenologie, der Ethnomethodologie, des symbolischen Interaktionismus, des Konstruktivismus, der sozialwissenschaftlichen Hermeneutik, der Diskursanalyse etc. (Flick, v. Kardorff & Steinke 2000). In anderer Weise haben Lüders und Reichertz eine Klassifikation der typischen Erkenntnisperspektiven von qualitativen Forschungsarbeiten eingeführt, die zwischen a) Determinanten gesellschaftlicher Strukturen, b) soziokulturellen Diskursen, c) sozialen Regeln, Interaktionen und kulturellen Codes sowie d) subjektiven Sinnwelten unterscheidet (Lüders & Reichertz 1986; Reichertz 2007). Und auch innerhalb der thematischen Untersuchungsfelder wie etwa der Armut hängt der Gegenstandsbezug ganz von den Theorien und Definitionen ab, auf die sich die Ethnografin bezieht: Culture of Poverty, Exklusion, Theorie sozialer Stratifizierung, Selbstausschluss etc. Schließlich lassen sich drei Strukturebenen unterscheiden, auf denen in den Sozialwissenschaften typischerweise theoretische Erklärungen gegeben werden: *Sozialstruktur*, *Bedeutungsstruktur* und *Sinnstruktur*.

Auf der Ebene der *Sozialstruktur* wird untersucht, wie gesellschaftliche Funktionsbereiche die Möglichkeitsräume sozialer Situationen strukturieren, innerhalb denen die sozialweltlichen Akteur*innen handeln. Wenn Burawoy von „extended case method" spricht, dann geht es ihm um die „external forces" der Sozialstruktur (1991, S. 6). Zentrale Funktionsbereiche sind insbesondere die Ökonomie, in der die Strukturierung über das Medium Geld erfolgt, und die Politik, in der es um die Allokation von Macht geht, neben einer Vielzahl weiterer institutionalisierter Gesellschaftsbereiche wie Recht, Gesundheit, Wissenschaft, Medien, Religion, Kunst etc. (Luhmann 1997; Münch 1997, S. 66).

Auf der Ebene der *Bedeutungsstruktur* wird die Strukturierung der sozialen Situationen und des sozialen Handelns anhand von Bedeutungen, wie diese in Kultur und Sprache vor Ort verhandelt werden, in den Fokus genommen. Dabei kann es sich wie bei Geertz um das kulturelle Drehbuch handeln, das gleich einem Shakespeare'schen Drama die Mitglieder einer Kultur darüber aufklärt, wie diese angemessen zu denken und zu handeln haben (Geertz 1983, S. 255 ff.); um die sozialen Bedeutungen, die der Sozialwelt wahlweise als „stock of knowledge", als Ethnoscience oder als Diskurse längst vorausliegen oder die in Interaktionspraxen kontextuell ausgehandelt werden; um die impliziten und mikrophysischen Regeln und Normen sozialen Handelns, die von den Akteur*innen im Alltag zur Anwendung gebracht werden etc.

Auf der Ebene der *Sinnstruktur* werden die subjektiven Sinnbesetzungen der sachlich-sozialen Bedeutungswelt rekonstruiert, wie diese sich über die Sozialisation biografisch aufgeschichtet haben. Über die subjektiven Sinnstrukturen erschließt sich die Innenperspektive der Akteur*innen als individuelle Wirklichkeit und als personale Identität. Die subjektive Sinnstrukturierung verweist auf Relevanzstrukturen, die in den individuellen Bedürfnissen und Interessen gründen und die auf die Realisierung von Handlungsentwürfen drängen (Thomas 2009). Diese subjektiven Sinnschichten sind nur in Ausschnitten dem Bewusstsein zugänglich, das Gros bleibt vorbewusst und unbewusst, aber wirkt doch bei der Sinnstrukturierung des Individuums weiter.

Diese drei Strukturebenen schließen sich nicht gegenseitig aus, sondern konvergieren in der Regel unter verschiedenen Schwerpunktsetzungen in einer ethnografischen Studie. Beispielsweise lässt sich anhand der Studie von Bourgois zur Crack-Ökonomie in East Harlem (2003) auf der *sozialstrukturellen* Ebene rekonstruieren, wie die gesellschaftliche Organisation von Armut und Drogen Hand in Hand geht bei der Reproduktion von sozialen Ungleichheiten. Auf der *Bedeutungsebene* könnten die Codes der Straße, die lokale Organisation des Drogenhandels, die Interaktionen zwischen Gang-Mitgliedern genauso wie negative Klassifikationen, Stigmatisierung und soziale Ausgrenzung zum Thema werden. Auf der Ebene der *Sinnstruktur* lässt sich untersuchen, wie sich die kulturelle Zuschreibung, als Drogenkonsument für die Gesellschaft keinen Wert zu haben, in die personale Identität einschreibt.

Aufgaben zum Einstieg

1. An dem Lesen von Ethnografien führt kein Weg vorbei. Wenn Sie wissen wollen, wie in einer ethnografischen Studie vorzugehen ist, dann sollten Sie wissen, was am Ende gewöhnlich herauskommt. Orientieren Sie sich zunächst an den Literaturempfehlungen und verschaffen Sie sich danach einen Überblick, welche Ethnografien in Ihrem Forschungsbereich von besonderer Relevanz sind.
2. Beginnen Sie mit einer ersten ethnografischen Exkursion in Ihrer Stadt, indem Sie sich den Rucksack schnüren und einen Tag lang Ihre Stadt durchstreifen. Achten Sie darauf, wie sich in den unterschiedlichen Stadtquartieren die Architektur, das Straßenbild und das Leben auf der Straße wandelt. Machen Sie immer wieder Rast und schreiben Sie für mindestens eine halbe Stunde möglichst detailreiche Notizen über das Beobachtete.
3. Reflektieren Sie bei der Stadtexkursion Ihren eigenen Standpunkt, von dem aus Sie auf das soziale Geschehen schauen. Üben Sie einen Blick der Befrem-

dung ein, indem Sie sich an Situationen erinnern – etwa auf Reisen, nach einem Umzug, zu Beginn des Studiums –, in denen Sie sich als Fremder erlebten. Überlegen Sie sich, was Sie unter der obigen strukturellen Perspektive von den Menschen im Feld trennt, aber auch, was Sie mit ihnen verbindet.

Einführende Literatur

Malinowski, B. (1979). *Argonauten des westlichen Pazifik. Ein Bericht über Unternehmungen und Abenteuer der Eingeborenen in den Inselwelten von Melanesisch-Neuguinea.* Frankfurt/M.: Syndikat.
Sutterlüty, F., & Imbusch, P. (Hrsg.). (2008). *Abenteuer Feldforschung. Soziologen erzählen.* Frankfurt/M.: Campus.
Venkatesh, S. (2008). *Gang leader for a day. A rogue sociologist takes to the streets.* New York: Penguin.
Whyte, W. F. (1996). *Die Street Corner Society. Die Sozialstruktur eines Italienerviertels.* Berlin: Gruyter.

Fragestellung und Forschungsdesign

3

3.1 Offenheit des Forschungsdesigns

Die Fragestellung ist zu Beginn eines ethnografischen Forschungsprojekts festzulegen. Diese Vorabfestlegung ist wichtig, weil die zentralen Pflöcke des Forschungsdesigns erst mit einer Fragestellung in der Hand eingeschlagen werden können. Mit dem Design einer Studie, dem Masterplan, sind alle inhaltlichen und methodischen Entscheidungen gemeint, die im Projektverlauf zu treffen sind. Angesichts des Anspruchs der Ethnografie, in einer offenen Haltung dem sich sukzessive entschleiernden Untersuchungsgegenstand gegenüberzutreten, wäre es jedoch verkehrt, alle Methoden im Vorhinein auswählen zu wollen. Das Forschungsdesign lässt sich in der Ethnografie noch viel weniger als bei den anderen Methoden qualitativer Sozialforschung aus abstrakten Methodenregeln deduzieren. Die Fragestellung ist anfangs aufgrund des dürftigen Vorwissens der Ethnografin nur in groben Zügen zu skizzieren und im Verlauf des Forschungsprozesses aufgrund neuer Einsichten anzupassen. Wer in der Ethnografie also klare methodische Regeln zur Umsetzung erwartet, muss enttäuscht werden. Das eigentliche Wagnis besteht nicht in der richtigen Anwendung von Methoden, sondern in der produktiven Überbrückung des „Abgrunds zwischen theoretischer Planskizze und realer Feldstruktur" (Benkel & Meitzler 2015, S. 234).

Auch wenn dieser Laisser-faire-Stil auf den ersten Blick vorteilhaft erscheint, indem sich der Forscher Sherlock Holmes gleich an die Fährten seines Erkenntnisgegenstandes heftet (Lüders 2009, S. 7 ff.), so erweist sich dies in der Umsetzung als Tücke. Ohne den Forschungsprozess in Gänze überblicken zu können, muss das Vorgehen dennoch anhand rationaler Gründe ausweis- und begründbar sein. Weil ein standardisiertes Forschungsdesign nicht zur Hand ist – das von der Hypothesenformulierung bis zur Auswertung für Klarheit sorgen würde –, ergibt

© Springer Fachmedien Wiesbaden GmbH, ein Teil von Springer Nature 2019
S. Thomas, *Ethnografie*, Qualitative Sozialforschung,
https://doi.org/10.1007/978-3-531-94218-6_3

sich für den Ethnografen eine besondere Begründungspflicht. Im besten Fall kann eine solche Begründungsklausel einerseits die Offenheit des eigenen Vorgehens ermöglichen, diese andererseits methodisch absichern. Letztlich kommt es darauf an, was am Ende als ethnografisches Produkt herauskommt, wie die Geschichte von Laura Nader zeigt. Diese ging vor ihrer ersten Feldforschung, dem Initiationsritus aller Ethnograf*innen, noch einmal zu dem gestandenen Feldforscher Clyde Kluckhohn, um sich instruieren zu lassen.

> Before leaving Harvard I went to see Kluckhohn. In spite of the confidence I had gained from some of my training at Harvard, this last session left me frustrated. When I asked Kluckhohn if he had any advice, he told the story of a graduate student who had asked Kroeber the same question. In response Kroeber was said to have taken the largest, fattest ethnography book of his shelf, and said, ‚Go forth and do likewise.‘ (Nader 1986, S. 98)

Das wichtigste Werkzeug der Ethnografin bei der Bestimmung ihres Vorgehens ist also die Reflexion; und nicht die deduktive Ableitung methodischen Handelns aus wissenschaftstheoretischen Grundprämissen. Nach vorne muss der Ethnograf den jeweils nächsten Schritt in der Wildnis der Wirklichkeit immer wieder in Rückbezug auf die Forschungsfrage ausweisen und begründen. Im Sinne des Theoretical Samplings kreist der Reflexions- und Begründungszirkel um die Frage: „Was muss ich ausgehend von dem, was ich schon weiß, als Nächstes in Erfahrung bringen?" Nach hinten findet sich in der Literatur ein aufgeschichtetes Archiv an methodischem Reflexionswissen, das zur Konsultation und Aneignung lädt. In der Methodenliteratur haben Wissenschaftler*innen Zeugnis von ihren eigenen Such- und Denkprozessen abgelegt, die zu berücksichtigen die Forschende gut beraten ist, um aus dem Vorangegangenen zu lernen. So kann sie sich auf die Schultern ihrer wissenschaftlichen Vorgänger stellen und mit in die Weite gerichtetem und aufgeklärtem Blick begründete Entscheidungen treffen (Merton 1980).

Dieses Kapitel konzentriert sich auf die Herausforderungen beim Forschungsdesign, in dem das methodische Vorgehen festgelegt wird. Beginnend werden wir uns mit der Fragestellung beschäftigen, in der sich die Pointe des Forschungsvorhabens herauskristallisieren soll (3.2). Ist diese festgelegt, lassen sich die nächsten Schritte planen, wozu in der Ethnografie maßgeblich die Positionierung im Feld gehört (3.3). Danach wird das Theoretical Sampling dargestellt, das generische Grundprinzip des ethnografischen Forschens (3.4). Abschließend wird der Forschungsprozess unter den Gesichtspunkten von Gütekriterien und Ethik betrachtet (3.5).

3.2   Mit der Fragestellung ins Feld

Gerade zu Beginn eines Ethnografie-Projekts erweist sich, dass es nichts Praktischeres gibt als eine gute Fragestellung. Die Fragestellung besetzt eine Juxtaposition innerhalb des Forschens, weil diese sich aus der Theorie begründet, aber auf die Empirie schaut. Über die Theorie bestimmt sich inhaltlich und formal der Blick, der auf die Wirklichkeit geworfen wird. Die Theorie definiert, wie die soziale Wirklichkeit zu begreifen ist und welche Kategorien und Konzepte Verwendung finden. In der Fragestellung gelangen die sozialwissenschaftlichen Theorien und Begriffe zur Anwendung und entscheiden darüber, welche Schicht von der Totalität sozialer Wirklichkeit abgehoben wird. Dabei lassen sich angesichts der unabgeschlossenen Horizonte, in denen sich die Welt da draußen bildet, nie mehr untersuchen als kleine Mikrobereiche. Gerade Ethnograf*innen sind schnell von der Idee besessen, die Welt in ihrer Gesamtheit erfassen zu wollen. Aber für empirische Sozialforschung gilt generell: Vorne wird ein riesiger Aufwand reingesteckt, und hinten kommen immer nur kleine Brötchen raus – was gar nicht gegen Forschung spricht, aber Ethnograf*innen auf einen gewissen Realismus verpflichtet.

Die Fragestellung wird nicht aus der hohlen Hand geschüttelt, auch wenn sich der Anbeginn eines Forschungsprojekts häufig aus einer aufblitzenden Idee ergibt. Die Langfassung der Fragestellung formuliert der Ethnograf in der Problemstellung seines Theorieteils als eine theoretisch gesättigte Aneignung des Gegenstandsbereichs. Der Ethnograf entwickelt entlang von Sensitizing Concepts, die stets ihren Bezug zur Empirie ausweisen können, eine eigene „theoretische Sensibilität“ gegenüber dem Gegenstand (Blumer 1969, S. 147 f.; Glaser 1978; Strauss & Corbin 1996, S. 25 ff.). „Theory is of value in empirical science only to the extent to which it connects fruitfully with the empirical world“ (Blumer 1969, S. 143). Auch wenn die ungeheure Sammlung an Wissen in den Bibliotheken die Ethnografin verunsichern und voller Unklarheiten zurücklassen mag, sollte sie schon im Vorhinein die Komplexität des Themas überblicken. Sonst fällt erst im fortgeschrittenen Prozess auf, wenn wichtige Aspekte schlicht vergessen worden sind. Dabei gilt es, nicht in der Komplexität zu versinken, sondern die thematische Vielschichtigkeit hinsichtlich zentraler Begriffe und Konzepte zu verdichten, die der Untersuchung zugrunde gelegt werden – wozu sich besonders gut Visualisierungen in Form von Diagrammen eignen.

Die Arbeit an der Forschungsfrage ist aber solange nicht abschließbar, wie das ethnografische Unternehmen noch keinen Abschluss gefunden hat. Neben der eigenen theoretischen Sensibilisierung als Resultat des Literaturstudiums entwickelt sich die Fragestellung zugleich durch das fortschreitende Durchdringen der Empirie. Theorie sollte nicht zu der Eitelkeit verleiten, zu meinen, schon alles zu wissen. Vielmehr besteht die Königsdisziplin einer Ethnografie genau darin, für den untersuchten Gegenstandsbereich eine eigene – zumindest kleine – Theorie zu entwickeln. Damit steht auch die Fragestellung erst am Ende des Forschungsprozesses, wenn alle Antworten gefunden worden sind, in aller Klarheit fest. Denn wie alle anderen in der Forschung auftretenden und zu stellenden Fragen lässt sich auch die Hauptfrage, die der Ethnograf verfolgt, umso präziser formulieren, desto mehr er weiß. Und doch wird eine dezidierte Fragestellung von Beginn an benötigt, um in der Vielschichtigkeit und Vieldeutigkeit des Feldes nicht verloren zu gehen – ohne dass dies als Garantie gelten kann, dass nicht doch recht häufig der Überblick verloren geht. Von Anfang an sollte also eine Fragestellung feststehen, die sich in einem Satz formulieren lässt. Das bedeutet auch, dass sich die ganze Unternehmung in genau einer Fragestellung zusammenfinden muss; denn zwei Fragestellungen führen zu zwei Forschungsprojekten (Strauss & Corbin 1996, S. 98 f.). Daher sind alle weiteren Fragen besser hierarchisch in Haupt- und Unterfragen zu ordnen.

Alle Entscheidungen, die unter dem Stichwort „Forschungsdesign" auf inhaltlicher oder methodischer Ebene zu treffen sind, lassen sich erst in Rückbezug auf die festgelegte Fragestellung angehen. Wie das Feld eingegrenzt wird, welche Orte und Räume aufgesucht werden, welche Ereignisse zu beobachten sind, welche Interviewmethode Anwendung findet, mit welchen Personen zu sprechen ist, wie ausgewertet wird, was die wichtigen Auswertungsthemen sind, welche Gliederung die Ergebnisdarstellung hat; all dies klärt sich im Rückgriff auf die Fragestellung. Die Fragestellung sagt das nicht aus sich selbst heraus, sondern indem diese ausgelegt wird anhand der Frage, was angesichts des jeweils gegebenen Kenntnisstandes als Nächstes zu tun ist. Wie beim Kompass muss die Marschroute im Vorhinein festgelegt sein; im Gelände aber ist ein stetes Nacheichen notwendig, um nicht vom Weg abzukommen und um das Ziel schließlich zu erreichen.

3.3 Forscher und Feld

3.3.1 Definitionen des Feldes

In der Ethnografie gibt es trotz des Anspruchs, ins Feld zu gehen, kein „natural occuring setting". Das Forschungsfeld konstituiert sich in den für die Beobachterin zugänglichen An- und Ausschnitten erst über die Forschung selbst. Breidenstein, Hirschauer, Kalthoff und Nieswand differenzieren unterschiedliche Ebenen der Feldkonstitution: „Selbstkonstitution" als Selbsthervorbringung der Sozialwelt, „Analytische Konstitution" als konzeptuelle Hervorbringung des Ethnografen,

„Prozesskonstitution" als Hervorbringung über die Eigendynamik des Forschungs-prozesses (2013, S. 59). Felder sind jene eingegrenzten Sozialräume, die in einer Ethnografie untersucht werden. Bei den Untersuchungsfeldern kann es sich um eine Region, eine Stadt, einen Stadtteil, ein Haus, ein Café, um eine Organisation wie ein Unternehmen, ein Krankenhaus oder eine Sozialeinrichtung, um eine spezielle Gruppe wie ein kriminalpolizeiliches Ermittlungsteam, die Peer-Group in einer Schulklasse oder eine Clique Skateboarder handeln. Räume sind daher nicht mit Hilfe des Containermodells als physikalische Behälter zu fassen, in denen sich das Soziale bloß ereignet und vollzieht. Vielmehr kennzeichnen sich Sozialräume anhand sozialer Bedeutungen, Interaktionen und Machtstrukturen (Löw 2001).

Auch wenn das Feld in der Sozialwelt aufzusuchen ist, handelt es sich durchweg um eine analytische Kategorie. Denn was als Feld definiert wird, entscheidet der Ethnograf und schneidet gegenüber der Eigenstrukturiertheit mehr oder weniger beliebig aus der ganzheitlichen Sozialwelt der Informant*innen einen Untersuchungsbereich heraus. Das vom Ethnografen eingegrenzte Feld muss für die Informantin gar nicht in diesen definitorischen Grenzen existieren. Zum Beispiel liegt vielen Ethnografien der Stadtteil als Forschungsfeld zugrunde, wie etwa bei Mario S. Small (2004), der die Transformationsprozesse des Bostoner Stadtquartiers Villa Victoria, einer Puerto-Ricanischen Enklave, vor Ort untersucht hat. Was nun beim Blick auf den Stadtplan als Forschungsfeld hervorsticht, muss aus Sicht der Bewohnerschaft gar keinen einheitlichen Sozialraum konstituieren. Die Nutzung eines Stadtteils ist zumeist auf wenige Straßen beschränkt, die als tägliche Wege Anschluss an die städtische Infrastruktur ermöglichen. Inwieweit der Stadtteil im Relevanzsystem der Bewohner*innen überhaupt als der *eigene* Kiez wahrgenommen wird und welche imaginativen Identifikationen darüber vermittelt sind, das entscheidet sich nicht aufgrund des willkürlichen Zuschnitts des Ethnografen, der sich forschungsstrategisch entschieden hat, sich mit dem von ihm definierten Sozialraum zu beschäftigen.

Diese Künstlichkeit in der Konstruktion des Feldes stellt, solange der relative Erkenntnisgehalt kritisch reflektiert wird, kein Problem dar. Felder sind Brennpunkte in der explorativen Sondierung der Sozialwelt, die nicht alles aufdecken können, sondern eben gerade nur, was in einem bestimmten Feld zu sehen ist. Wichtig ist, dass Ermöglichung und Begrenzung der eigenen Perspektive mit in die Analyse einbezogen werden. Angesichts der Unabgeschlossenheit und Unendlichkeit der Sozialwelt bleibt der Forscherin gar nichts anderes übrig, als ihren Gegenstand selektiv zu betrachten. Sicherlich lässt sich die räumliche Selektivität des Forschungsfeldes aufheben, indem etwa auf das gesamte Panorama an Sozialräumen, in die eine Person tagtäglich eingebunden ist, geschaut wird. Einzelne Personen können auf ihren Wegen durch ihren Alltag ethnografisch begleiten werden. Indem hierdurch eine größere Anzahl an Feldern in die Untersuchung einbezogen wird, wird die räumliche Selektivität ein Stück weit aufgehoben. Dies wird aber zu dem Preis erkauft, dass sich die Logiken, die in *einem* Feld vorherrschen, nur sehr viel ungenauer, oberflächlicher und grobkörniger untersuchen lassen. Es muss also vor dem Hintergrund der Fragestellung abgewogen werden, worauf der Fokus der Studie gerichtet wird.

Ein prominenter Versuch, die Begrenzungen, die durch das *eine* Feld entstehen, aufzuheben, findet sich in der „Multi-Site Ethnography". Angesichts einer kleiner werdenden, vernetzten und interdependenten Welt wird dort das Glokale in den Blick genommen. Moderne Verkehrs- und Informationstechnologien bringen Menschen rund um den Globus zueinander in Kontakt, deren Weltbezüge und soziale Interaktionen nicht mehr auf lokale Orte wie einen Stadtteil oder eine Institution beschränkt sind. Verschiedene Orte werden simultan und im Vergleich zueinander untersucht, um den wechselseitigen Einfluss des Globalen auf das Lokale aufzudecken (Marcus 1995; Falzon 2009; Coleman & von Hellermann 2011). Analog dazu werden Möglichkeiten einer „global team-based ethnography" diskutiert, um an multiplen Orten zugleich Daten zu erheben (Jarzabkowski, Bednarek & Cabantous 2015). „Shadowing" verfolgt wenn gleich auch in einem viel bescheideneren Maße eine ähnlich Intention. Dabei handelt es sich um eine Feldforschungstechnik, bei der die Informant*innen durch die verschiedenen Lokalitäten ihrer Sozialwelt begleitet werden (Trouille & Tavory 2016). Wichtig bleibt in jedem Fall eine Reflexion dessen, was im „Hier" der Kopräsenz von Forscher und Feld greifbar ist und was im „Dort" der untersuchten Sozialwelt außerhalb des Radars des Ethnografen liegt (Katz 2004).

3.3.2 Einstieg ins Feld

Rosalie H. Wax bezeichnet die Felderschließung als „the first and most uncomfortable stage of fieldwork" (1971, S. 15). Die Verunsicherung ist groß, weil die Ethnografin nicht wissen kann, was auf sie zukommt. Sie wird mit vielen Ideen, Vorstellungen und Theorien im Kopf ins Feld gehen und rasch feststellen, dass sich die Wirklichkeit ganz anders gestaltet. Die Verunsicherung des Fremdseins resultiert nur zu einem Teil daraus, dass sich der Ethnograf in einer ihm unbekannten Sozialwelt bewegt. Zum anderen Teil fällt es nicht immer leicht, auf fremde Menschen zuzugehen, um diese kennenzulernen. George Devereux hat vor diesem Hintergrund die Methodisierung und Standardisierung der empirischen Sozialforschung überzeugend als Abwehrreaktion des Forschenden gegenüber seiner Angst vor dem Feld analysiert (1973).

Der Zugang zum Feld muss durch eine sorgfältig ausgewählte Positionierung der Ethnografin inmitten der Menschen im Feld geschaffen werden; ein bloßes „go and do it" greift zu kurz. Das Hineinkommen und Drinbleiben im Feld hängt ganz von der Akzeptanz des Sozialforschers als Person ab. Dabei hilft der Ethnografin bei der Etablierung ihrer Position im Feld die Teilnahme am sozialen Leben: „Umgekehrt mag jedoch die Teilnahme am Leben der Gemeinde die Stellung des Beobachters ‚natürlicher' erscheinen lassen. [… Sie kann dazu dienen,] Verdacht zu beschwichtigen, gute Beziehungen anzubahnen oder die Stellung des Beobachters in der sozialen Gruppe natürlicher erscheinen zu lassen" (Jahoda, Deutsch & Cook 1972, S. 89). Die Kopräsenz im Feld schafft über das Miterleben und Mitmachen eine soziale Nähe, über die sich Vertrauen aufbaut (Amann & Hirschauer 1997, S. 21). Die Positionierung des Forschers ist zugleich nicht frei von Unwägbarkeiten und Zufällen, etwa vom Kennenlernen der richtigen Leute, weshalb sich ein flexibles, auf die jeweiligen Gegebenheiten abgestimmtes Vorgehen empfiehlt. Gerade Angehörige informeller Gruppierungen interessieren sich weniger für die thematischen Details der wissenschaftlichen Studie als dafür, ob sich der Ethnograf in der Alltagskommunikation als ernstzunehmende Person erweist: „If I was all right, then my project was all right; if I was no good, then no amount of explanation could convince them that the book was a good idea" (Whyte 1981, S. 300).

Einstieg ins Feld am „Bahnhof Zoo" (Thomas 2010b)

An einem Apriltag war es soweit. In meiner neuen Rolle als Feldforscher begrüßte ich am Haupteingang zur Bahnhofshalle Karin und Michael, die beiden Sozialarbeiter, mit denen ich mich hier verabredet hatte. Michael schlug sogleich vor, eine Runde über den Bahnhof zu drehen, um zu schauen, ob einer von den Jugendlichen bereits da sei. Mit einer gehörigen Portion Nervosität vor dem ersten Feldkontakt folgte ich den beiden. Wir durchquerten die Bahnhofshalle, in der ein hektisches Getriebe herrschte. Es waren auch viele junge Menschen zu sehen; ob diese der Bahnhofsszene angehörten, war für mich nicht zu erkennen. Ich hielt mich daher an die Sozialarbeiter und versuchte an der Richtung ihrer Bewegungen und Blicke im Voraus abzulesen, ob sie jemanden kannten. Nachdem wir ohne jede Eile durch die Bahnhofshalle geschlendert waren, gingen wir schließlich im hinteren Teil des Bahnhofsgebäudes durch die Schwingtür auf die Jebenstraße. Mein Blick fiel sofort auf eine Fünfer-Gruppe, die in losem Verbund zusammenstand und sich angeregt unterhielt. Mir war sofort klar, dass dies einige der Jugendlichen sein müssen, wegen denen ich heute zum Bahnhof gekommen war. Während Karin und Michael geradewegs auf die Gruppe zusteuerten, um alle herzlich zu begrüßen, blieb ich unschlüssig mit einigem Abstand stehen. Es mag im öffentlichen Straßenraum wenig geben, was zu ähnlich großen Irritationen führt. So stand ich hilflos wenige Schritte von der Gruppe entfernt, alle verstummten und schauten mich mit misstrauischem Blick an. Ich wusste nicht, wie ich meine Anwesenheit rechtfertigen sollte. Als für mich die Spannung kaum größer werden konnte, wies Michael auf mich. Erst jetzt wagte ich, die letzten Schritte auf die Gruppe zuzugehen. Während Michael erklärte, dass ich in der nächsten Zeit das Streetworker-Team begleiten werde, wurde ich von allen per Handschlag begrüßt.

Auch wenn es kein Geheimrezept gibt, wie eine vertrauensvolle Beziehung zu etablieren ist, so gehört als Mindestmaß sicherlich ein interessiertes und offenes Zugehen auf die anderen dazu, ohne sich ihnen aufzudrängen. Worauf sich die Ethnografin allein schon aus ethischen Gesichtspunkten verpflichten sollte, ist ein geradliniges Umgehen mit den eigenen Interessen, ein Explizitmachen der eigenen Absichten und überzeugende Gründe für das eigene Projekt. Das bedeutet vor allem, dass der Ethnograf in der Sprache der Sozialwelt verständlich machen muss, wofür die Forschung relevant ist. Vertrauen und Akzeptanz zu gewinnen kann von kleinen Gesten abhängen, wie etwa der Handschlag zur Begrüßung, die angedeutete Verneigung, ein beherztes Lachen oder eine ernste, Respekt bezeugende Miene – was spontan zu erfassen ist und der Situation angemessen sein sollte. Ein hohes Maß an Offenheit und Einfühlungsvermögen wird Misstrauen erst gar nicht entstehen lassen und eine problemlose Aufnahme ins Feld erleichtern: „[…] the more I gave and the more I revealed of myself, the more familiar I became and the more trusted, so the more I am given and the more is revealed to me" (Feuchtwang 1968, zitiert nach Friedrichs & Lüdtke 1973, S. 44).

Dennoch kann der Vertrauensaufbau zur paradoxen Anforderung werden: einerseits sich in unbefangener Weise als netter und interessierter Mensch zu erweisen, andererseits ein recht eigennütziges Interesse zu verfolgen, nämlich Wissenschaft zu betreiben, deren Ambitionen sich dem Feld nur schwer vermitteln lassen. Trotzdem kann der Feldforscher durchweg mit einer großen Hilfsbereitschaft rechnen, weil in den meisten Bereichen der Gesellschaft Wissenschaft weithin respektiert ist. Dabei sollte sich die Ethnografin von Beginn an von allen ungeschriebenen Reziprozitätsforderungen befreien, auch weil niemand vom Wissenschaftler praktische Nützlichkeit im eigenen Handlungsfeld erwarten kann (Wolff 2000, S. 348). Mehr noch sollte der Forscher verhindern, dass die Praxis ihm die Forschungsfragen ins Pflichtenheft diktiert. Autonomie ist ein hohes Gut in den

Wissenschaften; und dennoch sollte der Ethnograf die Fragen, die die Praxis bewegt, sicherlich auch für seine Untersuchung in Betracht ziehen.

Zudem verfolgen die Informant*innen nicht selten ein Eigeninteresse an ihrer Beteiligung. Die Ethnografin ist in vielen Feldern eine willkommene Gesprächspartnerin: Sie ermöglicht den Akteur*innen, sich mit einer interessierten, zugleich unbeteiligten Person zu unterhalten, die sich bereitwillig die ganze Geschichte erzählen lassen möchte und mit einiger Auffassungsgabe zuhört. Amann und Hirschauer (1997, S. 14) warnen nicht umsonst davor, dass dem Forscher schnell die Rolle als Supervisor übergeholfen wird oder er als Mediator von den Akteur*innen in der Sozialwelt „missbraucht" wird. Und nicht selten sind es gerade die Deplatzierten und Unterprivilegierten – Ghetto-Bewohner*innen, Vereinsamte, Obdachlose –, die dankend die Chance wahrnehmen, den Wissenschaften ihre Sicht auf die Welt mitzugeben (Bourdieu 1997, S. 792; Thomas 2017b).

Auf der anderen Seite ist die Ethnografin aus Sicht des Feldes das fünfte Rad am Wagen, das nicht nur überflüssig ist, sondern auch noch Arbeit macht (Lau & Wolf 1983). Aus diesem Grund sollte sich der Forscher im Vorfeld ausreichend Gedanken über mögliche Positionierungen im Feld machen, um eine möglichst reibungslose und passgenaue Integration in die Routinen des Feldes von sich aus in Aussicht stellen zu können. Die Möglichkeiten der Forscherin, sich in den Funktionszusammenhang einzugliedern, lassen sich in verschiedenen Abstufungen vom professionell Tätigen über marginale Rollen bis zur reinen Beobachterin und Begleiterin der Akteur*innen bestimmen (Dechmann 1978, S. 120). Eine dankbare Position in institutionellen Arbeits- und Praxiszusammenhängen stellt die Praktikantenrolle dar. Gerade als Praktikant ist keine Frage zu dumm, als dass sie nicht gestellt zu werden dürfte, was zur Wissbegierde des Ethnografen im Feld passen mag.

3.3.3 Gewährung von Zugang und Gatekeeper

Der Zugang zu Personen und Gruppen ist von dem zu Institutionen strukturell zu unterscheiden. Bei Institutionen und Organisationen ist der zu bestreitende Weg, um an eine Eintrittserlaubnis zu gelangen, klar vorgezeichnet. Zumeist finden sich Personen – sogenannte „Gatekeeper" –, welche die Funktion als offizielle Ansprechpartnerin und Entscheidungsträger, als „person who is in charge", innehaben (z. B. Taylor & Bogdan 1998, S. 30; Becker 1970). Dabei kann es sich um die Chefin, die Geschäftsführung, den Vorsitzenden etc. handeln, dessen formale Erlaubnis die Türen zur Institution erst öffnet. Es bedarf also einer formalen Anfrage an die Institution (Girtler 2001, S. 100 ff.). Dabei ist die Ethnografin gut beraten, die Hierarchien zu berücksichtigen, um nicht „wichtigen" Personen vor den Kopf zu stoßen, weil ihnen unzureichend Ehre erwiesen worden ist. Es ist also einige Recherchearbeit im Vorfeld der Kontaktaufnahme von Vorteil. Als allgemeine Empfehlung gilt, mit Briefkopf der Hochschule und legitimierendem Empfehlungsschreiben etwa des Professors möglichst weit oben in der Hierarchie anzusetzen.

Schwieriger gestaltet sich in Organisationen die Kontaktaufnahme zu den Menschen, bei denen die Untersuchung konkret durchgeführt werden soll. Die Erlaubnis für die Durchführung der Feldforschung unterscheidet sich vom Akzeptiertwerden (Kahn & Floyd 1969). Ist die Einwilligung in den oberen Hierarchieetagen erst einmal eingeholt – etwa bei der Geschäftsführung des Krankenhauses oder bei der Chefärztin der Krankenstation – besteht als zweite Herausforderung, das Vertrauen der Menschen zu gewinnen, die weiter unten in der Rangordnung konkret vor Ort agieren, wo die Forschung sozialweltlich situiert werden soll. Dabei wird dem Vertrauensaufbau der Umstand, vom Chef geschickt zu sein, wahrscheinlich eher im Wege stehen. „Retrenchment from below in organizational research is as much a problem as limitations from above" (Brewer 2004, S. 315). Vertrauen wird hier nur herstellbar sein, wenn Vertraulichkeit gewahrt und Loyalität unter Beweis gestellt wird. Denn nur allzu schnell wird die Forscherin als Spitzel, Maulwurf oder Kontrolleur verdächtigt (vgl. etwa Bergner 2002). In gewisser Hinsicht muss der Forscher den Menschen eine überzeugende Antwort auf die Frage: „Whose side are we on?" geben (Becker 1967) und diese offensiv nach außen vertreten. Aus ethischer Verpflichtung sollte explizit gemacht werden, welche Konsequenzen aus den Einsichten in die Sozialwelt und in die Sichtweisen der Beteiligten resultieren können.

In informellen Gruppen handelt es sich bei den Gatekeepern um jene Personen, die weithin respektiert und geachtet werden. Nicht selten entwickeln sich zwischen der Ethnografin und ausgewählten Gatekeepern eine freundschaftliche Beziehung (Owton & Allen-Collinson 2014; Taylor 2011), wobei einige dieser strategischen Informant*innen in der Scientific Community selbst zu Berühmtheit gelangten wie zum Beispiel „Doc" in Whytes „Street Corner Society" (1955; Wolff 2000, S. 337). Gegenüber den anderen Gruppenmitgliedern können diese Schlüsselpersonen die Funktion als „Sponsor", der Zugangswege und Legitimationen eröffnet, oder als „Bürgin" erfüllen, die für die Integrität und Zuverlässigkeit des Ethnografen einsteht (Knoblauch 2003, S. 83; Reichertz 2013, S. 25). In meiner Studie zur Jugendszene am „Bahnhof Zoo" hatte Mike eine solche zentrale Position als Gatekeeper inne, in dessen Runde sich die Bahnhofsszene traf. Trotz der Vielzahl an Kleingruppierungen, die sich täglich auf dem Bahnhofsgelände versammelten, war Mike bei allen bekannt und respektiert. Aufgrund seiner Stellung als Netzwerker fürchteten die Streetworker, die mir den Kontakt vermittelten, zunächst, dass beim Kennenlernen etwas schieflaufen könnte. Später, nachdem der Erstkontakt glatt über die Bühne gelaufen war, zeigten sich die Streetworker sehr erleichtert. Sie erzählten von einer Praktikantin, die Mike bei der ersten Begegnung aus Versehen auf den Fuß getreten sei. Aufgrund der Belustigungen und Spöttereien, mit denen er ihr seit diesem Tag begegnete, wurde sie in der Jugendszene von niemandem mehr ernst genommen.

Trotz dieser herausgehobenen Stellung von Gatekeepern sollte sich der Forscher um eine Gesprächsbereitschaft von möglichst allen Mitgliedern einer Gruppe bemühen, sodass er die dort herrschenden und wahrscheinlich divergierenden Sichtweisen, Bedeutungen und Absichten umfassend in Erfahrung bringen kann. Zudem weist Burgess (1991) darauf hin, dass in jedem Feld letztlich eine Vielzahl an Gatekeepern anzutreffen sind, die jeweils unterschiedliche Areale des Sozialbereichs kontrollieren. Zu unterscheiden ist etwa auch zwischen der Primär- und Sekundärauswahl an Informant*innen. Die wichtigen Personen im Feld sind häufig nur schwer zu erreichen, sodass die Gefahr besteht, eher mit Randfiguren des Feldes in Kontakt zu treten, die eine weniger wichtige Rolle spielen (Flick 2007b, S. 166). Zugang zum Forschungsfeld zu gewinnen ist eine nicht abzuschließende Phase im Rahmen der Teilnehmenden Beobachtung, denn es gilt, nicht nur ins Feld hineinzukommen, sondern auch darin zu bleiben. Speziell der Zugang zu den Hinterbühnen des Feldes (Goffman 1959, S. 114), also zu jenen Bereichen, die allein den Insider*innen und Initiierten offenstehen, wird erst während eines längeren Feldaufenthalts durch einen vertieften Aufbau an vertraulichen Beziehungen wahrscheinlich. Der Feldzugang erfordert daher in immer neuen Situationen ein ständiges Fortstricken des Netzwerks an Kontakten und Bekanntschaften (Schatzmann & Strauss 1973, S. 18).

3.3.4 Positionierungen und Rollen

Die Positionierung der Forscherin erfolgt auf der Grundlage von sozialen Rollen, durch welche die Integration in die Alltagsroutinen des Feldes bewerkstelligt wird. Dabei hat die Forscherrolle in der Teilnehmenden Beobachtung immer eine Doppelfunktion: „Every field work role is at once a social interaction device for securing information for scientific purpose and a set of behaviours in which an observer's self is involved" (Gold 1958, S. 218). Während die Beobachtung vor allem die Funktion der objektivierenden Datengewinnung hat, geht es der Teilnahme um die Herstellung von sozialer Nähe und Kopräsenz im Feld. Dabei wurde schon früh eine Rollentypisierung erarbeitet, um das Verhältnis von Teilnahme und Beobachtung in seinen Implikationen für den Forschungsprozess zu bestimmen (Gold 1958; Denzin 1989, S. 162 ff.; Flick 2007b, S. 283):

- *Vollständige Teilnahme* bedeutet völlige Identifikation mit dem Feld, wie sie sich aus der festen Mitgliedschaft in der untersuchten Gemeinschaft ergibt. Der Teilnehmer nimmt eine Rolle unmittelbar innerhalb des Sozialbereichs ein. Die Teilnahme als originäres Mitglied ermöglicht zwar, sich in natürlicher und vielfältiger Weise an den Interaktionen und Handlungszusammenhängen zu beteiligen, schränkt aber aufgrund der fehlenden Distanz zum Sozialbereich die Beobachterrolle ein. So geht der von den kulturellen Relevanzsystemen unabhängige Blick verloren. Damit ist die Objektivierung solcher Bedeutungs- und Sinndimensionen erschwert, die in Form kultureller Selbstverständlichkeiten konstitutiver Bestandteil des Alltagsbewusstseins der Akteur*innen sind. Aus der Perspektive des Teilnehmers erscheinen diese als Trivialitäten und Selbstverständlichkeiten des Alltags.
- Für die *Teilnehmerin als Beobachterin* rückt die „Beobachtung" stärker in den Vordergrund. Die Integration des Forschers in die Alltagswelt setzt einen sekundären Sozialisationsprozess voraus, sodass sich das Vermögen entwickelt, die Welt nicht nur von einem Standpunkt außerhalb, sondern auch von einem „insider point of view" beobachten zu können. Da sich die Forscherin in den alltäglichen Handlungsfeldern nicht als genuines Mitglied bewähren muss, verfügt sie über ein höheres Maß an Distanz zum sozialen Geschehen. Außerhalb der Motiv- und Interessenstruktur des Alltags lässt sich das Handeln des Sozialforschers als Probehandeln bezeichnen. Dennoch ermöglicht die Immersion der Forscherin in die fremde Sozialwelt – als zunehmend sach- und ortskundige Teilnehmerin –, die Übernahme der ihr zuvor unvertrauten Relevanz- und Regelstruktur des Alltages an sich selbst zu beobachten und zu objektivieren. Nach Flick (2007b, S. 293) ist der Typus des Teilnehmers als Beobachter die ideale Rolle in der Teilnehmenden Beobachtung.
- Der *Beobachter als Teilnehmer* ist in das soziale Geschehen zwar mehr oder minder integriert, dennoch besteht seine Rolle primär in der des Beobachters. Die „objektive" Beobachtung wird – weil eine Überidentifikation mit dem Feld unwahrscheinlich ist – kaum durch eine unreflektierte und unkritische Übernahme der kulturellen Selbstverständlichkeiten bedroht. Dagegen besteht aufgrund der ausgeprägten Distanz zum Feld die Gefahr, dass Information*innen unverstanden oder missverstanden werden, weil der kulturelle Bedeutungszusammenhang, in dem diese stehen, der Forscherin nicht umfassend genug zur Kenntnis gelangt.

- Bei *vollständiger Beobachtung* ist die Gefahr der ethnozentrischen Perspektivverkürzung gegenüber der zu explorierenden Sozialwelt am größten, die den gegenüberliegenden Pol zur sozialisationsbedingten Überidentifikation markiert. Da wegen des Verzichts auf jede Form von Teilnahme und Integration der „insider point" nicht wissenschaftlich untersucht und erfasst wird, bleibt das sozialweltliche Bedeutungs- und Relevanzsystem der Akteur*innen außen vor.

Übersetzt in die Forschungspraxis zeigt sich, dass die Übergänge zwischen diesen idealtypischen Kategorisierungen eher fließend sind. Im Verlaufe einer längerfristig angelegten Studie wird der Beobachter im Feld so ziemlich jede Art der Teilnahme ausüben können, soweit er sich nicht im Vorhinein, etwa aufgrund einer methodologischen Entscheidung, auf bestimmte Formen beschränkt. Mit dem Fortschreiten des Forschungsprozesses werden zu unterschiedlichen Zeitpunkten verschiedene Arten der Teilnahme möglich und – je nach Erkenntnisinteresse – auch erforderlich. Jede Studie beginnt die Forscherin vordergründig als passive Beobachterin des sozialen Geschehens. Wenn dann im weiteren Verlauf vertrauensvolle Beziehungen etabliert werden, kann die Rolle der reinen Beobachterin zurückgelassen werden, ohne dass eine umfassende Integration ins Feld erreicht ist. Nach der ersten Kontaktaufnahme müssen sich die verpflichtungslosen Bekanntschaften zunächst festigen, woraus sich zunehmend mehr Bezugspunkte ergeben, an denen die Ethnografin bei der nächsten Begegnung wieder ansetzen kann. Die anfänglich geringe Identifikation mit der Teilnehmerrolle muss kein Manko sein, sondern bietet dem Forscher die Gelegenheit zu Beobachtungen, die noch nicht durch die sich einschleichende Alltagsblindheit, durch das „going native" verzerrt sind. Jedoch erst mit wachsender Einbindung in das soziale Feld kann sich der Forscher aktiver an den sozialen Lebensformen beteiligen und allmählich zu einem ebenbürtigen Teilnehmer aufsteigen. Besonders bei länger angelegten Studien ist es nicht unüblich, dass die Forscherin Freundschaften zu einzelnen Key-Informant*innen im Feld schließt (Small 2004, S. 199). Auf der sozialen Ebene ist sie nun weitgehend ins Feld integriert, was aber ebenso bedeuten kann, dass die nüchterne Beobachterrolle zeitweise in den Hintergrund tritt, weil nicht mehr die Informationsgewinnung im Vordergrund steht, sondern die schlichte Sehnsucht nach Teilhabe, Dabeisein, Companionship (vgl. Read 1965, S. 6; Whyte 1955/1981; Gerdes & Wolffersdorff-Ehlert 1979).

Die Rolle sollte dem Forscher zugleich ein sicheres und souveränes Auftreten ermöglichen, ohne sich Gefährdungen auszusetzen. Yiling Hung berichtet von ihrer ethnografischen Feldforschung in einem Convenience Store in L.A., in der sie sich beim täglichen „Abhängen" in dem Geschäft immer wieder vor Übergriffen schützen musste. Einzelne Kunden versuchten sich ihr wiederholt auf intime

Weise zu nähern, was sich nicht immer verhindern ließ (2016, S. 533 f.). Venkatesh (2008) wurde während der Forschung zu seiner Studie „Gang leader for a day" in einem industriellen Abbruchhaus, in dem eine Drogen-Gang ihr Hauptquartier aufgeschlagen hatte, einen ganzen Tag gefangen genommen, ohne zu wissen, wie dies für ihn ausgehen würde. Der Gang war unklar, mit wem sie es zu tun hatte. Bei dem Ethnografen konnte es sich in ihrer Welt nur um entweder einen „Cop" oder das Mitglied einer anderen Gang handeln.

Die Herstellung von Sicherheit ist aber nicht nur zum Schutz der persönlichen Integrität wichtig. Vielmehr sollte sich der Forscher in seiner Rolle sicher fühlen, um unbefangen und frei auftreten zu können. Dabei muss die Forscherin mit sich klären, wie offensiv sie auf das Feld zugehen kann, um dort als Teilnehmerin zu agieren und als Beobachterin Daten zu erheben. In der Bahnhof-Zoo-Studie nutzte ich die Sicherheit des Streetworker-Teams, was zwar einen leichten Einstieg ins Feld ermöglichte, mich aber auch in Distanz zu den Jugendlichen brachte. Deutlich wurde dies immer in solchen Situationen, wenn mir eine Dose Bier oder ein Joint angeboten wurde, was ich aus Loyalität gegenüber dem Streetworker-Team ablehnte. Schon das Angebot war eher unernst gemeint, mehr als ein Prüfen, ob ich mich darauf einlasse. Deutlich wird daran, es gibt keine optimale Position im Feld, vielmehr müssen die Möglichkeiten und Beschränkungen Teilnehmender Beobachtung immer wieder reflektiert werden (Buscatto 2018, S. 337 f.).

3.3.5 Machttextur des Feldes

Die Ethnografie weist aufgrund ihrer Nähe zum Feld und der intimen Innenansichten, die über die Teilnahme gewonnen werden, eine besondere Sensibilität und Abhängigkeit gegenüber der Machttextur des Feldes auf. Macht wird in der Ethnografie deshalb relevant, weil es in sozialen Beziehungen und Interaktionen immer auch um die Verteilung von Ressourcen geht. Die Machttextur des Feldes zentriert sich in der Frage, wer das Sagen hat. Durch das Ergreifen des Zepters wird es möglich, im jeweiligen Sozialraum zu definieren, was der Fall und was zu tun ist. Wer die Macht hat, entscheidet folglich darüber, welche Wirklichkeitsdefinitionen und Interessen sich durchsetzen können.

Für den Ethnografen stellt sich die Herausforderung, dass die Machtdivergenzen und -konflikte auf der Vorderbühne des Feldes selten offen ausgetragen werden. Vielmehr ist die Machtfrage in den Sozialräumen meistens längst geklärt und in der routinierten Bewältigung des Alltags weithin akzeptiert, wenn auch nicht konfliktfrei. Das Problem für die Positionierung im Feld besteht darin, dass die Ethnografin zuerst nicht um die Machtverflechtungen weiß. Vielmehr droht diese in die Positionskämpfe hineingezogen zu werden durch Umworbenwerden, selektives Zur-Verfügung-Stellen von Informationen, selbstgefällige Darstellungen von Sachverhalten und sogar Drohungen, die Forschung zu unterbinden. Der Ethnograf sollte daher für seine Positionierung in der Machtmatrix der Sozialwelt ein waches Auge haben, quasi ein habituelles Misstrauen mitbringen. Dieses richtet sich nicht so sehr gegen die Menschen, sondern sensibilisiert für die Frage, ob die ihm jeweils präsentierten Wirklichkeitssichten nicht notwendigerweise einseitig, interessengefärbt und machtstrategisch sind. Esposito (2017) reflektiert etwa ihre Positionierung als gemeindepsychologische Feldforscherin in einem italienischen Geflüchtetenlager vor dem Hintergrund der Machthierarchien, die sich zwischen Einheimischen und Fremden entfalteten.

Ebenso sollte sich der Ethnograf von Beginn an gegenüber Vereinnahmungsversuchen der verschiedenen Parteien wappnen und sich von diesen immer wieder freimachen. Dabei reicht oftmals der Hinweis, dass trotz des Verständnisses für die geschilderten Probleme, der widerfahrenen Zumutungen und eventueller Verärgerung die Forschende in der Pflicht steht, sich auch die anderen Perspektiven anzuhören und zu eigen zu machen. Dabei geht es ihr nicht darum, über die sozialen Praxen ein Urteil zu fällen, sondern darum, die Rationalität der Anschauungen und Verhaltensweisen aller Beteiligten wissenschaftlich zu verstehen und nachzuvollziehen. Und wie jedes Verstehen hat auch dieses seine Grenzen, wenn es etwa um Täterschaften in Gewaltverhältnissen geht.

3.4 Catching the phenomenon

Eine der wichtigsten Richtlinien für den Ethnografen lautet: Geh ins Feld, schau dich um, und sammle alles an Daten, was irgendwie von Interesse sein kann. „Research is formalized curiosity. It is poking and prying with a purpose" (Hurston 1995, S. 143). Als zweite Richtlinie ist ebenso wichtig: Geh schlau und begründet vor, indem du alles nutzt, was du weißt, um eine gute Auswahl an Beobachtungen zu treffen, denn alles wirst du nicht erfassen können. Die besondere Leistungsstärke ethnografischer Verfahren begründet sich zum einen Teil aus dem explorativen Aufstöbern der Daten in der alltäglichen Sozialwelt, zum anderen Teil aber aus der Rückbezüglichkeit theoretischer Einsichten auf die Steuerung der Datenerhebung. „Fieldwork is an organic process that should include a nearly continuous analysis and reorganization of the material into patterns and models that in turn guide the fieldwork in new directions" (MacLeod 1995, S. 283). Das bedeutet aber nichts anders, als dass methodische Fragen über die fortlaufende Theoretisierung der Felderfahrungen entschieden werden: Was schau ich mir als Nächstes an? Welche

Orte sind wichtig? Mit wem trete ich in Kontakt? Welche Perspektiven im Feld sind noch zu erfassen? In diesem Wechselspiel von Neugier und Nachdenklichkeit werden alle Entscheidungen für die Auswahl geeigneter Untersuchungsstrategien getroffen.

Um gut zu beobachten, müssen wesentliche Teile der Analyse gemacht werden, während sich die Ethnografin noch im Feld befindet. Gleich vom ersten Tag an sollte sich der Forscher auf die Suche nach interessanten Phänomenen und Beobachtungen machen und diese in Heuristiken und Hypothesen auslegen, im Sinne einer „Feldanalyse", die sich zugleich beobachtend und gedanklich im Forschungsgegenstand vertieft. Feldarbeit ist weniger eine interessenfreie und kontemplative Betrachtung als ein „digging for data" (van Maanen 1988, S. 19). Anstatt blind durch das unbekannte Terrain zu streifen, werden anhand von Hypothesen orientierende Punkte identifiziert, die es erlauben, heuristische Pfade anzulegen, die bei der Navigation entsprechende Orientierung geben. „Catching the phenomenon" ist das Motto, anstatt blinder Datenhuberei. Dabei gilt es, hinter den Erscheinungsformen der Sozialwelt die relevanten Phänomene zum Vorschein zu bringen (Charmaz 2006, S. 22). Analyse meint hier im genuinen Sinne ein begreifendes, das heißt in Begriffen erfolgendes Erfassen dessen, was im intuitiven Verstehen für den Ethnografen längst evident war. Zugleich bleibt die Theorie in diesem zirkulären Modell der Empirie gegenüber eng verbunden: Feldbeobachtung, theoretisches Nachdenken, Aufschreiben der Einsichten in Form von Hypothesen und Begriffen, Rückkehr zum Feld, genauere Introspektion des untersuchten Phänomens in actu. Diese Methode wird auch als „constant comparative method" bezeichnet, weil die entstehenden Hypothesen anhand immer neuer Fälle abgeglichen werden (Silverman 2010, S. 279 f.).

What the hell is a crock?
Anhand einer Anekdote, die Howard S. Becker in einigen Artikeln überliefert hat, wird deutlich, wie fruchtbar es sein kann – selbst wenn der Forschende noch am Anfang steht –, rasch vom Modus der offenen Beobachtung in den Modus der theoretisch-analytischen Beobachtung umzuschalten (1958; 1998, S. 151 ff.). In den 1950er Jahren arbeitete Becker an einer ethnografischen Studie, die sich mit der Sozialisation amerikanischer Studierender an einer medizinischen Fakultät der Universität Kansas City beschäftigte. Als Teilnehmender Beobachter verbrachte er seine Zeit mit einer Gruppe von Medizinstudenten und begleitete sie durch ihren Alltag: an der Universität, während ihrer klinischen Ausbildung, in ihrer Freizeit etc. Dies schloss einen längeren Feldaufenthalt auf einer Krankenstation der

inneren Medizin ein. Auf einer der täglichen Visiten nahm Becker an der Untersuchung einer Patientin teil, die ausführlich über ihre multiplen Beschwerden, verschiedene Schmerzen und ausgeprägten Leiden berichtete. Beim Herausgehen aus dem Patientenzimmer machte einer der Studenten eine abfällige Bemerkung: „Boy, she's really a crock"[1]. Becker schreibt über diese Zufallsentdeckung weiter: „... I made a big discovery. It wasn't the breakthrough ‚Aha!' that researchers often report. Rather, it was a piece of detective work that took me, and several of the students, most of the next week" (1998, S. 153).

Obwohl dieser Zufallsbefund an sich unscheinbar war, nahm Becker diese Beobachtung als Ausgangspunkt für eine ausgedehnte Analyse, um dafür eine Erklärung zu finden, das heißt, die Bedingungen ihrer empirischen Möglichkeit aufzudecken. Noch während des Fortgangs der Stationsvisite dachte er in soziologischen Termini über die mögliche Bedeutung nach. In den darauffolgenden Tagen gab Becker diese Frage immer wieder zurück ans Feld, indem er mit den Studierenden die impliziten Bedeutungen und Definitionen erörterte. Als er sich einmal naiv erkundigte: „What's a crock?", schaute einer der Befragten Becker ungläubig an, als ob er sagen wollte, jeder Idiot wisse, was ein „crock" sei. Die Prämissen für die Klassifizierung der Patientin als „crock" waren in der Welt der Ärzte evident. Abgesehen vom Soziologen wurde diese Äußerung von allen verstanden. Auf der semantischen Ebene ließ sich das Rätsel schnell lösen: Ein „crock" ist ein Patient mit psychosomatischen Beschwerden ohne erkennbare Erkrankung. Die Definitionsklärung liefert aber noch keine Erklärung für die negative Typisierung dieser Patientengruppe, die für die innere Medizin nicht untypisch ist. Aus welchen Gründen ergab diese abfällige Klassifizierung also für alle Beteiligten Sinn?

Mit Hilfe des zirkulären Vorgehens, wodurch jede neue theoretische Einsicht als Untersuchungsfrage oder Hypothese ans Feld zurückgegeben wurde, offenbarte sich, dass diese unscheinbare Aussage viel über die Sozialisation, die Sichtweisen und Ambitionen der Studierenden, letztlich über die Rahmenbedingungen des Medizinstudiums enthüllte. „Learning what a crock was was thus a matter of carefully unraveling the multiple meanings built into that simple word, and especially of working out the logic of what was being told to us, finding the major premises on which student ... activities were based" (Becker 1998, S. 157). Die besondere Bedeutung des klinischen Jahres besteht für die Studierenden darin, dass sie nach lan-

---

1   „A crock of shit" bedeutet so viel wie ein „Haufen Lügen".

ger Zeit der Aneignung von reinem Lehrbuchwissen endlich mit der Wirklichkeit in Berührung kommen wollen. Sie sind begierig, Erfahrungen mit realen Erkrankungen, Symptomen, Beschwerden zu sammeln. All dies ist bei „crocks" nicht möglich. Es gibt aber nicht nur „nichts" zu lernen. Vielmehr lassen sich an „crocks" auch nicht die heilenden Wunder der Medizin vollbringen, was aber eine zentrale Studienmotivation ist. Und schließlich rauben „crocks" durch ihre ausgreifenden Erzählungen über multiple Wehwehchen und Beschwerden nur kostbare Zeit, die wegen des großen Lernpensums sowieso stets zu knapp ist.
Quelle: Becker, Geer, Hughes & Strauss 1961

Das Catching the Phenomenon erfordert ein offenes und exploratives Vorgehen, wie dieses für die qualitative Sozialforschung kennzeichnend ist. Diese Offenheit realisiert sich aber nur zum einen Teil dadurch, dass der Forscherin quasi als Zufallsfunde die zentralen Phänomene unvermittelt und unverhofft in die Hände fallen – auch wenn es sich dabei oftmals um Schlüsselerlebnisse handelt, die den Erkenntnisprozess entscheidend vorwärtstragen. Offenheit sollte nicht mit einer naiven Begegnung des Feldes gleichgesetzt werden, in der besser auf Verallgemeinerung, Begriffe und Theorie verzichtet wird. Stattdessen benötigt Offenheit eine Menge harter Theoriearbeit, was nur auf dem ersten Blick widersprüchlich erscheint. Die Augen müssen erst für das Neue geöffnet werden, weil sich der Ethnograf noch in dem „exotischsten" Feld immer schon in einem Verhältnis des intuitiven Verstehens bewegt. Das theoretische Denken ist daher ein guter Wegbegleiter, um die eigenen eingespielten Orientierungs- und Verständnisweisen in Klammern zu setzen und um in dem Bekannten etwas Neues zu entdecken und damit die „Illusion des gesunden Menschenverstandes" aufzubrechen (Bourdieu 1993, S. 367). Zudem wird durch dieses Nachdenken die Theoriebildung auf die Empirie geeicht. Die Offenheit gegenüber dem Gegenstand realisiert sich, indem sich das theoretische Denken an der Empirie abarbeiten muss. In diesem Vorgehen übersetzt sich schließlich die Zirkularität des Forschungsprozesses als zentrale Grundbestimmung des qualitativen Forschens (Flick 2007b, S. 128). Das spiralförmige Aufsteigen der Erkenntnis verlangt einen spielerischen Wechsel zwischen beobachtend-empirischer und denkend-analytischer Auseinandersetzung mit dem Feld unter der Richtschnur: What is going on? Dies kommt besonders deutlich in der von Glaser und Strauss (1967) entwickelten Grounded Theory, einem Verfahren zu einer auf den Daten gegründeten Theoriebildung, zur Geltung. Strauss führt aus:

> Das Theoretical Sampling ist ein Verfahren, ‚bei dem sich der Forscher *auf einer analytischen Basis* entscheidet, welche Daten als nächstes zu erheben sind und wo er diese finden kann.' ‚Die grundlegende Frage beim Theoretical Sampling lautet: *Welchen* Gruppen oder Untergruppen von Populationen, Ereignissen, Handlungen (um voneinander abweichende Dimensionen, Strategien usw. zu finden)' wendet man sich bei der Datenerhebung *als nächstes zu*? Und *welche* theoretische Absicht steckt dahinter? ‚Demzufolge wird dieser Prozeß der Datenerhebung durch die sich entwickelnde Theorie *kontrolliert*.' (Hervorheb. i. O.) (1998, S. 70)

Theoretical Sampling wird gerade in der deutschen Lesart der Grounded Theory oftmals verkürzt wiedergegeben. Es bedeutet dann wenig mehr, als dass in einer Interviewstudie die Befragten nicht vorab, sondern sukzessive im Rückblick auf die schon durchgeführten Interviews ausgewählt werden (Mey & Mruck 2007, S. 19; Hildenbrand 2000, S. 42). Die theoretisch informierte Stichprobenziehung bezieht sich jedoch nicht allein auf die großen Entscheidungen, also etwa welche Personen befragt werden sollen. Das Forschungsdesign entwickelt sich vielmehr aus den minutiösen Entscheidungen im Prozess: Was mache ich morgen? Was schaue ich mir an? Wen frage ich? Welche Fragen stelle ich? Damit diese Fragen nicht aus dem Bauch entschieden werden, rekurriert diese Feinsteuerung auf der ständigen Analyse und Reflexion der vorläufigen Einsichten ins Feld. „Thus, before sampling can become *theoretical* sampling, first data and first analyses must have led to first categories at least, so that you can use theoretical sampling for elaborating and refining theoretical categories" (Hervorheb. i. O.) (Flick 2018, S. 88)

Ein wesentlicher Bestandteil eines solchen Theoretical Samplings ist die Triangulation. Flick definiert dies folgendermaßen: „Triangulation beinhaltet die Einnahme unterschiedlicher Perspektiven auf einen untersuchten Gegenstand oder allgemeiner: bei der Beantwortung von Forschungsfragen" (2011, S. 12). Er differenziert verschiedene Formen der Triangulation. Bei der Datentriangulation wird der Gegenstand anhand von unterschiedlichen Datenquellen untersucht, bei der Methodentriangulation anhand von verschiedenen methodischen Perspektiven, bei der Investigator-Triangulation anhand mehrerer Beobachter*innen oder Interviewer*innen, bei der Theorietriangulation anhand verschiedener Theoriezugänge (Flick 2011, S. 12-16). Die Forscherin muss ihren Blick immer wieder weiten, um eine stets neue Ansicht auf die untersuchten Phänomene zu gewinnen und diese in ausreichender Differenziertheit zu erfassen.

Bei der theoretischen Jagd nach dem Phänomen sollte der Forscher zudem keine Angst vor der Formulierung von starken Hypothesen haben. Es geht weniger darum, einem akademischen Publikum Ergebnisse einer gefestigten Theorie vorzuweisen. Vielmehr lässt sich die Zeit im Feld produktiv nutzen, um fortlaufend die vorläufigen Resultate auf Stichhaltigkeit abzuklopfen und diese lieber, falls diese sich nicht bewahrheiten, alsbald wieder zu verwerfen. Das Motto lautet: „Was interessiert mich mein Geschwätz von gestern?"[2] – alles lässt sich wieder neu denken. Umgekehrt erhält die Beobachtung anhand von Vorannahmen und Hypothesen überhaupt erst ihre Orientierung. Es handelt sich um ein „Lernen im Gehen"[2], bis sich erste Einsichten konturieren und verfestigen. Dabei zielt das qualitative Vorgehen weniger auf die Überprüfung, eher auf die Elaboration der zugrunde liegenden Hypothesen. Dies kann auch ihre Widerlegung beinhalten, was allemal zu den spannendsten Momenten im Feld führt. Denn die Ethnografin muss sich in diesem Fall neu orientieren, um die Sachverhalte noch einmal anders zu begreifen. Ziel sollte eine dichte und konzeptuell differenzierte Theorie sein, die sich mit einer Menge an Datenmaterial auseinandergesetzt hat, um sowohl die Erscheinungsformen der Sozialwelt in ihrer Vielfalt und Komplexität als auch ihre strukturelle Erklärung zur Darstellung bringen zu können. Ziel ist ein „theoretical elaboration and refinement" der Beobachtungen im Feld durch stete Rückführung der theoretischen Höhenflüge an die empirische Basis (Charmaz 2006, S. 100).

Das Catching the Phenomenon ist für den betriebsamen Ethnografen natürlich auch ein Wagnis, weil zu Beginn einer Studie der Blick nicht bis zum Seegrund reicht, vielmehr die Oberfläche opak ist, sodass vorab keine Sicherheit besteht, ob überhaupt etwas von Belang zu entdecken ist. Dies ist jedoch immer das Risiko bei der Entdeckung von Neuem. Die Gefahr ist groß, dass zur Kompensation der Ängste und Zweifel der Ethnografin methodische Betriebsamkeit inszeniert wird, um sich über seitenlange Protokolle, stundenlanges Interviewmaterial, hunderte Fragebögen dem Fortschreiten der eigenen Forschung vergewissern zu können. Abträglich für eine auf Entdeckung gerichtete Feldforschung ist auch die Effizienzlogik der Gegenwart – die Abgabefristen einer Qualifizierungsarbeit, der Zeitplan des Forschungsprojekts oder die Sachzwänge von Auftragsforschung. Der Empirie muss die Zeit gegeben werden, damit sie sich dem Forschenden in ihrer Eigenwilligkeit und Eigensinnigkeit offenbaren kann. Zurückhaltung, Kontemplation und – im Sinne Freuds – gleichschwebende Aufmerksamkeit sind mit den theoretischen Fokussierungen zu balancieren – was weniger in Gleichzeitigkeit, sondern eher im Phasenwechsel geht. Daher sollte der Ethnograf seine wissenschaftliche Versiertheit und Abgeklärtheit immer wieder zugunsten eines kindlichen Staunens auch über die unscheinbaren Dinge der Welt zurückstellen. Dennoch: So schön und romantisch das „Nosing Around" erscheinen mag, es ist für die Forschende gar nicht so einfach zu ertragen. Sicherlich mögen die Eindrücke des Feldes in den ersten Tagen spannend sein, wenn abends viele neue Ideen mitgebracht werden.

---

2   Diese beiden Ausdrücke schulde ich meinem akademischen Lehrer Jarg Bergold.

Aber nach einigen Wochen bis Monaten drängt sich leicht der Gedanke auf, ob sich der Aufwand angesichts der tagtäglichen Trivialitäten und des profanen Gossip im Feld überhaupt lohnt, wohingegen die eigentliche Arbeit gleichwohl am Schreibtisch wartet. Doch gerade, wenn der Ethnograf nach monatelanger Feldforschung im Zustand träger Langeweile antizipationslos durchs Feld zieht, dann erst hat er die innere Haltung gefunden, die er seinen methodischen Ansprüchen zugrunde legt, nämlich die der Offenheit für das Unerwartete.

3.5   Gütekriterien und Ethik

Im Hinblick auf die Planung und Umsetzung des Forschungsdesigns werden mit der zunehmenden Anerkennung der Ethnografie als eigenständiger Forschungsansatz in den Sozialwissenschaften geeignete Gütekriterien immer relevanter. Diese prüfen, ob die in Methodologie und Methode begründeten Verfahren adäquat angewendet wurden (Strübing 2014, S. 79). Die Bewertung von Forschungsprozessen und -ergebnissen hinsichtlich ihrer Qualität war für lange Zeit eine Domäne der quantitativen Methodik. Seit sich die qualitative Sozialforschung erfolgreich etabliert hat, werden auch hier Kriterien zur Beurteilung guter Forschung wichtig – zum Beispiel im Hinblick auf die Beantragung von Forschungsgeldern oder bei der Vermittlung von Forschungsergebnissen außerhalb der Wissenschaften etwa in die Politik, Arbeitswelt und soziale Praxis. Der Umgang mit den klassischen Gütekriterien der quantitativen Forschung – Objektivität, Reliabilität und Validität – ist ambivalent (Kirk & Miller 1986). Im Vergleich zur quantitativen Methodik sind Gütekriterien in der qualitativen Methodik viel weniger kanonisiert (Flick 2007a, S. 487 ff.; Seale 2004; Steinke 1999). Obwohl es Versuche gibt, diese klassischen Gütekriterien an die Erfordernisse des ethnografischen Forschungsprozesses anzupassen, werden diese in der Regel als unpassend zurückgewiesen und eigene Maßstäbe formuliert (Guba & Lincoln 1985, S. 294 ff.).

> If methods are supposed to be adequate to what is under study, approaches to defining and assessing the quality of qualitative research (still) have to be discussed in specific ways that are appropriate for qualitative research and even for specific approaches in qualitative research. (Flick 2007a, XI)

In der Ethnografie geht es nicht um (statistische) Repräsentativität von an verschiedenen Stichproben replizierbaren Ergebnissen. Vielmehr steht die Relevanz der Theorie für den untersuchten Gegenstandsbereich im Vordergrund. Aus diesem Grund zeichnet sich Ethnografie durch eine offene und multimethodische

Forschungsstrategie aus. Da sich der Forschungsprozess entlang der vollzogenen Einsichten entwickelt, können Gütekriterien keine normativen Setzungen auf der Grundlage eines universellen Maßstabs sein. Vielmehr handelt es sich um Reflexionsinstrumente zur Rekonstruktion und Begründung der im Forschungsprozess getroffenen Entscheidungen und erlangten Ergebnisse. Mehr noch: „Self-reflexivity encourages writers to be frank about their strengths and shortcomings" (Tracy 2010, S. 842). Aufgrund verschiedener methodologischer Orientierungen und Gegenstandsverständnisse sind die vorgeschlagenen Gütekriterien entsprechend divers (vgl. Bohnsack 2011). Hierdurch kommt der Anspruch zum Tragen, dass die Methode dem untersuchten Gegenstand angemessen sein soll. Dies soll der Gefahr vorbeugen, Maßstäbe zu formulieren, die sich als unpassend für die ethnografischen Erkenntnisansprüche erweisen. Gütekriterien müssen also beurteilen und bewerten können, ob und inwieweit die methodischen Entscheidungen angesichts der Aufklärung des Forschungsgegenstandes die richtigen sind. Praktisch gewendet geht es um die Aneignung der eigenen Forschungspraxis – als ein Be-Schreiben der Forschung – vor dem Hintergrund des wissenschaftlichen Diskussionsstandes:

> But above all, good-quality work results from doing a research project, learning from the things that did and did not work, and then doing another, better one, that more fully integrates the creativity and craft skills of the researcher, and so on until a fully confident research style is developed. (Seale 2004, S. 410)

Ines Steinke stellt in der qualitativen Sozialforschung zur Bestimmung von Gütekriterien die „intersubjektive Nachvollziehbarkeit" in den Mittelpunkt. Dies erfordert eine offensive Explikation und Begründung der Entscheidungspunkte im Forschungsprozess. Notwendig dazu ist eine Dokumentation (Steinke 2000, S. 324), in der sich die Forscherin über Vorannahmen, Erfahrungen und Theoriebildung entsprechende Klarheit verschafft, sodass der Forschungsprozess transparent darstellbar wird. Hierdurch sollen Außenstehende in die Lage versetzt werden, zu einem eigenständigen Urteil über die Angemessenheit des gewählten Vorgehens und über die gewonnenen Ergebnisse zu gelangen. Aufgrund der unübersehbaren Menge von sowohl großen als auch kleinen Entscheidungen im Prozessgeschehen, die angesichts des geringen Standardisierungs- und Spezifikationsgrades der Feldforschung zu treffen sind, hat dies jedoch seine Grenzen. In dem ethnografischen Forschungsbericht werden vor allem Erkenntnisresultate erwartet und weniger eine fortlaufende und permanente Reflexion des methodischen Vorgehens. Für die Darstellung ist daher eine angemessene Balance zwischen Reflexions- und Ergebnisdarstellung zu finden. Dabei wählen gerade amerikanische Ethnograf*innen, indem sie sich an William F. Whytes Street Corner Society orientieren (1955), folgenden Weg: Ohne lange Umschweife steigen sie gleich zu Beginn in den ethnografischen Report ein, um die Ergebnisse zu präsentieren. Alle methodischen Erwägungen werden dagegen in einen längeren reflexiven und häufig narrativen Methodenteil in den Appendix geschoben.

Gütekriterien müssen in der Ethnografie auf zweierlei gerichtet sein: Einerseits ist eine empirisch akkurate und reichhaltige Erfassung der Gegebenheiten des Feldes, andererseits eine theoretisch verdichtete Interpretation der untersuchten Lebenspraxis zu erreichen. Dabei ist im Sinne der doppelten Hermeneutik zu berücksichtigen, dass sich eine „gute" Ethnografie durch eine Verschränkung der Konstruktionen erster Ordnung – der emischen Innenperspektive – und der Konstruktionen zweiter Ordnung – der etischen Außenperspektive – auszeichnet. Während es im ersten Fall darum geht, möglichst akkurat vom „insider point of view" die Bedeutungsmatrix der Sozialwelt zu erfassen, geht es im zweiten Fall darum, zu einer angemessenen Theoriebildung zu gelangen (Terhart 1995, S. 388). Unter dem Aspekt der Güte steht damit sowohl die Zuverlässigkeit der erhobenen Daten als auch die Gültigkeit der Generalisierung zur Diskussion (vgl. Reichertz 2007, S. 12)

3.5.1 Konstruktionen erster Ordnung: Zuverlässigkeit der erhobenen Daten

Die Ambition der Ethnografie, die Eigenstrukturiertheit und Eigensinnigkeit des Feldes in Empirie und Theorie zur Geltung zu bringen, kann unter dem Aspekt von Gütekriterien sowohl als Stärke als auch als Schwäche angesehen werden. In Bezug auf die Konstruktionen erster Ordnung, das heißt bei der datenmäßigen Erfassung der emischen Bedeutungsstruktur, sollten im Hinblick auf die Güte die folgenden zentralen Entscheidungspunkte eines ethnografischen Forschungsprojekts im Hinblick auf ihre Angemessenheit (in Anlehnung an Steinke 2000, S. 326 ff.) reflexiv befragt werden:

1. Angemessenheit der Fragestellung
2. Angemessenheit des Forschungsdesigns
   - bei der Definition des Forschungsfeldes
   - bei der Positionierung und Wahl der Forschungsrolle
   - beim Aufbau von Forschungsbeziehungen und der Reflexion der Machtbeziehungen
3. Angemessenheit der Datenerhebung – vor allem im Verhältnis von Teilnahme und distanzierender Beobachtung
4. Angemessenheit der Datendokumentation und -aufbereitung

1. Angemessenheit der Fragestellung: Die Zuverlässigkeit der Daten lässt sich nur beurteilen, wenn es eine präzise Forschungsfrage gibt. Erst auf dieser Grundlage lassen sich alle Entscheidungspunkte im Forschungsprozess begründen. Präzise ist eine Forschungsfrage, die sich einerseits der Vielgestaltigkeit der Empirie bewusst ist, die andererseits diese in einer konzeptualisierten und kondensierenden Formulierung auf den Punkt bringen kann. Wenn die forschungsstrategische Bedeutung der Forschungsfrage nicht beachtet wird, zieht sich das häufig als Schwachpunkt durch eine qualitative Untersuchung. Zugrunde liegt dabei die gute Annahme, dass es sich um ein exploratives Vorgehen handelt, bei dem alle Festlegungen nur schaden können. Die Forschungsfrage bleibt dann unklar und unpräzise, was angesichts der unendlichen Bedeutungsvielfalt von Sozialwelt bald dem Ethnografen auf die Füße fällt, weil alles irgendwie interessant erscheinen mag. Was es zur Qualitätssicherung bedarf, ist sowohl eine theoretische Sensibilität durch Aneignung der wissenschaftlichen Konzepte – auch wenn diese Voreingenommenheit durch Theorie bei der explorativen Datenerhebung wieder in den Hintergrund geschoben werden darf – als auch eine empirische Sensibilität, indem die zentralen Dimensionen der sozialweltlichen Relevanzen und Bereiche sukzessiv herausgehoben und klargelegt werden. Zudem fehlt Anfänger*innen häufig der Mut, mit einer ausreichend offenen Forschungsfrage ins Feld zu gehen, weil die Angst vor der Unabgeschlossenheit überwiegt. Wichtige reflexive Fragen sind: Welche empirischen Phänomene werden in der Forschungsfrage adressiert? Welche werden außen vor gelassen? Welche Theorieperspektiven werden zur Bestimmung des Gegenstandes verwendet? Welche alternativen Theorien werden nicht einbezogen? Welche Fragen werden aufgeworfen und welche ausgeklammert? Wird eine ausreichende Balance zwischen Offenheit und Festlegung der Forschungsfrage gewahrt?

2. Angemessenheit des Forschungsdesigns: Die Stärke und Schwäche beim Forschungsdesign liegt in der geringen Formalisierung und Kodifizierung des ethnografischen Verfahrens. Als Stärke ist zu werten, dass Ethnografie nicht durch das *eine* Verfahren, nicht durch bestimmte Felder, Zugänge, Positionen, Rollen und Methoden schon im Vorhinein festgelegt ist. Der Feldforscherin stehen alle methodischen Optionen zur Verfügung, um eine Vielfalt an Perspektiven in den Forschungsprozess hereinzuholen. Andererseits droht mit einem bunten Potpourri an Methoden Beliebigkeit und Unspezifität. Eine Zentralstrategie zum Management der Güte ethnografischer Forschung ist die Triangulation, indem der Forschungsgegenstand anhand unterschiedlicher Theorien, Methoden, Fälle, Daten, Forscher etc. beleuchtet wird. Wichtig ist in diesem Zusammenhang, dass konkrete Kriterien festgelegt werden, um die methodische Vielfalt an Perspektiven angemessen zueinander ins Verhältnis zu setzen (siehe hierzu Flick 2007a). Angesichts der Komplexität des Forschungsfeldes ist jedoch der Anspruch, eine detaillierte Aufschlüsselung von Kriterien und Entscheidungen zu liefern, leichter formuliert als umgesetzt. Eine Begründung der Angemessenheit bei den großen methodischen Entscheidungen etwa zum Forschungsfeld, zur Datenerhebung und zur -auswertung wird als selbstverständlich vorausgesetzt. Es sind in der Feldforschung aber gerade die kleinen Vorkommnisse und Wendungen, die aus der Eigendynamik des Forschungsprozesses resultieren – mit welchen Informant*innen sich Gespräche entwickelten, welche Gesprächsthemen in den Stegreifgesprächen aufkamen, welche Hinterbühnen sich betreten ließen – und die sich in der Regel ungeplant, zufällig und situativ ergeben.

Umso wichtiger ist hier die Aneignung des faktischen Forschungsverlaufs, die zwischen bedachtsamer Planung und rekonstruktiver Vergewisserung des situativ Ereigneten mäandriert. Zur Planung und Aufarbeitung der Felderfahrung lassen sich Forschungstagebücher führen, um eine Überfrachtung des ethnografischen Berichts mit Selbstreflexion zu vermeiden. Nach Guba und Lincoln sollten in einem solchen „reflexive journal" der tägliche Forschungsablauf, die persönlichen Erfahrungen und alle methodologischen Entscheidungen dokumentiert werden (1985, S. 327). Ebenso haben sich qualitative (Netz-)Werkstätten und Forschungssupervisionsgruppen als Peer-Debriefing zur Erweiterung von Perspektiven und zur Aufdeckung blinder Flecken bewährt (Ruppel & Mey 2012; Bonz, Eisch-Angus, Hamm & Sülzle 2017). Bei dieser nachdenklichen Bemächtigung der Forschung rückt die Frage im Mittelpunkt, welche Wirklichkeitsausschnitte angesichts des gewählten Vorgehens in den Blick geraten können und welche außerhalb des Sichtbaren liegen. Hierzu gehört in jedem Fall die Betrachtung der sozialen Positionierung im Feld – etwa unter sozialen Kategorien wie Gender, Bildung, sozialer Status etc. Zum Beispiel werden sich angesichts geschlechtlicher Zuschreibungsprozesse im Forschungsfeld bestimmte Türen, das heißt Personen, Themen und Zugänge, öffnen oder verschlossen bleiben. Ebenso wichtig ist die Reflexion der subjektiven Positionierung, also der persönlichen Einstellungen, Haltungen und Affekte gegenüber dem Forschungsthema, dem Feld und den Akteur*innen. Aufgrund der eigenen Identifikationen und Vorbehalte ergeben sich Möglichkeiten und Grenzen für den Ethnografen, sich auf das Forschungsfeld einzulassen. Und schließlich sollte in der Selbstreflexion auch die Angemessenheit der eigenen Reaktionsweisen überdacht werden. Vor allem die Beziehungsqualität zu den Akteur*innen im Feld ist in der Teilnehmenden Beobachtung von Bedeutung. Zu ihrer Validierung lassen sich etwa die von Legewie (1987) fürs Interview vorgeschlagenen Kriterien heranziehen. Die Beziehungen zu den Menschen im Feld lassen sich dahingehend evaluieren, inwieweit ein Arbeitsbündnis etabliert wurde, das sich durch Offenheit, Vertrauen, Arbeitsbereitschaft und geringes Machtgefälle auszeichnet.

Wichtige Fragen zur Bestimmung der Güte beim Forschungsdesign sind: Welche Felder werden im Forschungsdesign einbezogen? Welche bleiben außerhalb des Fokus? Welche Zugänge zu Situationen, Ereignissen und Personen sind möglich? Welche bleiben versperrt? In welchen Positionen und Rollen kann sich die Ethnografin im Feld etablieren? Welche Ansichten bleiben dem Ethnografen aufgrund der gewählten Positionen und Rollen verschlossen? Welche Instrumente zur Reflexion der persönlichen Erfahrungen wurden gewählt? Wie kann die Reflexion der eigenen Positionierung im Feld neue Perspektiven eröffnen? Wo bleiben blinde Flecken bestehen?

3. Angemessenheit der Datenerhebung: Bei der Datenerhebung erweist sich als Stärke und Schwäche die Methodenopportunität der Ethnografie. Das herausragende Qualitätsmerkmal besteht geradewegs in der Möglichkeit, die Methodenperspektiven entsprechend des sich entschleiernden Gegenstands zu wählen. Zudem lassen sich aufgrund des andauernden Feldkontakts neue Einsichten – im Sinne des Theoretical Samplings – anhand der Erhebung weiterer Daten prüfen. Mit den ersten Hypothesen im Gepäck werden neue Erkundigungen mit vielfältigen Methoden eingezogen, sodass ein beständiges Neuverhandeln vorläufiger Ergebnisse möglich ist. Die Angemessenheit der Datenerhebung entscheidet sich daran, ob eine akkurate Erfassung der Bedeutungswelten, der Sprache und der Alltagsrelevanzen der Sozialwelt vom „insider point of view" gelingt.

Ausweisbare Kriterien finden sich in der Forschungsliteratur vor allem in Bezug auf die Auswahl von Methoden zur Datenerhebung. Bei diesen kodifizierten Verfahren sind Anwendungsbereiche und -grenzen als Indikation und Limitation in der Regel klar definiert (Steinke 2000). Es sollten also nicht persönliche Vorlieben im Vordergrund stehen. Das bedachtsame Abwägen bei der Wahl der *richtigen* Methode sollte aus der Kenntnis der im Werkzeugkoffer zur Verfügung stehenden Verfahren und ihrer Erkenntnismöglichkeiten erfolgen. Durch Explikation der Forschungsfrage sollte die Ethnografin sich fragen, was sie sich als Nächstes anschauen möchte, um daraus die Entscheidung für eine bestimmte Methode zu treffen: Wenn es zum Beispiel um Situationen, Ereignisse und Interaktionen geht, dann werden Beobachtungsverfahren benötigt, um einen eigenen Blick auf die empirische Manifestation sozialer Wirklichkeit zu gewinnen. Zur Erfassung subjektiver Sichtweisen muss mit den Menschen gesprochen werden: Wenn es um die Erfassung von Meinungen und Sichtweisen geht, kann dies in einem Leitfadeninterview geschehen; für die Thematisierung von Lebensgeschichten eignet sich ein narratives Interview; bei der Interaktionsanalyse kann der Einsatz von Videos ratsam sein etc. Gerade aber diese Freizügigkeit bei der multimethodischen Umsetzung erweist sich zugleich als Problem: Die Gefahr von Beliebigkeit in der Auswahl und von einem durch Datenhuberei verursachten

Vielzuviel an Daten ist allzu groß. Gerade aus diesem Grund ist eine bedachtsame Abwägung der Vor- und Nachteile einer bestimmten Methode in Bezug aufs Erkenntnisinteresse wichtig.

Als besondere Herausforderung zur Sicherstellung von Güte und Qualität in der Ethnografie erweist sich der Widerspruch von empathischer Teilnahme und distanzierender Beobachtung. Während Feldforschung ein Nahdransein an den Situationen, Ereignissen und Menschen verspricht, stellt die Teilnahme an den Handlungspraxen eine Bedrohung für die nüchterne Objektivierung dar. Zugleich gewinnt das Engagiertsein im Feld eine Eigendynamik, wodurch eine Konzentration auf die „reine" Erkenntnisgewinnung erschwert wird. Ebenso wird der Feldforscher von gegenüber den verschiedenen Akteur*innen divergierenden Loyalitäten besetzt, sodass dieser weder als Teilnehmer noch als Beobachter frei agieren kann. Anstatt einen *neutralen* Raum für eine zeitlich befristete Begegnung, in der alles thematisierbar wird im Wissen darum, sich wahrscheinlich nie wieder zu sehen, kommt es zur Verquickung mit der Positionierung als Teilnehmerin, die als interessiert Handelnde in Praxiszusammenhängen adressiert wird. Zur Sicherung der Datenqualität ist daher ein angemessenes Wechselspiel von Dezentrierung und Rezentrierung notwendig.

Die Sicherung der Güte der Forschung sollte folgende Fragen reflektieren: Sind die Methoden zur Erhebung des Forschungsgegenstandes angemessen? Welche Kriterien werden bei der Auswahl der Datenerhebungsmethode herangezogen? Sind die Kriterien hinsichtlich der Indikation und Limitation der angewandten Methoden ausreichend reflektiert? Wie wurde das Theoretical Sampling in die Datenerhebung einbezogen? Wird eine ausreichende Balance zwischen empathischer Teilnahme und distanzierter Beobachtung gewahrt?

4. Angemessenheit der Datendokumentation und -aufbereitung: Zur Sicherstellung der intersubjektiven Nachvollziehbarkeit von Daten gehört schließlich auch eine geregelte Aufzeichnung und Dokumentation von Daten mit einem möglichst hohen Maß an *Objektivität* (Flick 2007b, S. 490). In der Teilnehmenden Beobachtung sind die Regeln zur Protokollierung wichtig – siehe Kapitel 5. Die ersten Notizen sollte der Forscher im unmittelbaren Anschluss an den Feldaufenthalt anfertigen und die Beobachtungsprotokolle rasch und zügig ausarbeiten, um diese vorm Vergessen zu bewahren. Bei Gesprächen und Interviews sind die erhobenen Daten vorzugsweise als Audioaufnahme zu speichern, nach festgelegten Regeln zu transkribieren und in Zitaten wiederzugeben. Und auch für alle weiteren Datenquellen – Bilder, Videos, Filme, Dokumente, Internet – ist eine sorgfältige Dokumentation erforderlich. Dafür werden die relevanten Wirklichkeitsausschnitte bestimmt, die es in einer systematischen Datenablage zu speichern gilt. Die zentrale Frage in Bezug auf Güte lautet: Sind die Regeln zur Aufzeichnung und

Dokumentation den Daten angemessen? Werden die Bedeutungen und Sinnsetzungen des Feldes ausreichend differenziert konserviert?

3.5.2 Konstruktionen zweiter Ordnung: Gültigkeit der Generalisierung

Mit Blick auf Gütekriterien für die Theoriegenerierung wird die Beurteilung der Generalisierbarkeit der erarbeiteten Ergebnisse zentral. Bewertet wird hier die Theorie als Ergebnis und Produkt des ethnografischen Erkenntnisprozesses (Breuer, Muckel & Dieris 2018, S. 361). Nach Strübing lässt sich unter Qualität einer Theorie Folgendes verstehen:

> Dabei geht es neben der praktischen Relevanz („*significance*") insbesondere um die *Dichte und Systematik* der erarbeiteten und empirisch vorläufig verifizierten Beziehungen, das erreichte *konzeptuelle Niveau* der Theorie sowie die darin enthaltene *Varianz und Reichweite* von Erklärungen der betreffenden Phänomene. (2014, S. 91)

Bei der praktischen Relevanz ist insbesondere eine passgenaue Verschränkung der theoretischen Konzepte mit den Konstruktionen erster Ordnung des Feldes zu erreichen. Die Theoriesprache soll an den Bedeutungen, der Sprache und den Relevanzen des Feldes ansetzen und diese in einer konzeptualisierenden Begrifflichkeit aufheben, ohne dass diese zum Verschwinden gebracht werden dürfen. Empirische Verankerung der Theoriebildung meint, dass in einer sorgfältigen Kodierung des Materials durch Entdeckung von Neuem und durch Falsifikation von Vorannahmen die Bedeutungen des Feldes konzeptualisiert werden (siehe Kapitel 6).

Bei der Theorieentwicklung ist auf ein hohes Maß an *Dichte und Systematik* zu achten, sodass die verschiedenen begrifflichen Ebenen einen inhaltlichen Ableitungszusammenhang bilden. Die abstrakteren Begriffe sollen sich aus konkreteren Konzepten entwickeln, die letztlich auf einem in Ausschnitten und Zitaten präsentierbaren Datenmaterial beruhen. Die Basis des Ableitungszusammenhangs bilden alle Daten, das heißt Aussagen, Beobachtungen, Bilder des Feldes, die vom „insider point of view", dem semantischen Kontext der Lebenswelt erschlossen sind. Mit anwachsendem Abstraktionsniveau sollen auf dieser empirischen Grundlage Verallgemeinerungen formuliert werden, in der die Struktur der beobachtbaren und deskriptiv beschreibbaren Ereignisse theoretisch gefasst ist (siehe Kapitel 1.5).

Das konzeptuelle *Niveau* soll sicherstellen, dass eine ausreichend allgemeine Kernkategorie den untersuchten Gegenstandsbereich theoretisch aufschlüsseln kann, um eine Erklärung für die empirische Genese des Einzelfalls zu geben. Neben der analytischen Tiefe muss zugleich über *Varianz und Reichweite* der Theorie die Mannigfaltigkeit und Vielgestaltigkeit der Empirie zur Geltung gebracht werden. Verallgemeinerung von Einzelbefunden, um Dichte und Reichweite einer Theorie herzustellen, erfolgt insbesondere durch das ständige Vergleichen von beobachteten Fällen. Schließlich bedarf es einer Darstellung der entwickelten Theorie, die eine ausreichende Balance zwischen theoretischen Höhenflügen und deskriptiver Darstellung findet.

Die Stärke der ethnografischen Theoriearbeit besteht darin, dass über den engen Feldkontakt im hohen Maß ein Kontextwissen besteht, das die Theoriebildung von der Empirie her lenkt. Zur Prüfung von Interpretation und Theorie bietet sich die kommunikative Validierung bzw. der Members Check (Lincoln & Guba 1985, S. 314 ff.) an. Hierdurch werden die Befunde der Theoriearbeit zurückgetragen zu den Akteur*innen im Feld als Expert*innen ihrer Konstruktionen erster Ordnung. Der Vorteil in der Ethnografie besteht darin, dass die kommunikative Validierung mit dem sukzessiven Fortschreiten der Theoriebildung immer wieder durch Rückfragen und Rückversicherung hergestellt werden kann. Zwar stellen die Akteur*innen im Feld nicht die letzte Entscheidungsinstanz dar, die über die Gültigkeit und Angemessenheit einer Interpretation entscheidet. Dennoch kann die Güte der Ethnografie verbessert werden, indem die Stellungnahmen des Feldes als neue Daten in die vertiefte Klärung und Ausdifferenzierung der Theorie einbezogen werden, was bis zur Einbeziehung von partizipativen Forschungsstrategien reichen kann (Bergold & Thomas 2012).

Fragen zu Gütekriterien sind: Welche Auswertungsmethoden wurden zur Sicherstellung der inhaltlichen Relevanz der entwickelten Theorie angewandt? Wie wurde über den Einbezug und den Vergleich einer Breite an empirischen Beobachtungen eine ausdifferenzierte Theorie mit ausreichender Erklärungsreichweite geschaffen? Wie wurden Interpretationen und Hypothesen im Members Check zur Validierung/Falsifizierung und zur Perspektiverweiterung ins Feld zurückgeführt?

3.5.2 Ethik

Mit zu den Gütekriterien ethnografischen Forschens gehört die Reflexion ethischer Grundprämissen (LeCompte & Schensul 2015). Ethik-Kodes gehören wie der hippokratische Eid in der Medizin mittlerweile zum Selbstverständnis empirischer Sozialforschung. Kodifizierte Richtlinien sind von vielen Fachgesellschaften sozialwissenschaftlicher Disziplinen formuliert worden, etwa der Code of Ethics der American Anthropology Association, die Ethischen Leitlinien der Deutschen

Gesellschaft für Völkerkunde oder der Ethik-Kodex der Deutschen Gesellschaft für Soziologie. Ebenso finden sich an vielen deutschsprachigen Hochschulen auch außerhalb medizinischer Fakultäten Ethikkommissionen, die sozialwissenschaftliche Forschungsprojekte begutachten. Im englischsprachigen Raum sind Ethikkommissionen als Research Ethics Boards (REB) oder Institutional Review Boards (IRB) seit vielen Jahrzehnten fester Bestandteil der Hochschullandschaft. Gesundheits- und sozialwissenschaftliche Studien müssen von ihnen begutachtet werden. Der historische Entstehungskontext geht zurück auf die Gräueltaten während des Nationalsozialismus. Unter dem Deckmantel wissenschaftlicher Untersuchungen wurden damals Menschen misshandelt, gequält und getötet. Heutzutage wird die ethische Prüfung durch Ethikkommissionen angesichts der Diversität von Forschung und der Besonderheit von Ethnografie jedoch auch kritisch diskutiert. Vor allem das emergente, wenig festgelegte, kontextsensible Vorgehen in einer Ethnografie ist nur eingeschränkt innerhalb der formalisierten Prüfverfahren in Richtung aller denkbaren ethischen Eventualitäten herunter zu deklinieren. Die Eigenarten der jeweiligen Forschung finden in dem bürokratischen Begutachtungsprozess häufig keine ausreichende Berücksichtigung (Bosk & de Vries 2004; Mapedzahama & Dune 2017; Newmahr & Hannem 2016).

Im Mittelpunkt ethischer Leitlinien ethnografischen Forschens stehen Fragen, ob mit den Studienteilnehmenden verantwortungsvoll umgegangen wird, ob der Nutzen überwiegt, ob Schutzvorrichtungen gegenüber dem Eintreten möglicher Schädigungen bedacht und ob alle Beteiligten gleich behandelt wurden (Murphy & Dingwall 2007, S. 339). Prinzipiell sind der Schutz des Wohlbefindens, der Autonomie, der Sicherheit und der Würde aller Beteiligten bedeutsam. Grundsätzliche Gesichtspunkte bei der Konzeption der Studie sind: a) freiwillige Teilnahme, b) Aufklärung über Risiken und negative Konsequenzen, c) informierte Zustimmung (informed consent), d) die Möglichkeit zur jederzeitigen Unterbrechung und Beendigung der Untersuchung und e) Schutz der Privatheit und Vertraulichkeit (LeCompte & Schensul 2010, S. 295; Kiegelmann 2010). Zur Sicherstellung dieser Aspekte kommt der Aufklärung der Studienteilnehmenden über Untersuchungsziele und Vorgehen eine besondere Bedeutung zu. Zu den regulären Standards gehören Vertraulichkeits-, Schweigepflicht- und Anonymisierungserklärungen.

Die wenigsten Ethnograf*innen werden den Studienteilnehmer*innen mit Absicht Schaden zufügen; aber der Teufel liegt oftmals im Detail. Ethik wird in der Ethnografie insbesondere aufgrund der großen Nähe zum Feld zur Herausforderung. Die Beziehungen sind nicht beschränkt auf kurze Begegnungen von Wissenschaftler und Studienteilnehmer in den festen raumzeitlichen Umrissen etwa einer Befragung oder einer Videografie. Die Ethnografin bewegt sich im Feld in ihrer Funktion als Forscherin. Dass dies allen Anwesenden immer klar ist, lässt sich angesichts der Offenheit und Unstrukturiertheit der Erhebungssituation nicht ohne weiteres sicherstellen. Wichtig ist ein Klarlegen und Transparentmachen der unterschiedlichen und sich überlagernden Rollen, in denen der Ethnograf auftritt. Eine strikte Grenzziehung zwischen den verschiedenen Rollen ist jedoch kaum möglich, wenn sich Vertrauensverhältnisse und zwischenmenschliche Beziehungen entwickeln. Wird die Ethnografin bei gut verlaufendem Feldeintritt als gerngesehene Gesprächspartnerin wertgeschätzt, dann geht rasch aus dem Blick verloren, dass sie zuerst einmal in ihrer Funktion als Ethnografin ins Feld gekommen ist.

Die Gefahr von (unbeabsichtigten) Grenzüberschreitungen verstärkt sich mit der zunehmenden Vertraulichkeit. Private und sensible Themen wie etwa schwierige Biografieverläufe, Krisen, belastende Erlebnisse oder Traumatisierungen werden dann nicht in einer objektiven Erhebungssituation erfragt, sondern in einer zwischenmenschlichen Begegnung besprochen. Auch auf der Beziehungsebene wird eine Trennung schwieriger, weil der Ethnograf immer mehr in seiner Rolle als Teilnehmer in die Sozialwelt einbezogen wird. Bekanntschaften, Freundschaften, Liebesbeziehungen rücken in den Vordergrund gegenüber dem nüchternen Wissenschaftsauftrag (sehr eindrucksvoll: Wolcott 2002). Wichtig ist auf jeden Fall, dass die aneinander gerichteten Erwartungen immer wieder in ihrem Verhältnis zum Forschungsauftrag abgeglichen werden, und dies nicht nur zum Einstieg, sondern auch während des Feldaufenthalts. Schließlich sollte das Ende des Feldkontakts sorgfältig vorbereitet werden, damit alle Beteiligten sich darauf einstellen können und über die Beweggründe informiert sind.

Wenn die Ethnografin über Vertrauensaufbau mit auf die ansonsten vor der Öffentlichkeit verborgenen Hinterbühnen des Feldes geführt wird, können diese intimen Innenansichten zur Bedrohung von Informant*innen und Sozialwelt werden. In Folge von Humphreys Studie „Tearoom Trade" (1970), in der homosexuelle Sexualpraktiken auf öffentlichen Toiletten in den USA untersucht worden sind – zu einer Zeit, in der dies zum Teil noch einen Straftatbestand darstellte –, entwickelte sich eine umfangreiche Debatte über die Pflichten des Ethnografen, welche im Anhang einer erweiterten Auflage dokumentiert wurde (Humphrey 1975). Während aus wissenschaftlicher Perspektive gerade die unbekannten An- und Einsichten bedeutsam und interessant für die Ergebnisdarstellung werden, sind die Risiken für die Teilnehmenden gerade bei der Aufdeckung von unmoralischen und verbotenen Handlungsstrategien – Glücksspiel, Drogenkonsum, Homosexualität – nicht abzuschätzen. Kernelement des „ethnografischen Eids" ist die „Ethik der Stille". Geheimnisse, die Verschwiegenheit sowohl innerhalb als auch außerhalb des Feldes erfordern, dürfen nicht weitergegeben werden (Dellwing & Prus 2012, S. 138). Der Ethnograf besitzt zudem kein Zeugnisverweigerungsrecht, auf dessen Grundlage er Datenmaterial gegenüber den Strafverfolgungsbehörden zurückhalten könnte. Zu den ethischen Pflichten gehört es daher, möglichst weitgehend alle Informant*innen und Kontaktpersonen über mögliche Konsequenzen der forschenden Arbeit aufzuklären, um nicht das Recht auf Privatheit und informationelle Selbstbestimmung zu verletzten.

In Bezug auf Gütekriterien im Bereich der Ethik sind Fragen zu berücksichtigen wie: Wurde über die Hintergründe und Verfahrensabläufe der Forschung ausreichend aufgeklärt? Wurde das Prozedere der informierten Zustimmung eingehalten? Wie wurde die Rolle der Ethnografin (fortlaufend) transparent gemacht? Sind die Studienteilnehmenden über mögliche negative Konsequenzen aufgeklärt worden?

Aufgaben zur Fragestellung und zum Forschungsdesign

1. Legen Sie eine vorläufige Fragestellung fest, bevor Sie mit dem Forschen und Schreiben beginnen. Definieren Sie in einem Satz, worum es gehen wird. Ihr Ausgangspunkt ist dabei das empirische Phänomen, das Sie erforschen wollen – die magiegeladenen Seefahrten der Trobriand-Indianer, die Fortbildung der Stewardessen oder das Café an der Straßenecke. Vertiefen Sie Komplexität und Unklarheit von Anfang an, indem Sie frühzeitig die Literatur konsultieren. Das verwirrt, führt zu Unklarheiten und wird Frust erzeugen. Aber die Welt, die Sie untersuchen wollen, ist komplex. Erstellen Sie ein Poster etwa in Form einer Mindmap mit der Fragestellung als Überschrift, das alle Haupt- und Unterfragen, -hypothesen, -thesen und -begriffe enthält.
2. Das „Feld" ist der zentrale Bezugspunkt Teilnehmender Beobachtung. Überlegen Sie sich, was das Feld da draußen in der sozialen Wirklichkeit sein kann, und fangen Sie frühzeitig an, sich um Zugänge ins Feld zu kümmern. Bestimmen Sie die Gatekeeper, die nötig sind, um Kontakt ins Feld aufzubauen. Überlegen Sie sich eine adäquate Rolle, in der Sie wenig stören, die Ihnen aber möglichst umfassende Einblicke ins Feld ermöglicht.
3. Erstellen Sie ausgehend von der Fragestellung eine grobe Skizze Ihres methodischen Vorgehens, die ausreichend Freiräume bietet, um im weiteren Verlauf gemäß neuer Einsichten angepasst zu werden. Welche Situationen, Fälle und Personen sind relevant? Wie lassen sich diese durch Forschungsmethoden und Datenperspektiven erschließen? Vor allem: Wie lässt sich die Teilnehmende Beobachtung zu einem triangulativen Ansatz erweitern?
4. Versuchen Sie ethische Dilemmata von Anfang an in den Blick zu nehmen. Vor allem behalten Sie bei Ihrer Positionierung die Machttextur des Feldes im Auge.

Weiterführende Literatur

Becker, H. S. (1998). *Tricks of the trade*. Chicago: University of Chicago Press.
McCall, G. J. & Simmons, J. L. (Hrsg.). (1969). *Issues in participant observation. A text and reader*. Reading (MA): Addison-Wesley.

Ethnografische Datenerhebung

4.1 Entdeckung fremder Welten

Zum Abenteuer der Ethnografie gehört die Entdeckung fremder Sozialwelten durch Feldforschung. Die *Zerstreuung* des Ethnografen in den Ereignissen seines Forschungsfeldes stellt – neben der schreibenden Verdichtung des Erfahrenen – die eine Seite des ethnografischen Forschungsprozesses dar: sich in der Welt umhertreiben, durch die Straßen flanieren, mit den Menschen reden sowie Situationen in Erfahrung bringen, die für das Verstehen des sozialen Handelns der Menschen bedeutsam sind. Mit nüchternem Blick sollen profunde Einblicke gewonnen werden, wie die Menschen, die in ihrer sozialen Welt beheimatet sind, sich darin verorten, reflektieren und engagieren. Dies erfordert ein Eintauchen der Ethnografin in die soziale Situation, zur einen Seite in Form der eher distanzierten und gnostischen Haltung der Beobachtung. Zur anderen Seite gehört dazu ein engagiertes Miterleben und Mithandeln über Teilnahme an der untersuchten Sozialwelt. Das Aufstöbern der bedeutungsvollen Phänomene in der Sozialwelt setzt voraus, dass die waschechte Wirklichkeit an den Orten aufgesucht wird, an denen sie tagtäglich vorzufinden ist. Teilnehmende Beobachtung ist daher die Zentralstrategie zur Situierung des ethnografischen Forschungsprozesses im Feld.

> Beobachtungen aus erster Hand sind angesagt: Setzen Sie sich in die Empfangshallen der Luxushotels und auf die Treppenstufen von Abrisshäusern, machen Sie es sich auf den Polstergarnituren der Reichen ebenso bequem wie auf den Holzpritschen im Obdachlosenasyl … mit einem Wort, machen Sie sich die Hände schmutzig mit realer Forschung. (Robert E. Park in Burgess 1982, S. 6)[1]

---

1   In einer sehr schönen, aber eigenwilligen Übersetzung nach Legewie (1991, S. 189).

© Springer Fachmedien Wiesbaden GmbH, ein Teil von Springer Nature 2019
S. Thomas, *Ethnografie*, Qualitative Sozialforschung,
https://doi.org/10.1007/978-3-531-94218-6_4

Unter den Methoden der empirischen Sozialforschung ordnet sich die Teilnehmende Beobachtung dem Erkenntnisgegenstand am striktesten unter. Das bedeutet aber nicht, dass in der Ethnografie auf andere empirische Zugänge verzichtet wird. Vielmehr sind alle Sinneskanäle und alle Erfahrungsmodi – Zuhören, Fragen, Lesen, aktives Intervenieren und reflexive Introspektion – angesprochen (Gobo & Molle 2017, S. 23). Damit wird dem Ethnografen der ganze Werkzeugkoffer empirischer Sozialforschung als ein breitgefächerter Methodenmix sowohl qualitativer als auch quantitativer Verfahren an die Hand gegeben (Thomas 2017a). Diese breit gefächerte Triangulation unterschiedlicher Erhebungsstrategien zielt auf die Fabrikation eines möglichst „dichten Patchworks" an Wissen über Ereignisse, Bedeutungen, Orientierungen und Handlungsweisen. Damit kann die Ethnografie am ehesten dem Ideal einer maximalen Variation der Perspektiven entsprechen (Kleining 1995, S. 236 ff.).

> This is, then, a curious blending of methodological techniques in ethnography and participant observation: People are interviewed, documents from the past are analyzed, census data is collected, informants are employed, and direct observation of ongoing events are undertaken. For present purposes, participant observation will be defined as a field strategy that simultaneously combines document analysis, interviewing of respondents and informants, direct participation and observation, and introspection. (Denzin 1989, S. 157 f.)

Die Triangulation von Methoden und Daten folgt einer doppelten Forschungslogik. Einerseits verfolgt der Forscher wie Sherlock Holmes unbeirrt und beharrlich folgende Frage: Was soll ich mir als Nächstes anschauen, um mehr über die von mir untersuchte Wirklichkeit zu erfahren? (Lüders 2009, S. 7). Den Aufmerksamkeitsfokus der Beobachtung passend auszurichten erfordert andererseits eine beständige theoretische Reflexion des Gesehenen und Gehörten als ethnografischer „Armchair Detective". Die Forscherin ist gut beraten, von Anfang an wohlüberlegte Hypothesen darüber zu entwickeln, was vor sich geht. Nur über die Besinnung auf die eigene Imagination wird sie während der Feldforschung das Sehen des Wichtigen und Wesentlichen im Feld erlernen. Dagegen kann jede methodische Vorabfestlegung nur als Behinderung und Beschränkung der eigenen Erkenntnismöglichkeiten gelten. Trotzdem werden Daten nicht beliebig erhoben, sondern in strenger Weise durch das Theoretical Sampling organisiert.

Im Folgenden werden wir uns mit den wichtigsten Methoden befassen, die typischerweise im ethnografischen Forschungsprozess Anwendung finden. Beginnen werden wir mit der Teilnehmenden Beobachtung (4.2), die wiederum in zwei Grundformen der Datengewinnung – der Teilnahme (4.3) und der Beobachtung (4.4) – zu untergliedern ist. Die Teilnehmende Beobachtung vermittelt uns sowohl aus der Handlungs- als auch der Ereignisperspektive direkte Einsichten in den Alltag der Menschen. Daran schließen sich Gespräche und Interviews als Methoden an, die insbesondere auf die Erfassung der Sozialwelt aus der Perspektive der Anderen zielen (4.5). Neben diesen klassischen Methoden findet sich in der Ethnografie schon immer eine plurale Anwendung des gesamten Methodenkoffers empirischer Sozialforschung, was heterogene Datensorten wie Bilder, Fotos, Filme und Videos, Akten, Internet, Tagebücher, aber auch quantitative Befragungen und Feldexperimente umfasst (4.6).

4.2   Teilnehmende Beobachtung

Der Begriff „Participant Observation" wurde in den Sozialwissenschaften unter anderem von Eduard C. Lindeman (1924, S. 183) – einem Soziologen aus dem Umfeld der „Chicago School" – eingeführt. Lindeman unterschied zwischen dem „objective observer", der von außen kommend Interviews und Fragebögen erhebt, und dem „participant observer", der von innen eine Kultur kennenzulernen versucht. In der Teilnehmenden Beobachtung hat die Datenerhebung eine doppelte Ausrichtung: Einerseits geht es um die empathische Teilnahme an der Lebenspraxis, wie diese sich über Kultur, Sprache und Handeln auslegt, andererseits um die auf Distanz gehende Beobachtung von alltäglichen Gegebenheiten und Vorkommnissen im Forschungsfeld.

> *Participant observation* is based on the theory that an interpretation of an event can only be approximately correct when it is a composite of the two points of view, the outside and the inside. Thus the view of the person who was a participant in the event, whose wishes and interests were in some way involved, and the view of the person who was not a participant but only an observer or analyst, coalesce in one final synthesis. (Hader & Lindeman 1933, S. 148)

Dennoch ist der Versuch, sowohl objektiv zu beobachten als auch den „native's point of view" zu erfassen, wie sich schon gezeigt hat in sich widersprüchlich und brüchig. Die Perspektiven engagierter Teilnahme und distanzierter Beobachtung schließen sich in gewisser Hinsicht gegenseitig aus (Murchison 2010, S. 84 ff.). Eine Reduktion allein auf die emische Innenperspektive der Teilnahme würde ein Überschreiten der von den Akteur*innen als selbstverständlich und fraglos hingenommenen Wirklichkeit kaum erlauben; die etische Außenperspektive der Beobachtung würde den Ethnografen zu einem objektiven Verhaltensforscher machen, der die Alltagsdeutungen aus dem Blick verliert. Daher zeichnet sich die

Produktivität der Teilnehmenden Beobachtung gerade durch den Phasenwechsel von „involvement" und „detachment" aus. Durch das Alternieren zwischen beiden Perspektiven werden zwei Erkenntnisansprüche zugleich zu realisieren versucht: „It brings together both the perspective of the participant who calls for understanding and the perspective of the observer who seeks causal explanation" (Burawoy 1991, S. 5).

Das Interesse an der Teilnehmenden Beobachtung, so zeigt der Blick in die qualitative Methodendebatte, ist schon lange rückläufig zugunsten einer Konjunktur von Ethnografie. Während heutzutage die Tendenz stark verbreitet ist, den eigenen Methodensatz als „irgendwie" ethnografisch auszuweisen, müssen als goldenes Zeitalter der Teilnehmenden Beobachtung die 1960er Jahre in den USA gelten (vgl. Denzin und Lincoln 2005b). Im Mittelpunkt standen die Bemühungen um Standardisierung und Formalisierung dieser eher durch Opportunität gekennzeichneten Forschungsstrategie, um an die Güteansprüche „objektiver" Sozialwissenschaft anzuschließen (McCall & Simmons 1969). Dieses nach dem Bedeutungsverlust der Chicago School neu aufflammende Interesse an der Teilnehmenden Beobachtung sickerte peripher auch in die deutsche Methodendiskussion ein (Gerdes 1979; Friedrichs & Lüdtke 1973). Jedoch wurde schon bald darauf ein weitgehender Stillstand in der Debatte um die Teilnehmende Beobachtung beklagt, die vor allem darum kreiste, den an sich produktiven Widerspruch von Teilnahme und Beobachtung durch die Rollentheorie, das heißt durch die Klassifikation verschiedener Positionierungen der Forscherin im Feld, zu glätten (Lüders 1995). Nachdem das Interesse an der Teilnehmenden Beobachtung in der Methodendiskussion weitgehend eingeschlafen war, was ihrer Anwendung keinen Abbruch tat, hat sich seit einigen Jahren eine belebte Auseinandersetzung mit der Ethnografie entwickelt. Vielfach fällt aus dem Blick, dass eine Abgrenzung sinnvoll ist: Ethnografie ist keine Methode, sondern eine Methodologie, die sich sozialwissenschaftlichen Verfahren freizügig bedient. Teilnehmende Beobachtung ist eine Methode, die unter anderem im Rahmen ethnografischer Untersuchungen eingesetzt wird und die auf die Untersuchung von klar begrenzten Situationen etwa von Arbeitsplätzen oder Schulzimmern gerichtet ist. Im Gegensatz steht dazu die Ethnografie mit ihrem Interesse an dem Leben „ganzer" (Sub-)Kulturen.

Die Leistungsstärke der Teilnehmenden Beobachtung besteht darin, dass diese aufseiten des Ethnografen etwas hervorbringt, was ich als *empirische* Sensibilität bezeichnen möchte. Empirische Sensibilität verhält sich komplementär zur *theoretischen* Sensibilität. Letztere hebt die Bedeutung von empirienahen Konzepten hervor, die sich aus der theoretischen Auseinandersetzung und Aneignung der Empirie entwickeln. In der empirischen Sensibilität konvergieren die drei Erfahrungsperspektiven der Teilnehmenden Beobachtung: Die Perspektive 1. Person ist die Ich-Perspektive, wie diese sich aus der Teilnahme als Handelnder im Feld erschließt, die Perspektive 2. Person ist die Du-Perspektive, wie diese sich aus den Gesprächen im Feld ergibt, und die Perspektive 3. Person ist die Er-/Sie-/Es-Perspektive, wie diese aus den Beobachtungen im Feld, aber auch aus der Sammlung weiterer Datenformen wie Bilder, Videos, Internet, Dokumente etc. heraus resultiert. Entlang des Konzepts der empirischen Sensibilität möchte ich im Folgenden die drei Forschungsperspektiven darstellen.

4.3 Teilnahme an der Sozialwelt

Die Grundprämisse des ethnografischen Forschungsprozesses basiert auf der notwendigen Lokalisierung der Datengewinnung im Kontext der Alltagssituationen des untersuchten Sozialbereichs (Filstead 1970). Teilnahme und Beobachtung greifen dabei als integrierter Forschungsansatz ineinander und qualifizieren Ethnografie als das, was diese genuin ausmacht: als Feldforschung. In besonderer Weise kommt der Teilnahme die Aufgabe zu, das „get in the field" zu etablieren und als „keep in the field" fortzuführen. Erst durch Präsenz und Vertrauensaufbau in den Interaktionsvollzügen ist damit zu rechnen, dass die Ethnografin von den Akteur*innen „wirklich" mit ins Feld genommen wird. Ein Kennenlernen der Hinterbühnen ist einerseits nicht planbar, weil diese für Außenstehende uneinsichtig und unbekannt sind. Andererseits ergeben sich die Gelegenheiten eher situativ, indem der Ethnograf in Bereiche mitgenommen wird, zu denen nur Vertraute Zugang haben. Es bedarf „der Geduld und der Bereitschaft, sich auf den Rhythmus und die Normalität des Alltags einzulassen" (Hahn 2013, S. 72). In einer Studie über Jugendkulturen in Kleinstädten ergab sich durch das gemeinsame Abhängen mit den Besuchern aus einem Jugendclub, dass der Forscher eingeladen wurde, mit in den städtischen Park zu gehen. Aufgrund unerwartet guten Wetters hatte sich dort schon Ende März die „Tilidin-Clique" zu einer Grillparty verabredet[2]. Zu späterer Stunde – der Treff hatte sich mittlerweile auf den historischen Marktplatz verlagert – kamen immer weitere Jugendliche dazu, die im starken Kontrast zu der kleinstädtischen Normalität am Tage ausgiebig ihre Spirituosen, ihre Joints und ihre opioidhaltigen Medikamente, die vom ansässigen Arzt freizügig verschrieben wurden, miteinander teilten. Gerade zur Exploration solcher Hinterbühnen eröffnet Teilnahme oftmals überraschende und unerwartete Zugänge a) zu Orten und Situationen, b) zu Personen und Gesprächen und c) zu Handlungen und Routinen.

---

2   Tilidin ist ein Opioid, das als starkes Schmerzmittel verschreibungspflichtig ist und unter das Betäubungsmittelgesetz fällt.

Ist dieser Zugang erst einmal etabliert, so lassen sich weitere Erhebungsinstrumente – zum Beispiel Interviews, Fotografieren, Chat-Groups etc. – für eine feldsensitive Datenerfassung nutzen.

Teilnahme ist aber weit mehr als nur eine geschickte Strategie für den leichten Feldzugang und das Aufstöbern unerwarteter Intimansichten des Feldes. Teilnahme erlangt – so möchte ich argumentieren – aufgrund der spezifischen Datenperspektive den Rang einer eigenständigen sozialwissenschaftlichen Methode. Sie ist gerade kein subjektivistischer Appendix des eigentlichen Datenerhebungsgeschäfts, auf den sich in einer idealen Welt objektiver Forschung verzichten ließe. Mit Hitzler lässt sich die Teilnahme als „existenzielles Engagement" bezeichnen, bei dem der Ethnograf zeitweilig einen radikalen Perspektivwechsel vollzieht: vom Forscher zum Akteur (Hitzler 2016, S. 19; Honer & Hitzler 2015, S. 549 f.). „One has to learn how to see, taste, and otherwise sense the world in the way the ethnographer's collaborators do" (Carter 2017, S. 6). Durch Teilnahme werden Daten aus der egologischen Perspektive des prototypisch Handelnden im Feld erhoben. Es ist einzig die Subjektivität der Ethnografin, die den Zugang zu kulturellen Bedeutungen menschlichen Lebens eröffnet (Tanggaard 2014, S. 171 f.). Im Zentrum der Datenerhebung steht die probeweise Übernahme der Handlungsperspektive vom Standpunkt 1. Person: Wie erfahre ich mich als Akteurin im Feld? Wie sehe ich die Welt in ihrer Handlungsaufforderung? Wie begründe ich mich als zurechnungsfähiger Handelnder? Daten werden hier am stärksten und offensichtlichsten in Form von persönlichen Erfahrungen des Forschenden angeeignet, die im Anschluss in Form von Protokollen dar- und ausgelegt werden müssen, um prototypisch zu rekonstruieren, was es heißt, dort als Handelnder zu stehen. Das bedeutet: Teilnahme erfordert über ein Eintauchen ins Feld eine Perspektivübernahme, die zugleich um die Perspektivdistanz weiß.

Goffman zur Teilnahme

„Die Technik besteht meines Erachtens darin, Daten zu erheben, indem man sich selbst, seinen eigenen Körper, seine eigene Persönlichkeit und seine eigene soziale Situation den unvorhersehbaren Einflüssen aussetzt, die sich ergeben, wenn man sich unter eine Reihe von Leuten begibt, ihre Kreise betritt, in denen sie auf ihre soziale Lage, ihre Arbeitssituation, ihre ethnische Stellung oder was auch immer reagieren. […] Diesem Zweck dient in meinen Augen die Standardtechnik, sich möglichst authentisch ihren Lebensumständen auszusetzen, und das heißt: obwohl man das Feld immer verlassen kann, muß man so handeln, als ob man bleiben und dabei alle Annehmlichkeiten und Unannehmlichkeiten in Kauf nehmen müßte, die ihr Leben so mit sich bringt.

> Dadurch wird der Körper auf das Feld ‚eingestimmt', und mit einem solchen ‚eingestimmten' Körper und dem Recht, ihnen räumlich nahe zu sein (das Sie sich durch das eine oder andere hinterlistige Mittel erschlichen haben), sind Sie in der Lage, die gestischen, visuellen oder körperlichen Reaktionen auf das festzuhalten, was um sie herum vor sich geht. Und weil Sie im selben Schlamassel wie die anderen stecken, werden Sie auch einfühlsam genug sein, das zu erspüren, worauf sie reagieren. Das ist in meinen Augen das Herzstück der Beobachtung. Wenn Sie es nicht schaffen, in diese Lage zu kommen, können sie meines Erachtens keine ernsthafte Arbeit leisten." (1996, S. 263)

Teilnahme eröffnet die Chance, die Wirklichkeit durch die Augen eines Menschen zu sehen, also in Form einer sinnlich-leidenschaftlichen Erfahrung mit der unmissverständlichen Aufforderung zum Handeln. Das erfordert von der Ethnografin zweierlei: Einerseits muss sie hinter die eigenen kulturell und wissenschaftlich geprägten Vorannahmen, Vorkenntnisse und Vorurteile zurücktreten, um sich andererseits dafür frei zu machen, die fremde Welt in ihrer Eigenwilligkeit und Eigenstrukturiertheit – in einer eher euphemistischen Formulierung – aus der „Sicht des Subjekts" zu erfassen (Bergold & Breuer 1987). Durch das Handeln in den sozialweltlichen Strukturen, die für die Akteur*innen in ihrem Alltag selbst entscheidend sind, überschreitet der Forscher die Begrenztheit der Außenperspektive. Die binnenweltlichen Bedeutungen und Relevanzen treten in der egologischen Einstellung als Handelnder in Erscheinung.

Zur Gewinnung dieser impressionistischen Handlungsperspektive ist es unabdingbar, dass die Forscherin selbst zum Forschungsinstrument wird in Form einer „Identität von Forscher und Beobachter" (Girtler 2001, S. 63). Die zweite Sozialisation, die es gerade nicht erlaubt, als Ethnograf am Feldrand stehen zu bleiben und die Datenerhebung von eigens dafür angestellten Sammler*innen und Wissenschaftsassistenzen erledigen zu lassen, weist einen binären Charakter auf. Die Erfahrung der Teilnahme spannt sich auf zwischen Situations- und Subjektpol. Auf der einen Seite muss sich die Ethnografin mit den Strukturen der Sozialwelt, den kulturellen Bedeutungen und Handlungsprinzipien vertraut machen, andererseits kann sie als Teilnehmerin gar nicht anders, als dass sie sich als das leidende und leidenschaftliche Wesen, welches sie nun mal ist, auf diese Welt hin existentiell entwirft.

Wacquants „Ein Leben für den Ring" (2003)
Wacquant gibt in seinem ethnografischen Buch „Leben für den Ring. Boxen in einem amerikanischen Ghetto" Zeugnis von seiner Amateur-Boxerka-

riere. Während eines Forschungsaufenthalts an der University of Chicago wohnte er in einem Studentenwohnheim, das an der Grenze zwischen Universitätsviertel und dem afroamerikanischen Ghettoviertel „Woodlawn" liegt. Wacquant, der in seiner wissenschaftlichen Tätigkeit selbst mit Armutsprozessen und Ghettos befasst ist, nutzt das „Gym" als Chance, um als Weißer in die Welt ghettoisierter Afroamerikaner einzutauchen. Das Ende seiner Ausbildung mündet in der Teilnahme an den „Golden Gloves", dem größten Preisboxkampf Chicagos. Der folgende Ausschnitt vermittelt sehr anschaulich einen Eindruck davon, was es bedeuten kann, im Ring stehend als Teilnehmer affektiv und handelnd in der wirklichen Welt engagiert zu sein.

„Von diesem Augenblick an geht alles sehr schnell. Ich habe nur noch bruchstückhafte Erinnerungen an einzelne Momente, die sich kaum mehr zu einem Ganzen zusammenfügen. Meine Konzentration ist zu stark, die Spannung zu hoch. Eddie befeuchtet mein *mouthpiece* mit seiner Spritzflasche, schiebt es in meinen völlig ausgetrockneten Mund und schickt dann einen Strahl kalten Wassers hinterher. Es ist soweit, jetzt bin ich dran, und diesmal ist es ernst! Die ganze Zeit in diesem verdammten *gym* war ich so wild darauf, und jetzt habe ich nur noch ein Verlangen: zu kämpfen [...] Die Scheinwerfer über dem Ring sind gleißend hell. [...] Ich glaube zu träumen, als ich meinen Namen und den darauffolgenden Applaus höre, der hinter mir von den Rängen tönt, wo sich die Jungs vom *gym* versammelt haben. Nervös und tief atmend hüpfe ich auf der Stelle, mein Blick geht in die gegenüberliegende Ecke, wo mein Gegner dieses Abends seine dünnen Gliedmaßen ausschüttelt und die Fäuste in der Luft kreisen lässt [...] Der Pfiff zum Rundenbeginn tönt. Ich gehe resolut auf Cooper zu, der mir seine zusammengelegten Fäuste hinhält, die ich berühre, bevor ich mich auf ihn stürze. *Jab, jab, jab*, Rechte. Cooper hat einen Reichweitenvorteil und kontert mir heftig, es knallt gleich zu Beginn. [...] Sobald es in den Clinch geht, verfangen sich meine Fäuste in den Tentakeln, die ihm als Arme dienen, und all meine Absichten, ihn mit Körpertreffern zu bearbeiten, laufen ins Leere. Ich attackiere wieder, mit einem Jab auf den Brustkorb, und dann: BUMM! Alles wankt, der Ring dreht sich um mich, die Deckenbeleuchtung wird blendend hell und [...] ich sitze mit dem Hintern auf der Matte und habe das Gefühl, mir sei eine Granate mitten im Gesicht explodiert." (2003, S. 261 f.)

Die Erfahrungen des Ethnografen sind ganz unabhängig davon, welche Form von objektivierender Darstellungslyrik gewählt wird, zunächst ganz persönliche. Es sind nicht lediglich Geschichten vom Hörensagen. Vielmehr ist der Ethnograf mit Haut und Haaren in seiner Leiblichkeit und sinnlichen Wahrnehmung zu einem Teil des Forschungsfelds geworden (Schulz 2015, S. 49). Mit jeder Empfindung – des gleißenden Lichts, der physischen Präsenz der anderen, des unerwarteten Schlags ins Gesicht etc. – erfährt der Ethnograf die Wirklichkeit am eigenen Leib. Neben diesen sachlichen Bedeutungen sind mehr noch soziale Bedeutungen von Wichtigkeit: der Applaus der Zuschauer in der Halle, die fürsorgende Zuwendung des Trainers, die verlorenen Worte etc.

Die Präsenz des Ethnografen als leibliche Situiertheit im Feld reduziert sich nicht auf ein rezeptiv-affektives Erleiden von Welt. Ebenfalls hat die Welt für den Ethnografen immer auch einen Aufforderungscharakter zum Handeln: die Affekte und Regungen beim Schlag ins Gesicht, das Bedürfnis nach Anerkennung und Verständigung, die eigenen Leidenschaften und Interessenorientierungen. In der Einstellung des Teilnehmers kann die Welt nie gleichgültig sein – selbst wenn dieses das Spiel des Feldes Spielen letztlich „nur" ein Handeln auf Probe ist. Feldforschung lebt gerade von dieser leiblichen Dimension der rezeptiv-handelnden Teilnahme und geht damit weit über eine rein distanzierte, kontemplative, erkennende Einstellung des sich neutralisierenden Forschers hinaus, der das Feld nur vom Verteilen seiner Fragebögen kennt – wenn überhaupt. Erst in der existentiellen Ekstase als Teilnehmer, in diesem Außer-sich-Sein erschließt sich in der Handlungsperspektive die räumliche, zeitliche und soziale Struktur der Welt.

Ein situationsadäquates Handeln des teilnehmenden Ethnografen setzt dann auch mehr als nur die Kenntnis der sozialen Regeln und Bedeutungen voraus. Das Erlernen des Boxens genauso wie jede andere Konvention sozialen Lebens geht einher mit einer Verinnerlichung und Habitualisierung des Orientierungs- und Handlungswissens. Die subjektive Steuerung sozialer Handlungsvollzüge erfolgt nur zum geringsten Teil reflexiv – das jahrelange Boxtraining begründet sich gerade daraus, dass sich die Bewegungsabläufe automatisieren und diese sich in komplexe Taktiken einordnen, die auf eine stets in Bewegung befindliche Umwelt angepasst werden können. Die Aneignung der Relevanz- und Bedeutungssysteme als leibliches Wissen beruht auf einem Enactment und Embodiment der sozial strukturierten Wirklichkeit (Thomas 2007). Mit der Internalisierung und Habitualisierung droht ein Going Native, weil sich die sozialen Strukturen, impliziten Regeln und nichtthematischen Selbstverständlichkeiten dann einer objektivierenden Reflexion tendenziell entziehen. Auf der anderen Seite lockt das Wissen als „deep actor", der sich im Feld intuitiv und sozial angemessen bewegen kann, ohne darüber nachdenken zu müssen, wie er beim Boxen die Arme halten muss, um sich vor den Hieben des Gegners zu schützen und sich die Möglichkeit zur Offensive zu bewahren.

Schließlich wird diese existentielle Erfahrung als Teilnehmer erst durch Protokollierung zu einem Datenfundus. Wacquant setzte sich im direkten Anschluss an das nachmittägliche Training an seinen Schreibtisch und schrieb bis in die Nacht. Durch diese Form der Objektivierung ist das subjektive Sich-selbst-Erleben zu durchdringen mit dem Ziel, die sozialen Strukturen zu explizieren, die in der eigenen Sekundärsozialisation angeeignet worden sind (Bourdieu 1993). Damit wird sowohl die Nähe zum Feld als auch die strukturelle Distanz vergegenwärtigt. Wacquant ist kein Afroamerikaner, sondern zu dieser Zeit ein verheißungsvoller Schüler Bourdieus, der bei William J. Wilson, einem der Größen der amerikanischen Soziologie, als Nachwuchswissenschaftler arbeitet (Wacquant 2009). Die Hiebe ins Gesicht erhalten durch die strukturelle Differenz des sozialen Erfahrungsraums eine jeweils spezifische Bedeutung. Es ist ein Unterschied, ob sich mit dem Boxkampf die Hoffnungen auf ein anderes Leben außerhalb des Ghettos verbinden oder ob die gebrochene Nase als Zeugnis für die Ernsthaftigkeit der ethnografischen Berufsausübung taugt. Daher muss auch der Versuch, die Sicht des Subjekts zu erfassen, eine Illusion bleiben. Weil der Forscher nicht über telepathische Kräfte verfügt, ist es auch nicht möglich, in die Köpfe, das Erleben und die Motive der anderen zu schauen. Vielmehr geht es darum, sich „an den Ort zu versetzen, den der Befragte im Sozialraum einnimmt, um ihn von diesem Punkt aus zu fordern und von dort sozusagen Partei für ihn zu ergreifen [...], das heißt eben nicht, das Selbst auf den anderen zu projizieren [...]" (Bourdieu 1997, S. 786). Dies schließt ein, dass der Ethnograf seine eigene Positionierung als Akademiker im Feld reflektiert. Nur dies verhindert, sich vorschnell und naiv mit den Akteur*innen im Feld zu identifizieren und dabei die strukturelle Differenz aus dem Blick zu verlieren, die zwischen dem erkenntnisgeleiteten Bewältigungshandeln des Forschers und dem pragmatischen Bewältigungshandeln der Akteur*innen besteht. Für den untersuchten Menschen ist der Alltag eine unhintergehbare Totalität, für den Forscher ist der Alltag nur ein sekundäres Bewältigungsfeld für sein forschendes Handeln. Aber genau die Anerkennung dieser Differenz bringt die Ethnografin ihrem Untersuchungsgegenstand zugleich näher, nämlich als ein Verstehen der Differenz zwischen einem zumeist intuitiven und selbstevidenten Handeln als native Akteurin und dem eigenen prototypischen Handeln in der sozialen Strukturiertheit des Feldes als teilnehmende Ethnografin. Die Nähe zum Feld stellt sich daher nicht durch empathische Überidentifikation ein, sondern durch einen interpretativen Reflexionsprozess darüber, was es in struktureller Differenz zu mir als Wissenschaftler heißen muss, dort wirklich sein Leben zu leben (Lichterman 2017, S. 40).

4.4   Beobachtung in der Sozialwelt

Beobachtungen generieren Daten zur Beantwortung von Fragen nach der Art: „Was ist der Fall?" und „Was ist passiert?". Im Vergleich zur Teilnahme steht im Zentrum die Übernahme der Ereignisperspektive vom Standpunkt 3. Person. Die Stärke von Beobachtungen besteht darin, dass Situationen und Verhaltensweisen in direkter Anschauung zum Erhebungsgegenstand werden. Denn in der Regel besteht ein gravierender Unterschied zwischen dem, was die Akteur*innen über ihre Situation und ihr Handeln sagen und was vom Außenstandpunkt zu beobachten ist. Das Motto lautet also: Beurteile die Menschen nicht nach ihren Worten, sondern nach ihren Taten – wenngleich auch Worte Taten sind. Indem sich die Beobachterin ein eigenes Bild vom untersuchten Sozialbereich machen kann, gewinnt dieser gegenüber den Wahrheits- und Wahrhaftigkeitsansprüchen verbaler Selbstauskünfte relative Unabhängigkeit (vgl. Legewie 1987, 141 f.). Mehr noch: Viele Verhaltensweisen sind über die Habitualisierung von Orientierungs- und Handlungsweisen dermaßen in das alltägliche Selbstverständnis und in den tagtäglichen Vollzug von Routinen integriert, dass diese sich einer Bewusstmachung und Verbalisierung entziehen. Sicherlich ist allen, die schon einmal in angelsächsischen Ländern eine Konferenz besucht haben, die habituelle Differenz zum deutschen Vortrags- und noch mehr zum Diskussionsstil aufgefallen. Ohne diese Erfahrung der gegenseitig zum Ausdruck gebrachten Wertschätzung („Your paper was so overwhelming") hätte sich mir mein eigenes „Deutschsein" des kritischen und Distinktion erheischenden Diskurses („Sehr interessant, aber …") überhaupt nicht erst als habituelle Eigenart bemerkbar gemacht. Häufig sind es gerade die Selbstverständlichkeiten des Alltags, die zwar dem Akteur nicht auffallen, die aber im Kontrast zu anderen (kulturellen und persönlichen) Möglichkeiten, das Leben zu leben, hervortreten. Aufgrund der direkten Gegenwärtigkeit und förmlichen Anschaulichkeit des Sozialbereiches können Situationen und Handlungen eigenständig untersucht werden, ohne sich von den Darstellungen der Akteur*innen abhängig zu machen.

Die reine Beobachtung ist eine Illusion, ohne einen interpretativen Zugang ist die Sozialwelt nicht zu erschließen. Die Einnahme der Ereignisperspektive vom Standpunkt 3. Person bedeutet gerade nicht, sich auf die Objektivität rein sachlicher Deskription zu beschränken – wie immer das auch aussehen sollte. Vielmehr muss die Beobachterin in das Spiel der Bedeutungen, das in der Sozialwelt gespielt wird, interpretierend einsteigen. Wenn wir uns noch einmal Geertz' Unterscheidung zwischen dünner und Dichter Beschreibung aus Kapitel 2.4.1 vergegenwärtigen, dann lässt sich analog dazu eine Unterscheidung zwischen objektivierender und interpretierender Beobachtung einführen. Wichtig ist bei der objektivierenden

Beobachtung, dass die äußere Wirklichkeit – sei es nun ein Zwinkern oder Zucken – vom sachlichen Verlauf her sorgfältig, objektiv und reliabel erfasst wird. Wenn es um fünf Leute geht, die sich zuzwinkern, dann sollten dort auch fünf stehen. Die Bewegung am Augenlid beim Zwinkern oder Zucken muss als zu beobachtendes Raum-Zeit-Ereignis eindeutig identifizierbar sein. Eine gute objektivierende Beobachtung soll daher eine exakte Beschreibung von Abläufen, Bewegungen, Interaktionen, Gesprächen und Situationsmerkmalen wie etwa auch Farben und Gerüchen liefern. Hinzutreten muss eine interpretierende Beobachtung, die den Bedeutungen, die unter Menschen stets verhandelt werden, auf den Grund geht. Eine Erweiterung der Perspektive über das behavioristische Ereignisgeschehen hinaus erfordert, dass wir die kulturelle Kategorie des Zwinkerns in die Beobachtung mitaufnehmen. Denn erst durch die kulturelle Bedeutungszuschreibung zum Beispiel auf dem Schulhof ad hoc vereinbarter Morsezeichen – dreimal kurz, dreimal lang, dreimal kurz – wird das objektive Ereignis der Bewegung des Augenlides zum dem, was es ist: zum Zwinkern. Die Stärke von Ethnografie besteht gerade darin, dass die Interpretation nicht am Schreibtisch, sondern im Reich der Empirie geleistet wird. Eine gute Beobachtung muss daher am Objekt genau die Prämissen der Interpretation beschreiben, was Zwinkern zum Austauschen einer Botschaft vom unwillkürlichen Zucken unterscheidet.

Die Leistungsstärke von Beobachtung, sich mit eigenen Augen einen Eindruck zu verschaffen, mag trivial erscheinen, aber wie reichhaltig sind die Eindrücke und Erkenntnisse, wenn der Forscher in die Welt auszieht und seinem „Forschungsfeld" selbst nur für kurze Zeit leibhaftig gegenübertritt. In einer Studie zur Heimunterbringung minderjähriger Flüchtlinge (Thomas, Sauer & Zalewski 2018) zeigte sich in der Feldphase, dass die Aufteilung der Zimmer, Aufenthaltsräume und Büros die Betreuungsqualität stark beeinflusst. Während in einem Heim alle Räume von einem zentralen, breiten und lichtdurchfluteten Flur erschlossen waren, ließen sich diese in einem anderen nur über separate, enge und dunkle Treppenflure erreichen. Diese objektiven Charakteristika hatten nun deutliche Vor- und Nachteile für das soziale Leben in den Häusern: Bei dem ersten Heim war das Miteinander unter Betreuer*innen und Jugendlichen von einer offenen, gemeinschaftlichen Atmosphäre geprägt, Rückzugsmöglichkeiten fehlten jedoch. Der Vorteil des zweiten Heims bestand darin, dass sich alle Bewohner*innen in ihre Zimmer zurückziehen konnten und dort ihre Ruhe hatten, der Kontakt untereinander aber viel reservierter war. Es sind häufig Schnappschüsse, Momentaufnahmen und Miniaturen von Orten, Situationen und Ereignissen, die es wert sind, festgehalten zu werden, und die sich später zu Dichten Beschreibungen analytisch verdichten lassen (Billaud 2016, S. 508 f.).

Schließlich sollte die Ethnografin mit einiger Gelassenheit an die Beobachtung herangehen. Vielfach befürchten Forscher*innen, Wichtiges im Feld zu verpassen, wenn sie nicht ihre gesamte Zeit im Feld verbringen. Sicherlich ist es von Bedeutung, den Feldaufenthalt so zu planen, dass sich zentrale Phänomene mit einiger Wahrscheinlichkeit auch zeigen können. Daher ist während der Beobachtung unbedingt ein Sampling von Orten und Zeiten anzudenken (Friedrichs & Lüdtke 1973, S. 56 ff.). Erstens sollen die beobachteten Phänomene nicht allein dort untersucht werden, wo der Zugang zum Feld längst erschlossen ist, gleich dem Menschen, der nachts seinen Schlüssel nur unter der Straßenlaterne sucht, weil es andernorts zu dunkel ist. Zweitens sollte das Feld zu unterschiedlichen Zeiten aufgesucht werden, um nichts Wichtiges nur deshalb zu verpassen, weil sich dieses außerhalb der Arbeitszeiten des Ethnografen ereignet. Dennoch sollte der Forscher keine Angst haben, auch einmal das Feld zu verlassen – was besonders wichtig für die regelmäßige Protokollierung ist. Die Ethnografin kann darauf vertrauen, dass sich die wesentlichen Dinge nicht nur einmal zeigen, da diese zum Wesen und zur Struktur der untersuchten Sozialwelt gehören.

Das Ideal einer ethnografischen Beobachtung besteht sicherlich in einer weitgehend „offenen" und „unstandardisierten" Beobachtung (Girtler 1984). Dennoch ist es sinnvoll, unterschiedliche Beobachtungsformen, -phasen und -dimensionen zu unterscheiden, die in Abhängigkeit von Fragestellung und Feld zur Anwendung gelangen. In der Literatur werden verschiedene Beobachtungsformen diskutiert (Lamnek & Krell 2016, S. 523 ff.; Flick 2007, S. 282):

- *Systematische* versus *unsystematische* Beobachtung: Der typische Verlauf einer Ethnografie verweist von einer unsystematischen Beobachtung in Richtung ihrer Systematisierung. Unsystematisch heißt nicht, dass die Beobachtung chaotisch erfolgt, sondern dass diese auf der Grundlage situativer Entscheidungen gelenkt wird. Die Suchbewegung ist noch nicht fokussiert, sondern offen gegenüber auffälligen Gegebenheiten. Eine systematische Beobachtung wird dann ratsam, wenn sich Situationen und Ereignisse als ausreichend wichtig herausgestellt haben, um in den Mittelpunkt zu rücken. Dabei können dann auch strukturierte Erhebungsinstrumente wie standardisierte Beobachtungsbögen oder Videografie zum Einsatz kommen.
- *Verdeckte* versus *offene* Beobachtung: Beobachtungen werden in der Ethnografie in den meisten Fällen *offen* durchgeführt, indem diese gegenüber dem Forschungsfeld kommuniziert werden. Dies begründet sich allein schon aus dem ethischen Selbstverständnis der Sozialwissenschaften. Forschungspartner dürfen nicht über die Absichten des Feldforschers getäuscht werden. Vielmehr ist ihnen die informierte Einwilligung in ihre Beteiligung an einer Studie zu er-

möglichen. Verdeckte Beobachtungen werden eigentlich nur in öffentlichen Bereichen, in denen die Anonymität gewahrt bleibt, wie Einkaufsstraßen, Bahnhöfen, Straßenfesten etc., durchgeführt. Dennoch gibt es Grenzfälle, weil viele soziale Phänomene, die sehr wohl sozialwissenschaftlich relevant sind, nur im Verborgenen zu beobachten sind: etwa geschlossene Institutionen (Rosenhan 1973) oder Devianz, Subkulturen und Kriminalität (siehe hierzu die Diskussion in Humphreys 1975).

- *Künstliche* versus *natürliche* Situationen: Der Ethnograf bevorzugt natürliche Situationen, um die Sozialwelt in ihrer Eigenstrukturiertheit kennenzulernen. Das hindert ihn aber nicht, die Beobachtung in Richtung Feldexperimente durch Schaffung künstlicher Situationen zu erweitern, um den Einfluss von einzelnen Bedingungen auf das Feld systematisch zu untersuchen (s. Kapitel 4.6.5 Feldexperimente).

- *Selbst-* versus *Fremd*beobachtung: Neben der Beobachtung anderer Menschen kommen verstärkt Methoden der Selbstbeobachtung zum Einsatz. Anstatt einer Beobachtung der Außenwelt rückt die Betrachtung der eigenen Innenwelt in den Mittelpunkt, wie dies etwa bei der Introspektion (Witt 2010) oder bei der Autoethnography der Fall ist (Adams, Jones & Ellis 2015; Ellis 2004).

In ethnografischen Studien wird gerade zu Beginn auf strukturierte Beobachtungsleitfäden und vorab festgelegte Beobachtungssituationen verzichtet. Die Relevanz der zu beobachtenden Situationen und Ereignisse und damit auch ihre Auswahl entscheidet sich – im Sinne des Theoretical Samplings – erst im sukzessiven Verlauf der Untersuchung. Eine Strukturierung der Erhebungssituation wird jedoch mit der sukzessiven Klärung der Relevanzen im Feld sinnvoll. Hierbei bietet sich eine Unterscheidung von Beobachtungsphasen an: offene (deskriptive) Phase, fokussierte Phase sowie selektive Phase (Spradley 1980). Die Ethnografin ist gut beraten, zunächst in der „offenen Phase" dem Feld in der Haltung des „nosing around", also eines detektivischen oder investigativen Herumschnüffelns, entgegenzutreten. Nicht umsonst war es mit Robert E. Park ein Journalist, der die Feldforschung in der Soziologie bekannt machte (Lindner 2007, S. 11). Zu Beginn soll der Beobachter das soziale Leben möglichst unvoreingenommen kennenlernen und seine Nase in alle Situationen hineinstecken, die von Interesse sein könnten. In dieser Phase wird vor allem die laterale Beobachtung wichtig. Hierbei wird die Wahrnehmung nicht auf einen Punkt fokussiert, sondern diese richtet sich durch ein In-Augenschein-Nehmen von der Seite her auf das Gesamt der Situation – gleich dem, was Freud als freischwebende Aufmerksamkeit bezeichnet. Folgende Reflexionsnotiz soll für diese laterale Beobachtung ein Beispiel geben:

Forscherwelt für Kinder (persönliches Memo)
Meine Konzentration ist im Feld – in einem pädagogischen Erlebnisangebot
für Kinder – auf das Schärfste gespannt. Ich stelle mich an den Rand des
Geschehens und überschau die Vielzahl an Aktivitäten, die von den etwa 25
Kindern einer Schulklasse entfaltet werden. Es wird gesägt und gehämmert,
dann gibt es eine Elektronik-Ecke, in der die Kinder in ihren Aufbau vertieft
Glühbirnen zum Leuchten bringen, an einem langgezogenen Spültisch kann
mit Wasser experimentiert werden, eine Küchenzeile wartet mit Kochequip-
ment auf. Anstatt die Fokussierung von Details vorwegzunehmen, sich also
auf eine Gruppe, ein Kind, ein Ereignis zu konzentrieren, versuche ich die
Totalität der Situation aufzunehmen. Dazu stehe ich am Rande des Situa-
tionsgeschehens, ziehe mich mit meiner Wahrnehmung aus dem unmittelbaren Interaktionsgeschehen heraus. In diesem sich weitenden und assozi-
ierenden Wahrnehmungsfeld bemerke ich immer nur lose einzelne Vorfälle
und Ereignisse, die ich kurz fixiere und gedanklich zu fassen versuche. Ziehe dann aber wieder meine Aufmerksamkeit davon zurück, versuche mich
wieder gegenüber der gedanklichen Fixierung zu öffnen und in die Fläche
der Ereignisse zu schauen. In dieser Beobachtungsposition kann ich von
einer einzelnen Beobachtung zur nächsten wandern, diese mir klarlegen,
um dann wieder meinen Blick auf das Gesamt der Situation zu lenken. Für
mich handelt es sich bei diesem Phasenwechsel von Dezentrierung und Rezentrierung um gedankliche Schwerstarbeit. Auch wenn das Gesamte nicht
unmittelbar zu ergreifen ist, sind die einzelnen Dinge, die auffallen, viel
weniger durch gesetzte Aufmerksamkeitsfoki entschieden. Vielmehr drängt
sich das, was hier in meinem Wahrnehmungsfeld „los" ist, verstärkt durch
die Relevanzstruktur der Situation selbst auf.

Bei der lateralen Exploration des Feldes kristallisieren sich immer wieder Phänomene heraus, die besonders bemerkenswert und wichtig zu sein scheinen.
Das kann unter Umständen sehr rasch vonstattengehen, sodass vereinzelt schon
kurz nach dem ersten Eintritt ins Feld zur „fokussierten Beobachtung" über-
gegangen werden kann – wie etwa in dem obigen Beispiel von Becker zur in-
duktiven Analyse von „What's a crock?". Während des Hauptteils einer Studie
wechseln sich die Phasen des offenen und des fokussierten Beobachtens ab.
Zwischen Zentrierung und Dezentrierung mäandriert der Aufmerksamkeitsfokus des Feldforschers. Er nähert sich immer wieder einzelnen Phänomenen an,
um dann wieder aus der Distanz die Gesamtsituation zu überblicken. Schließlich wird es gegen Ende der Studie immer wichtiger, verbliebene Erkenntnis-

lücken durch eine „selektive Beobachtung" ausgewählter Aspekte zu schließen (Flick 2007, S. 288).

Zur weiteren Strukturierung der Beobachtung hat Spradley *konzeptuelle* Beobachtungsdimensionen vorgeschlagen, die zur Auf- und Entdeckung von in der Sozialwelt bedeutungsvollen Ereignissen und Handlungen hilfreich sind (Spradley 1980, S. 78):

1. *Space*: the physical place or places
2. *Actor*: the people involved
3. *Activity*: a set of related acts people do
4. *Object*: the physical things that are present
5. *Act*: single actions that people do
6. *Event*: a set of related activities that people carry out
7. *Time*: the sequencing that takes place over time
8. *Goal*: the things people are trying to accomplish
9. *Feeling*: the emotions felt and expressed

Angesichts der Komplexität sozialer Wirklichkeit ist der Ethnograf weiterhin gut beraten, neben den konzeptuellen auch *thematische* Beobachtungsdimensionen zu bestimmen, die sich konkret aus der Fragestellung entwickeln und sich als relevant für das Untersuchungsfeld erweisen. Ansonsten ist die Gefahr groß, sich in dem Vielzuviel des Feldes zu verlieren und spätestens beim Protokollieren nicht mehr zu wissen, was wichtig genug ist, um festgehalten zu werden. Dennoch sollten die Beobachtungsebenen allgemein genug sein, damit auch das Unerwartete eine Chance hat, sich zu zeigen. Beispielsweise wurde in einer Studie über das jugendkulturelle Straßenleben am gesellschaftlichen Rand die Datenerhebung durch folgende Beobachtungsebenen angeleitet: 1. Erlebnis- und Abenteuerwelt Straße, 2. Szenetreff, Kontakte und Freundschaften, 3. Armut und alltägliche Lebensführung, 4. Lebensgeschichte und Biografie sowie 5. Sozialarbeit, Stabilisierung, Ausstieg (Thomas 2010b). Eine solche Liste thematischer Beobachtungsdimensionen kann im weiteren Forschungsverlauf aufgrund neuer Erkenntnisperspektiven immer wieder neu angepasst werden.

Unterhalb dieser konzeptuellen und thematischen Dimensionalisierung des Feldes können in Form von „key events" und „rich points" fokale Punkte der Beobachtung gesetzt werden. Bei Key Events handelt es sich um solche Ereignisse, die in der Sozialwelt besondere Relevanz ausweisen (Fetterman 2010, S. 99). So erlangen unter den Jugendlichen, die der Straßenszene angehören, die Auszahlungstermine von Sozialleistungen besondere Bedeutung. In minutiöser Detailplanung einer weitgehend restriktionslosen Prasserei gewinnt das Alltagsleben für wenige

Tage einen ganz besonderen Erlebnischarakter, bis das Geld wieder ausgegeben ist. Bei den Rich Points handelt es sich um Beobachtungen, durch die der Forscher mit einem Mal, wie bei einer optischen Kippfigur, einen neuen Blick auf das Forschungsfeld gewinnt. „When a rich point occurs, an ethnographer learns that his or her assumptions about how the world works, usually implicit and out of awareness, are inadequate to understand something that had happened" (Agar 1996, S. 31). Die Beobachtung gewinnt im Zuge der Explikation dieser Key Events und Rich Points an Tiefenschärfe, sodass schließlich die Leserin als Außenstehende die Chance erhält, das Augenfällige, Überraschende, Exemplarische dieser Ereignisse zu verstehen. Anstatt mit offenem Blick sich für alles zu interessieren, werden einzelne Phänomene beobachtend-analytisch seziert, um im Detail herauszuarbeiten, wodurch sich die akzentuierten Key Events und Rich Points auszeichnen. Auch aus diesem Grund ist mit Beobachtung nicht nur ein genaues Hingucken gemeint, sondern ebenso gehört dazu ein analytisches Nachdenken in Form einer hypothesengegründeten Exploration der zu erfassenden Wirklichkeit.

4.5 Gespräch und Interview

Bei Gesprächen und Interviews steht die Verständigungsperspektive vom Standpunkt 2. Person im Zentrum: Wer bist du als Akteur im Feld? Wie siehst du die Welt? Wie begründest du dich als zurechnungsfähiger Handelnder? In der Teilnehmenden Beobachtung realisiert sich der Kontakt vor allem über die gemeinsam verbrachte Zeit, über das Miteinanderreden und damit über den Dialog. Durch die kommunikative Ausgestaltung lassen sich die kulturellen Bedeutungen und Verständnisweisen, die subjektiven Interpretationen und Sinnwelten ermitteln, wie diese als versprachlichte Realität von den Akteur*innen selbst artikuliert werden. Während das Interview erst die Schaffung einer vom Sozialforscher strukturierten Situation voraussetzt, kann die „ethnografische Befragung" unmittelbar am Alltag der Informant*innen anschließen. Feldforschung zeichnet sich vor allem durch Alltagsgespräche, Smalltalk, Meinungsaustausch, Diskussionen und Stegreiferzählungen aus – im Sinne von „natural occuring data". Dies zu berücksichtigen, ist umso wichtiger, weil ein Tag im Feld lang werden kann, gerade wenn wir im permanenten Kontakt mit den Informant*innen stehen. Um die gemeinsame Zeit entkrampft, ohne langatmige Pausen und gedankenschwere Stille zu überstehen, kann es entscheidend sein, über das Wetter, die politischen Nachrichten, das mediale Gossip oder die Sportergebnisse vom Wochenende Bescheid zu wissen. Gegenüber diesem „Herumhängen" nehmen im Feld formalisierte Interviews einen geringen Platz in Anspruch. Und dennoch sollte die Ethnografin während des Smalltalks aufmerksam für wichtige Themen bleiben. Es ist gleich dem Auswerfen von Möglichkeitsangeln, denn in der Regel braucht während des richtungslosen Dahingeplätschers von Alltagsgesprächen gar nicht lang gewartet zu werden, bis ein kapitales Thema anbeißt, das sich als wichtig genug zum genauen Protokollieren oder für die Audioaufnahme erweist.

Die Stärke des dialogischen Vorgehens in der Teilnehmenden Beobachtung besteht darin, dass das Miteinanderreden stets in konkrete soziale Situationen eingelassen ist. Diese Gespräche ergeben sich aus einem wechselseitigen Interesse zwischen Wissenschaftler*innen und sozialweltlichen Akteur*innen. Auf der einen Seite sind es die Informant*innen, von denen der Ethnograf angesprochen und in Gespräche verwickelt wird. Es ist nur natürlich, dass diese vom Wissenschaftler wissen wollen, was dieser über die beobachteten Gegebenheiten denkt. Außerdem wird gerne die Möglichkeit genutzt, ihm als einen interessierten Außenstehenden mit analytischem Sachverstand zu erzählen, was in der eigenen Welt abläuft. Auf der anderen Seite kann die Forscherin in ethnografischen Gesprächen jederzeit Sachverhalte, die ihr unklar sind, im direkten Bezug auf die vorliegende Situation, den augenblicklichen Handlungsvollzug, die gemeinsamen Erlebnisse oder vorangegangenen Gespräche erfragen. Kluckhohn verdeutlicht die Besonderheit der Befragung innerhalb der Teilnehmenden Beobachtung folgendermaßen: „Die Frage lautet dann nicht: ‚Was würden Sie tun?' wie bei der hypothetischen, noch: ‚Was haben Sie getan?' wie bei der rekonstruierten Situation, sondern: ‚Warum tun Sie das?'" (Kluckhohn 1972, S. 110). Durch Triangulation mit der Beobachtung kann daher die dem Interview typische Ebene der Meinungsfragen in Richtung von Faktenfragen überschritten werden (Friedrichs & Lüdtke 1973, S. 94). Zugleich kann der Ethnograf Einblicke in Situationen gewinnen, die entweder für ihn nicht zugänglich sind oder die zeitlich zurückliegen. „Intensive interviews [...] offer the opportunity to gain information about events beyond those the researcher has had direct access to" (Lofland, Snow, Anderson & Lofland 2006, S. 87 f.). Dadurch lässt sich sichtbar machen, was für die Forscherin nicht direkt beobachtbar ist: etwa die Geschichte eines Stadtviertels, die Biografie der Akteur*innen, Lebensorte, die außerhalb des direkten Feldzugangs liegen. Ebenso erlauben ethnografische Gespräche es auch, theoretische Einfälle und analytische Hypothesen zügig an das Feld zurückzugeben, genauso wie Nachfragen, Rückversicherungen und explorative Gedankenschweiferei einen Platz haben. Denn letztlich hängt eine gute Befragung ganz davon ab, ob der Ethnograf die richtigen Fragen stellt: „The problem is not simply to find answers to questions the ethnographer brings into the field, but also to find the questions that go with the responses he observes after his arrival" (Frake 1964, S. 132).

Die Überschreitung dieser Smalltalk-Situationen in Richtung eines ethnografischen Interviews (Spradley 1979), die sich durch vertiefte Explorationen von für die Forscherin relevanten Themen auszeichnen, ist dann zumeist leicht hergestellt: etwa wenn es um die Biografie der Gesprächspartnerin geht, wenn sich in der Gruppe von allein eine Gruppendiskussion zu einem für die untersuchte Sozialwelt relevanten Sachverhalt entwickelt oder wenn die moralische Legitimität des eigenen Handelns und die Vorstellung eines guten Lebens erörtert werden. „Ethnographic interviews are not normally scheduled but rather impromptu, on the fly, during the course of participant observation" (Gobo & Molle 2017, S. 181). Dabei sollte der Ethnograf nicht zu zögerlich sein, aber die Akteur*innen der Sozialwelt auch nicht verschrecken. Denn erst durch das stete Nachfragen und Im-Gespräch-Bleiben etabliert sich die Ethnografin als interessierte Zuhörerin und Gesprächspartnerin – und nichts Anderes wird von ihr erwartet.

Neben diesen eher situativen Stegreifgesprächen sowie den ethnografischen Interviews im Feld kommen auch formale Interviewmethoden der Sozialforschung zur Anwendung wie das Leitfaden-Interview (etwa Witzel & Reiter 2010; Witzel 2000), Experteninterviews (Bogner, Littig & Menz 2014), das narrative Interview (Küsters 2009) sowie Gruppendiskussionsverfahren (Bohnsack, Przyborski & Schäffer 2010). Diese unterschiedlichen Verfahren eröffnen jeweils verschiedene Datenperspektiven (vgl. Flick 2007, S. 193 ff.):

- im Leitfaden-Interview: subjektive Meinungen, Sichtweisen, Einstellungen
- im narrativen Interview: lebensgeschichtliche Erzählungen
- im Experteninterview: Schilderungen von Expertenwissen über Ereignisse, Prozesse und Abläufe
- in der Gruppendiskussion: gruppenspezifische Meinungsbilder, diskursive Selbstinszenierungen, politische Überzeugungen

Der Interviewrahmen des formalisierten Interviews verändert die Charakteristik der Gesprächssituation. Der Ethnograf zieht sich mit seinem Informanten dazu an einen ruhigen Ort, in ein Café, in die Wohnung des Informanten oder in ein Büro an der Hochschule zurück, sodass Raum für eine extensive Exploration der individuellen Selbst- und Weltsicht geschaffen ist. Die Situation wird durch besondere Vorbereitungen als besonderer Ort der wissenschaftlichen Arbeit markiert: Aufzeichnungsgerät, Einverständniserklärung, Einweisung des Interviewten in den Gesprächsablauf, Leitfaden und asymmetrischer Gesprächsverlauf im Frage-Erzähl-Modus. Damit gewinnt das Gespräch eine gewisse Ernsthaftigkeit und thematische Zentrierung.

Wichtig ist schließlich, dass Interviews nicht als „Factual Accounts", sondern als „Accounting"-Praxen interpretiert werden, in denen nicht einfach Sachverhalte dargestellt, sondern soziale Wirklichkeiten konstruiert werden. Das bringt mit sich, dass in der Darstellung der eigenen Sicht- und Handlungsweisen immer auch Fragen der Legitimierung und Rechtfertigung verhandelt werden. Kritisch formuliert ist nie der Verdacht auszuräumen, dass nicht die „wirkliche" Meinung zu einem Thema geäußert wird, sondern dass lediglich allgemeine Normen und Einstellungen reproduziert werden, die für das alltägliche Verhalten der Befragten keine handlungsrelevante Bedeutung haben. Ein Gegeneinanderhalten von Aussagen der Informant*innen und der Wirklichkeit mag naheliegen. So wird an Interviews oft kritisiert, dass die befragten Personen nicht in der Lage sind, ihr eigenes Verhalten richtig zu beschreiben oder wiederzugeben (zum Problem verbaler Selbstauskünfte: Nisbett & Wilson 1977; Groeben 1986, S. 133 ff.). Man braucht nur an den Streit eines Ehepaares zu denken, in dem sich zwei Wirklichkeitssichten unvereinbar begegnen und beide Parteien im Interview sicherlich Gegensätzliches voneinander behaupten. Aber auch die Beobachterin hat keinen privilegierten Zugang zur Wirklichkeit, sondern muss sich auf die Wirklichkeitssichten der Informant*innen einlassen, um das „objektive" Geschehen einordnen und verstehen zu können. Eine Lösung bietet sich dadurch an, dass die Aussagen der Interviewten als das angesehen werden, was sie sind: als Accounting-Praxen. Es geht nicht darum, den Interviewpartner prinzipiell Lügen, Verirrungen oder Unwahrheiten zu unterstellen – obzwar es dies geben mag –, vielmehr sollte zur Entschlüsselung der performativen Seite von Kommunikation eine triangulative Perspektive eingenommen werden (Flick 2011). Die Aussagen des sich streitenden Ehepaars lassen sich etwa mit der Beobachtung konkreter Verhaltensweisen in Beziehung setzen, sodass zum Beispiel deutlich wird, dass der von beiden Seiten geäußerte Wunsch, weiter miteinander zu reden, vor allem die Funktion hat, nicht als Verlierer aus dem Spiel auszuscheiden, aber weniger der Verständigung dient. Und genau diese Möglichkeit, durch verschiedene Methoden unterschiedliche Perspektiven auf das Feld zu entwerfen, ist die Stärke der multimodalen Methodisierung von Ethnografie.

Schließlich soll noch auf die Vor- und Nachteile von Aufnahmetechniken hingewiesen werden. Die Audioaufnahme ist in formalisierten Interviews selbstverständlich geworden. Bei Gesprächen ist es sicherlich vorteilhaft, eine Aufzeichnung zu haben, weil sich die Erinnerung nur sehr selektiv entlang der „guten Gestalt" dessen, was für die Ethnografin sinnvoll erscheint, entfaltet. Es sind gerade die Feinheiten des Gesprächs, das Gewicht der verwendeten Formulierung, ausholende Illustrationen, Ironisierungen, die im erinnernden Rückblick nicht mehr genau wiedergegeben werden können. Wenn in einem Gespräch über das persönliche Betroffensein von Armut ein Informant den Satz fallen lässt: „… hab ick mir mein Geld wirklich nur für Drogen und Alkohol eingeteilt wa. Da war// hat's wirklich immer so gereicht so, … da haste von een Tach uff'n anderen jelebt", dann mag sich die Forschende merken, dass in den vielen Gesprächen, die sie den Tag über gehört hat, einer der Informant*innen sinngemäß äußerte: ‚Geld habe ich nur für Alkohol und Drogen. Das hat gerade gereicht.' Aber wer würde sich zutrauen, die genaue Formulierung wiederzugeben? Aufgrund einer vagen Erinnerung wären auch alle Interpretationen deutlich weniger überzeugend. Umgekehrt besteht angesichts der leichten Verfügbarkeit von Aufnahmeequipment die Gefahr der Datenhuberei (Flick 1991, S. 160). Obwohl es in der Teilnehmenden Beobachtung naheliegt, ständig das „Band" mitlaufen zu lassen, so ist der Ethnograf schnell mit einem anwachsenden Berg an Audioaufnahmen konfrontiert, die es immer unattraktiver erscheinen lassen, dieses sich noch einmal anzuhören oder sogar zu transkribieren.

4.6 Multimodaler Methodenkoffer

Die beiden Hauptmethoden, das heißt die Teilnehmende Beobachtung sowie die ethnografischen Gespräche und formalisierten Interviews, lassen sich durch jede nur denkbare Methode sozialwissenschaftlicher Datenerhebung ergänzen. Hubert Knoblauch spricht sich mit seinem Vorschlag einer „fokussierten Ethnografie" für ein zwar kurzes, dafür aber intensives Aufrollen des Feldes aus, womit in kürzester Zeit mit unterschiedlichsten Methoden eine große Menge Daten gezogen wird (2001). Ziel ist die Erhebung multipler Wirklichkeitsschichten, um die Sozialwelt in epischer Breite zu erfassen, auf die sich eine tiefgehende Interpretation der strukturellen Genese des Feldes stützen kann. Ohne hier die Möglichkeit zu haben, das ganze Spektrum an potentiellen Forschungsmethoden vorstellen zu können, möchte ich mich auf fünf Datenperspektiven konzentrieren: Fotografieren und Videografieren, Internet, Sammeln von Dokumenten und Artefakten, quantitative Befragungen und das Feldexperiment.

4.6.1 Fotografieren und Videografieren

Gleich der Beobachtung geht es bei Fotografie und Videografie um die Erfassung der Ereignis-Perspektive vom Standpunkt 3. Person: „Was ist der Fall?" und „Was ist passiert?" – nun mit Fokus auf die bildliche Repräsentation von Wirklichkeit.

Fotografieren: Durch das Anfertigen von Fotos und Bildern konserviert die Ethnografin die Wirklichkeitsausschnitte wie eingefrorene Abbilder der sozialen Wirklichkeit (etwa Harper 2013; Heng 2017). Die bildliche Dokumentation führt zu einer ursprünglichen Darstellung der sozialen Wirklichkeit, die unabhängig von der persönlichen Erfahrung und dem Protokollieren des Ethnografen entsteht. Dies ermöglicht der Forscherin ein direktes Zeigen der sozialen Wirklichkeit für eine Leserschaft, die ansonsten keinen eigenen Blick auf die untersuchte Sozialwelt werfen könnte. Zugleich werden die fotografischen Momentaufnahmen zu zeithistorischen Zeugnissen von Kulturen und sozialen Praxen. Dennoch muss diese imaginative Unmittelbarkeit korrigiert werden, weil das Gezeigte nur scheinbar die Wirklichkeit selbst ist. Fotografien erschaffen ikonografische Repräsentationen, die eine Situation in Szene setzen, sei es über die Wahl von Bildausschnitt und Perspektive durch den Ethnografen oder durch die Inszenierungsformen, das Sich-zurecht-Machen und Lächeln der Fotografierten.

Fotos lassen sich aus verschiedenen Bezugsquellen nutzen. Diese können von den Ethnograf*innen selbst angefertigt, als schon bereitstehendes Material etwa aus Archiven oder persönlichen Fotobüchern von Feldangehörigen bezogen oder im Rahmen einer partizipativen Forschung von Akteur*innen der Sozialwelt, die für sie relevante Ausschnitte ihrer Lebenswelt selbst in Szene setzen, hergestellt werden (Banks 2007, S. 57 ff.; Emmison 2016, S. 298 f.).

Videografieren: Videos dokumentieren die soziale Wirklichkeit in ihrem zeitlichen Verlauf durch Bild und Ton (Tuma, Schnettler & Knoblauch 2013; Reichertz & Englert 2011; Moritz 2014). Videografieren eignet sich speziell zur Aufzeichnung von Interaktionen (Heath 2016). Der Videostream lässt sich gleich dem Interviewtranskript wieder und wieder anschauen, um in einer minutiösen Analyse die feine Mechanik von Interaktion, Sprecherwechsel, Ausdruck, Mimik und Gestik zu studieren. Zugleich wird mit der zunehmenden Verbreitung von Digital Wearables eine andauernde Video-Dokumentation der Teilnehmenden Beobachtung denkbar, indem etwa Datenbrillen den Feldaufenthalt durch parallele Verdatung grenzenlos erfassen.

Zweifelsohne drängt sich die Frage auf, warum die Protokollierung der subjektiven Erfahrungsberichte nicht gleich durch Videoaufzeichnungen ersetzt wird. Erstens produzieren auch Videos durch bildausschnitthaftes In-Szene-Setzen von Wirklichkeit lediglich Images, zweitens ist die videografierende Ethnografin mehr noch als bei der Audioaufzeichnung rasch mit einem riesigen Datenwust konfrontiert. Angesichts der Verdopplung sozialer Realität besteht die Gefahr, dass der Forscher nicht mehr seinen Blick freibekommt, um in analytischer Perspektive hinter die „triviale" Wirklichkeit zu schauen. Denn die technische Erfassung ersetzt nicht die schreibende Aneignung der Welt – diese wird vielmehr hinausgezögert, wenn auf das Protokoll zugunsten der Rohdaten verzichtet wird. Aus diesem Grund ist eine stark selektive Auswahl der sozialen Phänomene, die über Videografie dokumentiert wird, anzuraten. Wenn es jedoch um eine Aufzeichnung der kleinen Geschehen und Details sozialen Handelns und Interaktionen im zeitlichen Ablauf geht, dann ist die Videografie natürlich unschlagbar.

4.6.2 Internet in der Virtual Ethnography

Unter Methodenansätzen wie Virtual Ethnography (Hine 2008), Webnography (Strübing 2006), Netnography (Kozinets 2015) und Digital Ethnography (Hjorth, Horst, Galloway & Bell 2017; Pink, Horst, Postill, Hjorth, Lewis, & Tacchi 2016) zieht das Internet als zentrales Medium der globalisierten Informationsgesellschaft die Aufmerksamkeit der Sozialforschung immer stärker auf sich. Unsere Gesellschaft steht eher noch am Anfang gravierender Umwälzungen der Sozialwelt durch die Informationstechnologien. Das Internet ist trotz seiner Virtualität zu einer neuen sozialen Realität geworden, in dem Kommunikation und Verfügbarkeit von Informationen ihre Grenzen weitgehend verloren zu haben scheinen. Anstatt face-to-face sind soziale Interaktionen durch das Internet mediatisiert. Grenzen lassen sich in den virtuellen Welten nicht nur räumlich und zeitlich überschreiten, sondern ebenso gewinnt die Produktion und Darbietung von Identität neue Möglichkeiten. Für die Ethnografie werden neue Personengruppen erreichbar, die zuvor außerhalb des Wirkungskreises lagen; etwa weil die Entfernung für eine Kontaktaufnahme zu groß war oder weil aufgrund von virtuellen Identitäten die Begegnung gerade stigmatisierter Gruppen leichter fällt (Kozinets 2015, S. 60).

Das Internet kann sowohl als Dokument, das heißt als ein Feld der Informationen als auch als ein kulturelles Feld der engagierten Teilnahme und intervenierenden Forschung betrachtet werden (Markham & Stavrova 2016, S. 231). Im ersten Fall lassen sich Kopien von den Webseiten als Artefakte der medialen Wirklichkeits- und Selbstdarstellung von Institutionen und Personen anfertigen. Ebenso können die bereitstehenden Informationen in den Text- Film- und Bilderarchiven heruntergeladen werden. Im zweiten Fall lassen sich die Forschungsmethoden auf das Internet erweitern, wie dies bei Fragebogenerhebungen oder Online Interviews längst der Fall ist. Im dritten Fall kann sich die Forscherin in den virtuellen Welten und digitalen Communitys, auf Social-Media-Plattformen, in Blogs und Chat Groups als Teilnehmende Beobachterin engagieren. Denn neben physischen Habitaten werden „Online Habitats" zu immer wichtigeren Orten im Alltagsleben (Hallett & Barber 2014). Beispielsweise hat Høybye (2016) eine Studie zu Internet Cancer Support Groups durchgeführt. In diesen Gruppen haben sich zwischen

8-16 Menschen, die sich nach einer Krebstherapie in Rehabilitation befunden haben, über ein Diskussionsforum und über Live-Chat untereinander ausgetauscht. Neben direkten Internetangeboten eignen sich die Messenger-Apps wie „Telegram" oder „WhatsApp", um als Ethnograf im Austausch mit den Informanten zu bleiben. Um die Interaktionsformen mit dem Internet festzuhalten, hat sich die Verwendung von Bildschirmaufnahmesoftware bewährt. Mit einer Videokamera kann schließlich auch die Interaktion zwischen Ethnograf, Digital Device und dem Internet aufgezeichnet werden.

4.6.3 Dokumente und Artefakte

Ethnograf*innen sammeln indigene Zeugnisse der untersuchten Sozialwelt, worunter heutzutage speziell Dokumente und Artefakte gezählt werden können. Das Interesse richtet sich auf Fragen wie: Welche Bedeutungen haben die kulturellen Zeugnisse? Welche Rolle spielen diese in der sozialen Praxis? Wie setzt sich die Sozialwelt in Szene? Wie macht diese sich sichtbar und dokumentierbar?

Sammeln von Dokumenten: Die soziale Wirklichkeit dokumentierte sich schon lange vor dem Internetzeitalter in ungeheurer Weise selbst (Wolf 2000). Zu denken sind an Dokumente im engeren Sinne, wie diese von Organisationen, Behörden, Unternehmen, Gruppen und Personen in Form von Akten, Broschüren, Briefen, Publikationen, Büchern und Zeitungen hergestellt werden (Gobo & Molle 2017, S. 134 f.). Firmen-, Zeitungs-, Stadtarchive sammeln Dokumente in ihrem geschichtlichen Bezug (Small 2004). Hinzu treten private Aufzeichnungen wie Tagebücher, E-Mailverkehr und Briefe, aber auch Fotos und Filme (Lofland et al. 2006, S. 89). Trotz der oftmals staubigen Faktizität von Dokumenten müssen diese selbst als „Events" interpretiert werden; im genuinen Sinne als ein „how to do things with words" (Austin 1972). Es handelt sich gerade nicht um eine leidenschafts- und interessenlose Aufzeichnung von Welt, sondern um einen Akt praktischer Intervention selbst dort, wo diese auf dem ersten Blick nicht zu vermuten wäre, in den bürokratischen Mühlen dieser Welt. Ackermann (2017) konnte in seiner Studie in Jugendämtern zeigen, wie in Kinderschutzfällen über die Anfertigung von Akten die Herausnahme von Kindern aus ihren Familien begründet wird.

Sammeln von Artefakten: Speziell in den Anfängen ethnografischer Forschung gehörte das Sammeln von Zeugnissen fremder Kulturen für ethnografische und museale Sammlungen selbstverständlich dazu: Werkzeuge, Schriftstücke, künstlerische und religiöse Artefakte. Boas berichtete, wie am Ende des 19. Jahrhunderts die Stämme indigener Nordamerikaner etwa sakrale Masken manufakturell produzierten, um der Nachfrage der „weißen" Abenteurer, Trapper und Ethnologen im Tausch mit Geld und Waren nachzukommen (Boas 1994).

4.6.4 Quantitative Erhebungen und Befragungen

In der Ethnografie sind strukturierte Erhebungen und Befragungen eine Möglichkeit, um den quantitativen Merkmalen und Charakteristika auf die Spur zu kommen. Die qualitative Methodik arbeitet immer auch mit Zahlen; und auch der Ethnograf verfügt über zehn Finger, mit denen er zählen kann: „Letzte Woche trafen sich im Forschungsfeld 5 Personen, gestern 3 und heute 7. " Das lässt sich nicht nur zählen, sondern anhand von Verfahren der deskriptiven Statistik können daraus Mittelwerte berechnet werden, sodass schließlich über inferenzstatistische Verfahren auch die Frage beantwortbar wird, ob im Vergleich zu einem anderen Beobachtungsfeld ein signifikanter Unterschied besteht. Ähnlich wie Bilder verfügen Zahlen über eine imaginative Objektivität, sodass das Zählen und Messen von Ereignissen zur Triangulation der interpretativen Beobachtungen in jedem Fall ratsam ist. Jahoda, Lazarsfeld und Zeisel haben in den 1930er Jahren in ihrer Studie „Die Arbeitslosen von Marienthal" gezeigt, wie komplexe soziale Phänomene mit quantitativen Erhebungsinstrumenten in kreativer Weise erhoben werden können. Zum Beispiel erfassten sie den Grad der sozialen Zerrüttung einer Gesellschaft infolge von Massenarbeitslosigkeit durch die Messung der Gehgeschwindigkeit, mit der sich die Bewohner*innen durch die Hauptstraße ihrer Stadt bewegten. Daran zeigte sich, dass Männer deutlich langsamer als die Frauen durch das Stadtzentrum liefen. Dieser Befund wurde dahingehend interpretiert, dass die Männer ihre durch Arbeit gerahmte Zeitstruktur verloren hatten, während die Frauen weiterhin in die Pflichten der Haushaltsführung eingebunden waren (1975).

4.6.5 Feldexperimente

Schließlich sollte auch die Durchführung von qualitativen Feldexperimenten erwogen werden (Sherman & Strang 2004; Kleining 1986; Burkart 2010). Dabei steht nicht die Manipulation der Akteur*innen in Laborsettings im Vordergrund, sondern die Forscherin kann über ihre Teilnahme am Alltagshandeln aktiv im Feld tätig werden, um ihre Hypothesen systematisch zu validieren. „Das qualitative Experiment ist der nach wissenschaftlichen Regeln vorgenommene Eingriff in einen (sozialen) Gegenstand zur Erforschung seiner Struktur" (Kleining 1986, S. 724) Prosoziales Verhalten unter Studierenden auf dem Campus lässt sich in systematischer Weise etwa in der Schlange vor dem Fotokopierer untersuchen. Dabei wird die Bereitschaft, eine Person vorzulassen, in Abhängigkeit von der vorgebrachten Begründung untersucht. Ein Konföderierter des Forschers bittet mit unterschiedlichen Begründungen vorgelassen zu werden. Es zeigt sich, dass sich die Bereitschaft selbst bei einer Begründung wie: „Können Sie mich vorlassen, weil ich kopieren muss?" in signifikanter Weise erhöht (Langer, Blank & Chanowitz 1978).

Aufgaben zur Datenerhebung

1. Bestimmen Sie Situationen und Positionen, die für die Akteur*innen in der handelnden Bewältigung des Alltags entscheidend sind. Überlegen Sie sich Startpunkte, um über Teilnahme durch probeweise Übernahme der Handlungsperspektive vom Standpunkt 1. Person in die Wirklichkeitsstrukturen des Feldes einzusteigen.
2. Wechseln Sie während der Teilnahme zwischen emischer Innenperspektive und etischer Außenperspektive. Reflektieren Sie die sozialweltlichen Voraussetzungen und Qualifikationen, die Sie als Deep Actor erwerben müssen, um sich intuitiv als Angehöriger des Feldes orientieren und bewegen zu können. Distanzieren Sie sich gegenüber dem Handlungsgeschehen, indem Sie die Differenz ausloten, die zwischen dem erkenntnisgeleiteten Bewältigungshandeln der Forscherin und dem pragmatischen Bewältigungshandeln der Akteur*innen besteht.
3. Wechseln Sie Phasen der offenen Beobachtung mit denen der fokussierten Beobachtung ab, indem Sie konzeptuelle und thematische Beobachtungsdimensionen sowie fokale Beobachtungspunkte wie Key Events und Rich Points festlegen.
4. Bestimmen Sie weitere Triangulationsperspektiven, um Ihre Ethnografie zum Methodenmix zu erweitern; folgen Sie dabei nicht so sehr Ihren persönlichen Vorlieben, sondern überlegen Sie, welche methodischen Erweiterungen aufgrund der Fragestellung und ihrer gegenwärtigen Erkenntnisse sinnvoll sind.

Weiterführende Literatur

Atkinson, P., Coffey, A., Delamont, S., Lofland, J., & Lofland, L. (Hrsg.). (2001). *Handbook of ethnography*. London: Sage.
Girtler, Roland (2001). *Methoden der Feldforschung*. Wien: Böhlau.

Goffman, Erving (1996). Über Feldforschung. In Hubert Knoblauch (Hrsg.), *Kommunikative Lebenswelten. Zur Ethnographie einer geschwätzigen Gesellschaft* (S. 261-269). Konstanz: UVK.

5.1 Von der Beobachtung zum Schreiben

Zum Abenteuer der Entdeckung fremder Sozialwelten gehört in der Ethnografie die schreibende Aneignung von Welt. Neben der Zerstreuung in der Vieldeutigkeit, Unabgeschlossenheit und Unendlichkeit der Wirklichkeit ist die *Konzentration* auf Gegenstand und Erfahrung bedeutsam. Ganz ähnlich spricht Marcus Clifford im Hinblick auf die Felderfahrung von „displacement", während es zur intellektuellen Bemächtigung einer „focused, disciplined attention" bedarf (1997, S. 186). Durch diese Konzentration dringt das Denken in den Gegenstand ein, um sich die verborgenen Erkenntnisschätze zu erschließen, die unter der Oberfläche des intuitiven Verstehens des Beobachters liegen. Und hier kommt das *Schreiben* ins Spiel, aber nicht allein, um das Erlebte und Gedachte festzuhalten. Vielmehr gewährleistet erst das Schreiben eine fortdauernde, teils sich über Jahre erstreckende Konzentration auf den Gegenstand, die nicht immer von vorne beginnt, sondern immer tiefer die Bedeutungsstruktur des Feldes durchdringt. Schreiben als Werkzeug für die kognitive Aneignung von Welt wird damit zum zweiten wesentlichen Bestimmungsmoment von Ethnografie (hierzu auch Amann & Hirschauer 1997, S. 29).

Zerstreuung und Konzentration werden beim ethnografischen Arbeiten – im Gegensatz zu den meisten anderen Forschungsmethoden – nicht in verschiedene Phasen voneinander getrennt; die Auswertung folgt also nicht erst nach Abschluss der Datenerhebung. Zudem gilt: Obwohl es den Anschein hat, dass die Beobachtung der zentrale Moment der Untersuchung ist, weil in der Begegnung der Wirklichkeit die Eindrücke und Erfahrungen gesammelt werden, so scheint mir die Auswertung ebenso zentral. Denn die Beobachtung bleibt orientierungslos, wenn wir uns nicht von Anfang an mit unseren Daten beschäftigen.

© Springer Fachmedien Wiesbaden GmbH, ein Teil von Springer Nature 2019
S. Thomas, *Ethnografie*, Qualitative Sozialforschung,
https://doi.org/10.1007/978-3-531-94218-6_5

In der Regel begegnen sich beide Grundhaltungen spätestens am Abend, wenn die Ethnografin in ihre Behausung zurückkehrt, um das Erlebte durch schreibende Erinnerung und Reflexion zu fixieren. Während bei der Beobachtung der stete Erlebnisstrom die Aufmerksamkeit an sich bindet, bedarf es zur Klärung dessen, was über die intuitiven Evidenzen hinaus in Erfahrung zu bringen ist, ein vergegenwärtigendes Zurücktreten vom Feld. Das Schreiben geschieht in mehreren Etappen: zuerst das Schreiben von Feldnotizen und die Anfertigung persönlicher Tagebücher, dann später die Auswertung beim Verfassen einer Dichten Beschreibung und bei der Entwicklung strukturierter Kategorienschemata, am Ende das Schreiben des ethnografischen Forschungsberichts. In diesem Kapitel beginnen wir mit der Herausforderung, anhand von Beobachtungsprotokollen und Feldnotizen die Beobachtungen in Daten zu verwandeln (5.2). Zudem werden wichtige Techniken der Protokollierung vorgestellt (5.3).

5.2　Protokollierung: Von der Beobachtung zu den Daten

Daten werden in der für die Ethnografie typischen Form von Beobachtungsprotokollen bzw. „fieldnotes" erhoben (Sanjek 1990; Emerson, Fretz & Shaw 1995; Emerson, Fretz & Shaw 2007). In den Beobachtungsprotokollen werden am Ende eines Tages aufreibender Feldarbeit alle relevanten Ereignisse, Episoden und Erfahrungen notiert. Das grundlegende Vorgehen bei der Erstellung von Feldprotokollen lässt sich leicht auf den Punkt bringen: Schreiben, Schreiben, Schreiben. Wie gute Protokolle anzufertigen sind, ist jedoch eine Herausforderung ganz eigener Art – umso mehr verwundert es, dass das Schreiben von Protokollen für lange Zeit eher stiefmütterlich behandelt wurde. Die Mühen und Kämpfe behalten die Forschenden lieber für sich: zu anstrengend, zu persönlich, zu unsystematisch, zu flüchtig und zu oberflächlich (Jackson 1990). Das Schreiben von Feldprotokollen bedeutet immer eine Abwendung vom scheinbar Eigentlichen. Und doch würde eine Ethnografie ohne diesen Rückzug gar nicht erst entstehen. „[...] there is no such thing as ‚unreported research'. No one can claim to have ‚done all the fieldwork' who has not also written it up" (Wolcott 1995, S. 66). Erst durch das „logging" kommt die Beobachtung zu Ergebnissen, die Ausgangspunkt eines weitergehenden Analyseprozesses werden können. Die Protokollierung steht also der Beobachtung keineswegs im Wege, weil diese ihre eigene Zeit beansprucht, vielmehr verwirklicht sich die Beobachtung in der Protokollierung. Indem sich der Forschende zum Protokollieren niedersetzt, beginnt die Übersetzung der empirischen Wirklichkeit in etwas Neues, an dessen Ende der wissenschaftliche Bericht steht. Daher hat das Schreiben von Protokollen eine zentrale Stellung im ethnografischen Forschungsprozess als erster Schritt einer sukzessiven Systematisierung und Theoretisierung gewonnener Beobachtungen und Erfahrung in wissenschaftliche Erkenntnis.

5.2.1 Datenfunktion, Gedächtnisfunktion und Konzeptualisierungsfunktion

Die erste Funktion des Beobachtungsprotokolls liegt ganz allgemein in der Transformation von Erlebtem und Erfahrenem in Daten (Lofland, Snow, Anderson & Lofland 2006, S. 82). Durch das Schreiben wird die Flüchtigkeit des Moments in Form eines Textes fixiert (Ricoeur 1978; Geertz 1983). Dies ist angesichts der knappen Verarbeitungskapazitäten unseres kognitiven Systems besonders wichtig. Strikt limitiert ist schon die Aufnahmekapazität des Kurzzeitgedächtnisses, nach George Millers bekannter Formel auf sieben plus/minus zwei Informationseinheiten (Bower & Hilgard 1983). Was schon nach kürzester Zeit in Vergessenheit gerät, sind der kontextuelle Bedeutungsreichtum, detailreiche Erinnerungsbilder, der ungeheure Bedeutungsüberschuss, der jeder sozialen Situation gemein ist. Zugleich nehmen Selektivität und Globalität zu. Der Übergang der Bewusstseinsinhalte ins Langzeitgedächtnis bringt zudem eine Einbettung der Informationen in die semantische Struktur des Bewusstseins mit sich. In der Retrospektive gewinnen die Erlebnisinhalte einen eher anekdotenhaften, narrativen und exemplarischen Charakter. Mit wachsendem Abstand zum Erlebten wird deshalb eine von der Sache her sich entwickelnde Erinnerung immer schwerer. Vergegenwärtigen lassen sich schließlich nur noch jene Gegebenheiten, die sich als Erinnerungsspuren in dem Relevanzsystem der Forscherin sedimentiert haben. Dadurch verlieren die Daten aber ihre kritische Funktion gegenüber der Interpretation der Forscherin. Die Gefahr ist groß, dass die Forscherin sich nur noch an das erinnert, was in ihren Anschauungs- und Verständnishorizont passt. Anstatt sich im Denken und Theoretisieren der Struktur der beobachteten Wirklichkeit zu unterwerfen, verlieren die Daten ihre Widerständigkeit gegenüber den eigenen Interpretationen und werden zum Ornament und Beiwerk der theoretischen Höhenflüge.

Aufgrund der Erinnerungsfunktion sind Beobachtungsprotokolle immer auch Gedächtnisprotokolle. Gute Protokollierung bedeutet gerade in der Anfangsphase des Feldkontakts, „den ersten Eindruck sofort zu explizieren und maximal auszubeuten, bevor grundlegende Eigenschaften des Feldes in der Wahrnehmung normalisiert werden und in vorsprachlichem Wissen verschwinden" (Hirschauer 2001, S. 445). Solange der in Erstaunen versetzte Blick unverbraucht und frisch ist, sollte jede freie Zeit zum Schreiben extensiver Feldprotokolle genutzt werden.

> Wenn man in ein Feld geht, durchlebt man eine regelrechte Erfrischungskur. Am
> ersten Tag werden Sie mehr sehen als jemals wieder. Und Sie werden Dinge sehen,
> die Sie später nicht mehr wahrnehmen. Deswegen sollten Sie am ersten Tag unabläs-
> sig Notizen machen. (Goffman 1996, S. 267)

Der Aufwand, damit das Erlebte nicht schon nach kurzer Zeit verblasst und in
Vergessenheit gerät, darf nicht unterschätzt werden. Allgemein wird empfohlen,
dass für jede Stunde im Feld eine Stunde am Schreibtisch Protokoll geschrieben
werden muss (Lofland et al. 2006, S. 111). Taylor und Bogdan empfehlen sogar ein
Verhältnis von bis zu 6 zu 1:

> Since field notes provide the raw data of participant observation, you should strive
> to write the most complete and comprehensive field notes possible. This requires a
> tremendous amount of self-discipline, if not compulsiveness. It is not uncommon for
> observers to spend four to six hours recording field notes for every hour of observa-
> tion. (1998, S. 66)

Nicht allein wegen des Zeitaufwandes handelt es sich beim Protokollieren um ein
anstrengendes Geschäft der Selbstdisziplinierung. Die akkurate Erinnerung der
Ereignisse ist sprichwörtlich aus den Gehirnwindungen heraus zu wringen, gerade
wenn es um die Rekonstruktion der Details, des genauen Kontextes, des Wortlauts,
des Gesagten etc. geht. In den Feldtagebüchern selbst gestandener Ethnograf*innen ist das Klagen über die leidige Aufgabe des Verschriftlichens ein häufig anzu-
treffendes Thema: „[…] ich würde gerne die Monotonie unterbrechen, ‚einen Tag
frei nehmen‘. Dies ist eine meiner größten Schwächen! Aber ich werde das Gegen-
teil tun: einige Routinearbeiten zu Ende bringen, das ‚ethnographische Tagebuch‘,
meine Zensusnotizen und meine gestrigen Eindrücke aufschreiben" (Malinowski
1985, S. 145). Für dieses anstrengende Geschäft sollte sich der Feldforscher die
besten und wachsten Stunden des Tages reservieren. Stets mit frischem Blick auf
die eigene Erinnerung muss er sich an die Beschreibung der sozialen Wirklichkeit
machen.

Bereits bei der Datenaufzeichnung hantiert der Forscher mit Begriffen und
Konzepten, um der empirischen Erfahrung Herr zu werden. Schatzman und
Strauss machen deutlich, dass die Entdeckung empirischer Sachverhalte über die
protokollierende Beobachtung nicht von der Analyse des Materials zu trennen ist:

> Novices may think of note-taking and recording principally as devices that help with
> remembering and with the storage and retrieval of information. They are correct, but
> only on a rather mechanical level. […] What our researcher requires are recording

> tactics that will provide him with an ongoing, developmental dialogue between his
> roles as discoverer and as social analyst. (1973, S. 94)

Die Ethnografin ist immer Entdeckerin und Analystin der empirischen Sachverhalte zugleich. Das begreifende Schreiben wird in der Feldforschung also nicht erst bei der Auswertung zentral, sondern schon bei der Herstellung der Daten. Denn selbst das allererste Festhalten, das Schreiben der Protokolle, ist eine Interpretation des Forschers. „Writing fieldnote descriptions, then, is not so much a matter of passively copying down ‚facts' about ‚what happened'. Rather, such writing involves active processes of interpretation and sense-making [...] Fieldnotes involve inscriptions of social life and social discourse" (Emerson et al. 1995, S. 8). Protokolle bzw. Fieldnotes haben im Forschungsprozess also eine Zwischenstellung: Sie sind niedergeschriebene Beobachtungen der eigenen Erinnerungen und bilden zugleich die erste Strukturierung und Konzeptualisierung des beobachteten Materials. Es ließe sich nun fragen: Warum verzichtet der Forscher nicht auf die Heranführung von Begriffen und Konzepten an seine Erfahrungen im Feld, um neutrale Protokolle zu schreiben? Der Grund liegt darin, dass er damit genau das verfehlen würde, was ein gutes Protokoll ausmacht, nämlich eine reichhaltige Beschreibung der in Erfahrung gebrachten Situation.

5.2.2 Anfertigung von „reichen Beschreibungen"

Bei Protokollen geht es idealerweise um die Anfertigung von reichen Beschreibungen oder „rich descriptions" der Beobachtungssituation. Ziel ist eine möglichst objektive Beschreibung des Vorgefallenen, die den Ereignis- und Bedeutungsreichtum der beobachteten Situation sichtbar macht. Das ist natürlich leichter gesagt als getan; nicht allein weil das erinnernde Schreiben eine wirklich mühselige und anstrengende Tätigkeit ist. Vielmehr ist die Frage: „Wie und was ist zu protokollieren?" (Girtler 2001, S. 133) keineswegs trivial. Zu kurz greift der schlichte Verweis darauf, dass die Feldprotokolle eine Antwort auf die Frage geben sollen: „What is going on?" (Charmaz & Mitchell 2001, S. 162 ff.). Angesichts der unendlichen, unabgeschlossenen Fülle an Begebenheiten, Situationsmerkmalen und Handlungsformen liegt es schlicht nicht auf der Hand, was in die Protokolle einbezogen werden soll.

Zudem wird häufig der Begriff der Objektivität nicht unbedingt falsch, jedoch in einer für die Ethnografie unangemessenen Weise verstanden. Anstatt reicher Beschreibungen werden als objektive Protokolle häufig reduzierte Beschreibungen oder „reduced descriptions" verfasst, in denen das, was die Welt den Menschen bedeutet, nicht enthalten ist, weil davon in guter Absicht abstrahiert wurde. Es ist gerade ein typischer Anfängerfehler, holzschnittartige, nur auf das objektive Datum reduzierte Wiedergaben der Wirklichkeit zu geben. Ein zu ehrfurchtsvolles Verständnis einer naturwissenschaftlichen Objektivität führt regelmäßig zu dem Irrtum, dass nur eine rein sachliche Darstellung zu Protokoll zu geben ist – etwa im Sinne eines Sitzungs- oder Polizeiprotokolls.

Beispiel einer reduzierten Beschreibung als „objektives" Protokoll
Die Ankunft erfolgte am 16.10. um 12:45 Uhr am Bahnhof der Stadt Brandenburg mit der Regionalbahn. Auf dem Bahnhofsvorplatz fand der Umstieg in den Landbus statt. Dieser fuhr in den außerhalb der Stadt liegenden Ortsteil, wo sich der Hauptsitz der Sozialeinrichtung befand. In dem Bus waren alle Plätze mit Kindern besetzt. Nach dem Ausstieg führte von der Bushaltestelle ein asphaltierter Weg entlang der Landstraße weiter zum vereinbarten Treffpunkt. Während des Fußmarsches nieselte es leicht. Die Navigations-App wies darauf hin, dass es sich bei dem Ziel um die gewerbehofähnliche Ansiedlung handelte, die zur linken Straßenseite lag. Es führte von der Landstraße ein gepflasterter Weg zu einem Parkplatz, zu dessen rechter Seite ein eingeschossiger Bürogebäudekomplex stand. Weitere Gebäude verteilten sich auf dem Grundstück.
Herr Petermann, stellvertretender Leiter der Einrichtung, etwa 50 Jahre alt, kam aus dem Gebäude heraus und winkte. Er trug eine schwarze Jeans, einen schwarzen Pullover und eine schwarze Brille. Er begrüßte den Forscher lachend und fragte, ob dieser nicht mit dem Auto gekommen sei. F. antwortete ihm, dass er die öffentlichen Verkehrsmittel benutzt habe. Herr P. schlug vor, sein Auto zu nehmen, um zu der betreuten Einrichtung zu fahren. Er zeigte auf ein Auto, das auf dem Parkplatz stand. Herr P. und F. gingen die wenigen Schritte auf das Auto zu, stiegen ein und fuhren los. Im Auto erzählte Herr P., dass auch er meistens die öffentlichen Verkehrsmittel nutze. Er lebe in Berlin Wilmersdorf und fahre jeden Morgen hierher. Während der weiteren Fahrt unterhielten sich Herr P. und F. über die verschiedenen Projekte des Sozialträgers speziell im Hinblick darauf, welche für die Durchführung des Forschungsprojekts besonders geeignet seien. Zurück in der Stadt Brandenburg wies Herr P. auf ein Wohnhaus und sagte, das sei das Projekt „Zille-Straße". Es handelte sich um eine städtische Straße, mit geschlossener Straßenfront und dreigeschossigen Wohngebäuden. Ein untersetzter Mann stand vor dem Haus und winkte zur Begrüßung lebhaft. Es handelte sich um den Leiter des Wohnprojekts, wie Herr P. später erläuterte.

Mit einer solchen reduzierten Beschreibung ist Objektivität in dem Sinne sichergestellt, dass jede unbeteiligte Beobachterin sagen kann, genau das ist vorgefallen – aber viel mehr auch nicht. Sicherlich ließe sich das Protokoll in seinem Detaillierungsgrad weiter anreichern: etwa die genauen Uhrzeiten, eine kleine Skizze des Geländes der Einrichtung, eine akkuratere Wiedergabe der Gespräche etc. Das Problem dieser sachlich-objektiven Darstellung ist aber, dass das, was die Welt uns in der Einstellung des Alltags ausmacht, die Bedeutungen der soziokulturellen Sozialwelt nur in sehr verdünnter Form vorkommt. Fokussieren wir mit dem Blick der Objektivität die Gegenstände der Beschreibung noch schärfer, dann werden selbst bei dieser verdünnten Beschreibung die verwendeten Begriffe fadenscheinig. „Eingeschossiger Bürogebäudekomplex" ist meine Interpretation, ich war nicht im Gebäude, vielleicht wohnen dort Menschen, eventuell hat Herr Petermann sein Büro, entgegen seiner Aussage, gar nicht in dem Gebäude. Umgekehrt wären wir ohne die idealisierende Annahme, dass sich die soziokulturelle Bedeutungsstruktur als relativ verlässlich erweist, verloren. Der Alltag würde Züge einer kafkaesken Welt annehmen. Nach dem Öffnen jeder neuen Tür wäre jedes Mal alles möglich, vielleicht würde auf dem Boden der zum Käfer gewordene Gregor Samsa hilflos auf dem Rücken liegen.

Zum Glück erweist sich die Struktur der Sozialwelt als viel verlässlicher – ohne dass dies uns der Verantwortung enthebt, gerade die wesentlichen und entscheidenden Aussagen über die Sozialwelt sorgfältig zu überprüfen. Reiche Beschreibungen erfordern aber, dass im Protokoll über die dem direkten Augenschein zu entnehmenden Sachverhalte hinaus auch die soziokulturellen Bedeutungen der Gegenstände und Situationen dargestellt werden. Dagegen würden wir mit einem Objektivitätsverständnis, das nicht dem besonderen Gegenstand der Sozialwissenschaften angemessen ist und uns zu verdünnten Beschreibungen verleitet, den soziokulturellen Bedeutungsgehalt der Wirklichkeit schon vom Ansatz verfehlen. Um in den Sozialwissenschaften ethnografisch zu forschen, müssen wir uns von dem Mythos einer objektiven Faktizität, also der Reduktion auf das, was sich vom rein behavioristischen Standpunkt aus beobachten lässt, ein ganzes Stück weit distanzieren – was aber nicht heißt wissenschaftliche Erkenntnisansprüche aufzugeben.

Zur Illustration dessen, was sich in Abgrenzung einer *reduzierten* Beschreibung unter einer *reichen* Beschreibung verstehen lässt, soll das folgende Beispiel dienen. Dabei muss eine reiche Beschreibung deutlich unterschieden werden von einer Thick Description, die von Clifford Geertz in die Ethnografie eingeführt worden ist. Beobachtungsprotokolle sind *keine* „Dichten Beschreibungen" im Sinne von Geertz (1983). Dichte Beschreibungen sind Produkte langwieriger analytischer Arbeit, die ihren Ausgangspunkt in den Rich Descriptions der Feldtagebücher finden. Das Beispiel illustriert *meinen* Versuch einer Rich Description. Das bedeutet keinesfalls, dass allein in diesem Stil ethnografische Protokolle zu schreiben sind. Vielmehr zeigt es die Art, in der *ich* Protokolle schreibe. Aber genau das erscheint, wenn Ethnograf*innen zum Protokollschreiben befragt werden, für die Protokollierung typisch – alle haben ihre eigene Art, Protokolle zu schreiben und alle haben für genau diesen Stil gute Gründe (Jackson 1990). Dennoch möchte ich über das Idiosynkratische hinaus an diesem Beispiel zeigen, was allgemein ein gutes Protokoll ausmacht.

Beispiel einer „reichen Beschreibung"

Die Feldforschung beginnt mit einem langen Marsch über die Felder Brandenburgs, weil ich eine Station zu früh aus dem Bus ausgestiegen bin. Man ist hier unter sich, was sich schon beim Besteigen des Überlandbusses bemerkbar macht. Beim Einsteigen stehe ich vor dem Busfahrer mit meinem in Berlin gelösten Ticket und frage unschlüssig, ob ich damit weiterfahren darf. Ich fühle mich von seiner Entgegnung unwirsch zurechtgewiesen: ‚Womit wollen Sie sonst fahren?' Die Antwort scheint zu sehr auf der Hand zu liegen, als dass die Frage legitim wäre. Im Bus sind fast alle Sitzplätze von über 30 Kindern besetzt. Bus fahren hier nur die Sozialbenachteiligten – so mein Eindruck –, zu den Kindern, die von der individualisierten Mobilitätsgesellschaft ausgeschlossen sind, gesellt sich lediglich ein Erwachsener, der in seinen abgetragenen Bluejeans einen eher ärmlichen Eindruck macht. Die Schüler sind unter sich, kennen sich, lärmen aufgeregt im Bus umher – ganz anders als die anonyme Öffentlichkeit in Berliner Stadtbussen.

Und nun die Wanderung bei leichtem Nieselregen über die Felder Brandenburgs, die Leere der Landschaft zieht langsam vorbei, fern die anonyme Stadt, hier ganz allein, wo sich Hase und Igel gute Nacht sagen. Autos fahren auf der Landstraße entlang, aber bei dem 15-minütigen Marsch kommt mir niemand zu Fuß entgegen. Gummistiefelwetter denke ich mit Blick auf den Acker, während meine Schuhe vom Regen durchweichen. Die Zentrale der Sozialeinrichtungen liegt etwa 2-3 km außerhalb der brandenburgischen Stadt. Während ich mich der nächsten dörflichen Siedlung nähere, lässt mich die Navigations-App erahnen, dass es sich um den Gewerbehof von der Landstraße zur linken Hand abzweigend handeln muss. Herr Petermann, mit dem ich dort verabredet bin, ist Qualitätsbeauftragter der regionalen Sozialeinrichtungen. Er hat mich heute in den Hauptsitz eingeladen, um von da aus eine erste Einrichtung zu besuchen.

Während ich noch unschlüssig dem Navi folgend über das Gelände laufe, um das richtige Gebäude zu finden, winkt mir vom Eingang eines eingeschossigen Bürogebäudekomplexes aus Herr Petermann zu. Er trägt schwarze Kleidung, eine moderne, sportliche Designerbrille mit Schriftzug eines bekannten Modelabels am Bügel. Seine Frisur ist modisch geschnitten. Er ist geschätzte 50 Jahre alt. Nach meinem Eindruck wirkt er ein wenig deplatziert, hier inmitten der Brandenburgischen Provinz, erst recht angesichts des Gummistiefelwetters. Er begrüßt mich lachend und fragt mich verwundert, ob ich nicht mit dem Auto gekommen sei. Ich entgegne ihm, dass ich die öffentlichen Verkehrsmittel benutzt habe. Als ich erzähle, dass ich gerne mit der Bahn unterwegs sei, die selbst den ländlichen Raum sehr gut erschließe, erzählt er, dass er meistens auch die „Öffentlichen" benutze, selbst lebe er in Berlin Wilmersdorf und müsse pendeln. Er schlägt vor, dass wir sein Auto nehmen, um zu der betreuten Einrichtung zu fahren.

Während wir im Auto über öffentliche Verkehrsmittel und das berufliche Pendeln smalltalken, gewinne ich den Eindruck, dass er mir damit auch implizit mitteilen möchte, dass auch er nicht hierher gehört, sondern zu uns, zu den Städtern und Akademikern, zu den an die großstädtischen Moden und Diskurse Angeschlossenen. Da sind wir also versammelt, zu zweit im Auto, durchqueren mit unserer städtischen Distinguiertheit und reflexiven Distanziertheit kolonialisierend den ländlichen Raum, um abends nach getaner Arbeit wieder nach Hause, also nach Berlin, in die Großstadt zu fahren.

Kurze Zeit, nachdem wir zurück in die Stadt Brandenburg gekehrt sind, weist Herr Petermann mich darauf hin, dass wir gerade in die Straße einbiegen, in der sich die Einrichtung befindet. Es handelt sich um eine städtische Straße mit geschlossener Straßenfront und dreigeschossigen Wohngebäuden. Er zeigt auf ein Haus und erklärt, das sei die „Zille-Straße", die fragliche Einrichtung, die wie die anderen Einrichtungen auch nach dem Straßennamen benannt ist. Vor der Tür steht ein beleibter Mann, der erwartungsfroh und lachend zu uns ins Auto winkt. Der Mann fällt auf, weil er an beiden Seiten seines Gürtels zwei kleine braune Taschen trägt, in denen sich – wie sich später herausstellt – ein Taschenmesser und weitere Utensilien befinden. Der Mann macht mit seinem „Survival Kit" auf mich den Eindruck eines Menschen, der auf jede Situation vorbereitet sein will; und vielleicht braucht man hier in der agrarisch geprägten Provinz bzw. in der in einer Kleinstadt gelegenen Sozialeinrichtung jederzeit ein solches Survival Kit griffbereit, das ich noch nicht einmal auf einem Camping-Platz umgeschnallt hätte. Angesichts dieser sonderlichen Erscheinung bin ich unschlüssig, ob es sich um einen Klienten oder um einen Betreuer handelt. Erst als mir der Mann durch Herrn Petermann vorgestellt wird, erweist sich, dass es sich um den Leiter der Zille-Straße handelt. Ich habe den Eindruck, dass sich zwischen Herrn Petermann und Herrn Friedrich zwei Welten begegnen.

Eine reichhaltige Beschreibung zeichnet sich durch eine möglichst akkurate und detailverliebte Darstellung des Erlebten aus. Und doch handelt es sich eben nicht nur um objektive Beobachtungsdaten. Es ist gerade nicht möglich, wie Gobo und Molle argumentieren (2017, S. 196 ff.), das Protokoll auf naturalistische oder dünne Beschreibungen zu reduzieren. Die soziale Situation, die beschrieben wird, lebt von den Bedeutungen, in denen die Akteure engagiert sind, wodurch die Situation überhaupt erst ihren Witz erlangt. Und diese Bedeutungen werden nicht erst durch die Interpretation des Ethnografen im Nachhinein den Daten zugefügt, sodass sich dünne Beschreibungen in den Protokollen in Dichte Beschreibungen der Analyse verwandeln. Diese Bedeutungen sind der Situation nicht äußerlich; vielmehr müssen diese schon in den Protokollen expliziert werden. So lebt die Situation ganz davon, dass Herr Petermann und später auch Herr Friedrich mich als Wissenschaftler aus der Großstadt identifizieren, der eine als wissenschaftlicher Gesprächspartner, der andere als jemand, der hier seine Nase reinstecken will und den man von der eigenen guten Arbeit überzeugen will. Denn zumindest wir Städter spielten das Bedeutungsspiel einer distinguierten, wenn auch wohlwollenden und wertschätzenden Abgrenzung vom Landleben mit seinen nachlaufenden Uhren, Moden und Diskursen.

Bei Protokollen kommt es ganz auf das richtige Verhältnis zwischen interpretativer Inskription und objektiver Detaillierung an, und dies hängt wieder vom Verwendungskontext ab. Gerade bei der Arbeit in Forschungsgruppen oder auch bei der Interaktionsanalyse mag diese reiche Beschreibung zu interpretativ sein, wohingegen eine stärkere Kontextualisierung der Beschreibung anhand objektiv beobachtbarer Situationsmerkmale hilfreich wäre. Mit der reduzierten und der reichen Beschreibung sollen auf die Pole von Darstellungsmöglichkeiten hingewiesen werden, die sich zwischen den Eigenschaften objektiv und interpretativ aufspannen. Wo sich auf diesem Kontinuum die Ethnografin beim Protokollieren verortet, hängt dann ganz von der Fragestellung und dem Verwendungskontext ab.

Dennoch ist zu beachten, dass der größere Teil der täglich anfallenden Beobachtungsprotokolle zunächst einmal „running descriptions" der zu beobachtenden Ereignisse und Vorfälle sind. „We have perhaps made fieldnotes sound intimate and revealing and therefore fascinating reading. But the overwhelming portion consists of running descriptions that often are mundane, uneventful, and even dull" (Lofland et al. 2006, S. 116). Das angeführte Beispiel ist daher kein Abschnitt, der an einer beliebigen Stelle aus einer Running Description entnommen wurde; vielmehr dient das Beispiel der Vermittlung und Veranschaulichung reichhaltiger Protokolle. Und doch, umso mehr wir in einer Running Description die Ansprüche einer reichen Beschreibung realisieren können, desto besser für den Protokollierungsprozess.

5.3 Techniken des Protokollierens

Der Aufzeichnung und Organisation von Daten sollte von Anfang an ein hoher Stellenwert und ein angemessenes Zeitbudget eingeräumt werden. Die besondere Herausforderung besteht darin, dass die methodenplurale Orientierung der Ethnografie den Forscher zur Erhebung eines breiten Spektrums an Datensorten geradezu anregt. Hierdurch kommen die unterschiedlichsten Aufzeichnungsformen zum Einsatz. „Fieldnotes und interview write ups are the most basic forms of qualitative data logging, but it may also include mapping, census taking, sound recording, filming, document collection, and so forth" (Lofland et al. 2006, S. 81). Trotz dieser Bandbreite wird im Folgenden der Fokus auf praktische Hinweise zur effektiven Protokollierung von Beobachtungsdaten liegen.

5.3.1 Aufnahmeequipment: Technische Ausrüstung und Utensilien

Bei den „old-style pen-and-paper-fieldnotes" handelt es sich um die klassische Variante der Datenaufzeichnung in der Ethnografie. Verwendung findet hier das Notizheft, eventuell sogar eines für kurze, flüchtige Skizzen im Feld, ein zweites für längere Ausarbeitungen am Schreibtisch. Papier und Bleistift werden aber heutzutage immer stärker durch technische, vor allem digitale Aufzeichnungsmedien ersetzt. Hirschauer sieht sogar die Gefahr einer Entwertung der Beobachtungsprotokolle durch „avanciertere Aufzeichnungstechnologien" (2001, S. 430). Zu den wichtigsten Ausrüstungsgegenständen der ethnografischen Feldforschung zählen:

- *Notizbuch* und *Skizzenblock* als die Klassiker und wohl wichtigsten Utensilien des Feldforschers
- *tragbarer Computer* (notebooks oder tablets) als moderne Alternative zur old-style Pen-and-paper-Methode
- *Smartphone* als Universalwerkzeug zur Aufzeichnung von Sprache, Fotos und Videos inklusive Internetzugang und GPS-Funktion sowie Office-Programmen

- *Audiorekorder* (mit externem Mikrofon) als Ergänzung zum Smartphone für eine hohe Aufnahmequalität in geräuschvollen Arrangements (etwa auf der Straße, in Bars, bei Gruppen etc.).
- *Fotoapparat* und *Filmkamera* für hochwertige Ton- und Bildaufnahmen
- großes *Handmikrofon* zur Erhebung von journalistischen „Presse"-Statements im Feld
- *Handscanner* zum Kopieren von Dokumenten (etwa bei Behörden, Firmen, Vereine etc.)
- Medieneinsatz zur (angeleiteten) Selbstdokumentation der Menschen im Feld durch:
  - (kostengünstige) *Einwegkameras*
  - Aufnahmen mit persönlichem *Audio-*, *Bild-* oder *Videoequipment* (Smartphone)
  - *Tagebuch*, *Zeitlisten* und *Protokolle*

Die Ethnografin sollte sich frühzeitig, das heißt lange vor Beginn der Erhebungsphase, um die Anschaffung von adäquatem Aufzeichnungsequipment kümmern und notwendige Investitionen nicht scheuen. Diese machen sich aufgrund von Zeitersparnis rasch bezahlt. Lohnenswert ist dies natürlich nur, wenn die Forscherin die Technik in ihre Arbeitsweise integriert und wirklich zum Einsatz bringt. Zu einer guten Vorbereitung gehört demzufolge auch, sich schon im Vorfeld mit Geräten und Funktionen vertraut zu machen, sodass die Anwendung selbstverständlich ist und die Bedienung aus dem Effeff beherrscht wird. Situationen, in denen sich etwas Interessantes ereignet, ergeben sich im Feld zumeist spontan und unvorhergesehen, schon lange bevor die offizielle Datenerhebungsphase beginnt. Die Aufzeichnung sollte nicht aufgrund fehlenden Aufnahmeequipments verpasst werden. Die wichtigste Technik gehört immer funktionsbereit ins Gepäck – also mit genügend Speicherkapazität, geladenen Batterien und ausreichendem Technikverständnis.

5.3.2   Technikeinsatz im Feld: Wie? Wann? Wo?

Der Technikeinsatz im Feld sollte mit einer gewissen Zurückhaltung erfolgen. Unerwünschte „reaktive Effekte" durch überbordenden Technikeinsatz sind zu vermeiden. Gerade für die Feldforschung ist es wünschenswert, die Natürlichkeit der beobachteten sozialen Situation möglichst wenig zu beeinträchtigen. Über den Grad der Zurückhaltung bei der Protokollierung im Feld gibt es jedoch sehr unterschiedliche Meinungen. Goffman plädiert dafür, sich immer wieder in sogenannten „off-phases" kurz vom Feld zurückzuziehen, um in Ruhe Erinnerungsskizzen anzufertigen: „Was übrigens dieses Erstellen von Notizen angeht, so werden Sie im Laufe des Tages sicher Winkel finden, in denen Sie Ihre Notizen machen können" (1996, S. 267). Sichere Winkel bieten etwa die Toilette – Spradley wurden Blasenprobleme wegen überbordenden Toilettenbesuchs nachgesagt (1970) –, eine Küche, das Nebenzimmer oder das eigene Auto. Der Forscher kann sich mit der Begründung entschuldigen, dass er eine Pause machen will, eine Runde um den Block laufen möchte oder eine Tasse Kaffee braucht. Ebenso kann er sich unter dem Vorwand, telefonieren zu müssen, einige Meter entfernen und die Diktierfunktion des Handys nutzen. Eine weitere Verschleierungstaktik der eigenen Protokolliertätigkeit – gerade bei der eher anonymen Beobachtung an öffentlichen Orten – besteht darin, das Notizbuch in eine Zeitung einzuschlagen oder in das Headset eines Aufnahmegerätes zu sprechen. Goffman (1996) hält es zudem für ratsam, dass – wenn schon in Gegenwart der Informant*innen protokolliert wird – sich der Moment der Beobachtung nicht unmittelbar mit dem Moment der Aufzeichnung deckt. Dann können die Informant*innen nicht so leicht auf die Interessenlage und den Beobachtungsfokus der Forscherin rückschließen. All dies soll vermeiden, dass sich die Informant*innen der Forscherin gegenüber künstlich verhalten, dass diese eingeschüchtert und reserviert reagieren oder zur übertriebenen Selbstinszenierung neigen (Girtler 2001, S. 141). Die Akzeptanz des Technikeinsatzes hängt am ehesten – wie die Teilnehmende Beobachtung überhaupt – vom Vertrauensverhältnis zu den Feldangehörigen ab. Forscher*innen berichten, dass selbst in kriminellen und devianten Untersuchungsgruppen die extensive Datenaufzeichnung kein Problem darstellte. So hat Bourgois, der eine Studie über die Crackökonomie im New Yorker Stadtteil East Harlem durchführte, während des gemeinsamen Zeitvertreibs mit den Mitgliedern von Drogengangs die Gespräche auf einem Audiorekorder aufgezeichnet: „I spent hundreds of nights on the street and in crackhouses. I regularly tape-recorded their conversations and life histories condemned" (Bourgois 2003, S. 13).

Gerade Anfänger kämpfen viel stärker mit ihrer eigenen Unsicherheit, als dass die Datenaufzeichnung für die Informant*innen zum Problem wird. Für Interviewsituationen wurde dies als Schonverhalten der Forscherin beschrieben (Hermanns 2000, S. 365 f.). Dies zielt nicht so sehr darauf, den Informanten zu schonen, sondern die Ethnografin möchte sich angesichts ihrer Verunsicherung selbst schonen. Dabei sollte der richtige Zeitpunkt nicht verpasst werden, um zum ersten Mal den Notizblock oder das Aufnahmegerät auf den Tisch zu legen. Sicherlich sind nicht alle Situationen, etwa kriminelle Delikte oder Konflikte mit Vorgesetzen, dazu geeignet, aufgenommen zu werden. Über den Technikeinsatz ist situationsadäquat zu entscheiden, um die Offenheit in Gesprächen und damit auch die Akzeptanz der eigenen Position und Rolle im Feld nicht zu gefährden. Jedoch sollte, wenn ein ausreichendes Vertrauensverhältnis besteht, die Frage nach der Datenaufzeichnung eher offensiv als zögerlich angegangen werden. Erfahrungsgemäß erweisen sich Menschen – speziell gegenüber der Wissenschaft – gerne als hilfsbereit und erheben keine Einwände. In der Regel reicht die Erklärung, dass das Gespräch für die Forschung sehr interessant sei, dass man sich die Vielzahl an Details aber leider nicht merken könne und man daher das interessante Gespräch aufnehmen wolle. Vielfach wird es sogar vom Forscher geradezu erwartet, dass die Gespräche und Beobachtungen im Feld aufgezeichnet werden (vgl. Schatzman & Strauss 1973, S. 95). Das Unbehagen an der Datenaufzeichnung verliert sich in der Regel rasch, wodurch die reaktiven Effekte schwinden.

Trotz der Möglichkeiten des heutigen Technikangebots sollte die Forscherin sich nicht zur Datenhuberei verleiten lassen. Sicherlich ließe sich jeder mehrstündige Feldaufenthalt auf Audio und Video aufzeichnen. Die Gefahr ist groß – wenn die Forschende sich nicht wie bei der Protokollierung konsequent zur zeitnahen Transkription entscheidet –, dass rasch ganze Halden an untranskribierten Aufnahmen entstehen. „Transcribing the tapes, however, was just as tedious as writing up the discussions from memory, for it generally took at least four or five hours and sometimes up to seven" (MacLeod 1995, S. 285). Mehr noch: Der Gebrauch von Datenaufzeichnungstechniken kann das Schreiben von Feldprotokollen nicht ersetzen. Die Aneignung der soziokulturellen Bedeutungen setzt voraus, dass sich der Forscher schreibend, also über das begreifende Denken, die soziale Wirklichkeit aneignet. Und doch werden durch die Triangulation von Datensorten die Aufzeichnungen der sozialen Wirklichkeit reichhaltiger.

5.3.3 Von mentalen Notizen zu ausgearbeiteten Feldprotokollen

Bei der Anfertigung von Feldnotizen beschreiben Forscher*innen eine Abfolge von gestuften Realisierungsgraden (Jackson 1990). Die Verdichtung der Beobachtungen und Erfahrungen im Protokoll beginnt schon im Kopf, noch im Feld werden sie als flüchtige Stichworte und kurze Skizzen notiert. Ihre endgültige Form gewinnen sie beim ordentlichen Ausarbeiten am Schreibtisch (speziell dazu Sanjek 1990; Lofland et al. 2006, S. 109 ff.). Typische Realisierungsstadien auf dem Weg zu fertigen Feldprotokollen sind:

a) Mentale Notizen (headnotes/mental notes)
b) Protokollskizzen (scratch notes/jotted notes)

c) Feldprotokolle (fieldnotes proper/full fieldnotes)
d) Protokollarchiv
e) Feldtagebücher

Mentale Notizen: Die Flut an Eindrücken und Erfahrungen während der Teilnehmenden Beobachtung ist zu groß, um sich alles merken zu können, bevor es zu Papier gebracht wird. Mentale Notizen sind hilfreich, um dieser Schwemme durch selektive Aufnahme zu begegnen. Mentale Notizen sind nichts anderes als eine aufmerkende Hinwendung zu einzelnen Gegebenheiten und Ereignissen mit der inneren Aufforderung, das Bemerkenswerte zum späteren Zeitpunkt, das heißt beim Schreiben des Beobachtungsprotokolls, wieder zu erinnern (Emerson et al. 1995, S. 19 f.). Der Schwerpunkt liegt dabei auf einer deskriptiven Erfassung des unmittelbar Beobachtbaren: „It concerns such matters as who and how many were there, the physical character of the place, who said what to whom, who moved about in that way, and a general characterization of an order of events" (Lofland et al. 2006, S. 109). Hilfreich zur Bewältigung der Mannigfaltigkeit sind klassische Memo-Techniken, indem als Ankerpunkt für das zu Erinnernde fiktive Geschichten und Bilder, mentale Wanderungen durch Orte und Landschaften oder Begriffsreihungen, Sprachspiele, Reime etc. erdacht werden (z. B. Girtler 2001, S. 141 f.).

Protokollskizzen: Die Aufnahmekapazität für mentale Notizen ist rasch erschöpft. Daher lohnt sich zur Sicherung des mental Gespeicherten als zweiter Schritt die Anfertigung von Protokollskizzen. „These preliminary notes generally form an outline when the researcher sits down at the end of the day to type out complete notes" (Wolfinger 2002, S. 87). Im „quick and dirty"-Style entlang flüchtig notierter Stichworte entledigt sich die Forscherin noch im Feld ihrer mentalen Notizen und macht die Erinnerungskapazitäten frei für neue Begebenheiten. Ziel ist keine elaborierte Prosa, sondern Fixierung des zu Erinnernden in Form von hingeschriebenen Skizzen. Diese dienen als Entwürfe für die sorgfältige Ausarbeitung zum späteren Zeitpunkt am Schreibtisch (Schatzman & Strauss 1973, S. 95). Spätestens auf dem Nachhauseweg sollte ein kurzer Entwurf wichtiger Beobachtungen als Running Description im Sinne eines Ablaufprotokolls der widerfahrenen Tagesereignisse aufgeschrieben oder diktiert werden. Hilfreich ist das Experimentieren mit Kurzschriftarten, Schnellschreibetechniken, Symbolen, Schlüsselwörtern, Kode-Systemen, bildlichen Darstellungen etc. (Lofland et al. 2006, S. 109). Viel schneller noch ist das Notieren auf einem kleinen Computer möglich.

Feldprotokolle: Das Feldprotokollschreiben gehört zum integralen Bestandteil des täglichen ethnografischen Arbeitens. „Und jeden Abend sollten Sie Ihre Feldnotizen abtippen. Sie sollten das jeden Abend tun, denn Sie haben sonst ja viel

Arbeit zu verrichten und vergessen das Beobachtete sonst leicht" (Goffman 1996, S. 267). Das Schreiben elaborierter Feldprotokolle sollte zur routinierten und mechanisierten Angewohnheit werden. „Writing fieldnotes *immediately* after leaving the setting produces fresher, more detailed recollections that harness the ethnographer's involvement with and excitement about the day's events" (Emerson et al. 1995, S. 40). Daher sollte sich der Forscher schon in der Planung des Feldaufenthalts ausreichend Freiräume für das Schreiben extensiver Beobachtungsprotokolle reservieren. Bei der Anfertigung von chronologischen Abhandlungen als Running Description sollte zudem mit verschiedenen Darstellungsformen experimentiert werden, etwa auf dem Kontinuum von objektiver und reicher Beschreibung, aber auch mit der schreibenden Erarbeitung von Situationsdarstellungen entlang von konzeptuellen oder thematischen Beobachtungsdimensionen sowie von Key Events und Rich Points (siehe Kapitel: 4.4 Beobachtung in der Sozialwelt).

Protokollarchiv: Ein Datenmanagement zur sorgfältigen Archivierung und zum effizienten Datenabruf muss bereits bei der Datenaufzeichnung mitgedacht werden. Angesichts der Heterogenität und Menge ist es keineswegs eine triviale Aufgabe, den Überblick über den stetig wachsenden Datenberg zu behalten. Angesichts von mehreren hundert Seiten, die nach einigen Monaten der Feldforschung typischerweise zusammenkommen, ist es eher unwahrscheinlich, dass die Daten mehrmals systematisch von vorne bis hinten durchgearbeitet werden (Goffman 1996, S. 268). In einem regelmäßig gesicherten Ordnersystem werden alle Einträge chronologisch der Reihe nach abgelegt. Zu jedem Dokument gehört ein Protokollkopf, beginnend mit dem Entstehungsdatum, dem Beobachtungsdatum, dem Ort, den anwesenden Personen und weiteren für die jeweilige Studie relevanten Informationen. Darauf folgt die Verschlagwortung bzw. Kodierung entlang eines systematisch zu entwickelnden Glossars an zentralen Begriffen und Konzepten. Ergänzt wird dies durch Querverweise auf weitere Protokolle, Daten und Notizen.

Feldtagebücher: Neben der Protokollierung empfiehlt es sich, ein Tagebuch anzulegen, in dem die Forscherin den allgemeinen Fortgang der Forschung dokumentiert (Spradley 1980, S. 71; Flick 1995, 191 f.). Das Forschungstagebuch dient zur Reflexion von persönlichen Eindrücken, Gedanken, Gefühlen, Interessen, Vorbehalten, euphorischen Erlebnissen, Zweifeln, ungehörigen Meinungen etc. Gerade weil der Forscher mit seiner Subjektivität als zentrales Erkenntnisinstrument in das fremde Sozialleben mit Haut und Haaren eingebunden ist, sollte er sich Klarheit über das persönliche, quasi außerwissenschaftliche Verhältnis zum Forschungsgegenstand verschaffen (Devereux 1973). Mehr noch können emotionalen Ambivalenzen und unbewussten Anteile für die Analyse genutzt erkenntnisleitende Funktion erlangen. Speziell die Ethnopsychoanalyse bedient sich der Subjektivität der Forscherin dezidiert als Erkenntnisinstrument (Reichmayr 2003).

Die Beobachtungsprotokolle und Feldnotizen verbleiben in der Regel im privaten Gebrauch des Forschers und werden später nur in Auszügen veröffentlicht. „Dies hat den Vorteil, daß man ihnen auch ‚unverdaute' Einfälle, waghalsige Mutmaßungen und emotionale Reaktionen auf Menschen und Ereignisse im Untersuchungsfeld anvertrauen kann" (Gerdes 1979, S. 14). Die Schreibenden sollen sich ganz auf die Abfassung des Erlebten konzentrieren, frei von den Zwängen zukünftiger Leser*innen und Korrektor*innen, der Rechtschreibung und Grammatik, druckreifer Sprache sowie des narrativen Erzählflusses (Girtler 2001, S. 143; Becker 1994; Schatzman & Strauss 1973, S. 98). Wichtiger ist, dass das im Protokoll niedergelegte Phänomen möglichst genau dem Erinnerungsbild entspricht, das sich der Schreibende von der beobachteten Situation gemacht hat. Dem unbestrittenen Nachteil mangelnder intersubjektiver Nachprüfbarkeit der Dateninterpretation steht der Vorteil der Unbefangenheit und der geringeren Selbstzensur entgegen; und doch finden sich auch Ethnograf*innen, die ihre Protokolle den Lesenden zugänglich machen (z. B. Nadig 1986).

Zur Angabe der Wiedergabetreue gesprochener Sprache finden sich spezielle Notationsverfahren (Strauss, Schatzman, Bucher, Ehrlich & Sabshin 1964, S. 29; alternativ Emerson et al. 1995, S. 74 ff.):

a) *Wörtliche Wiedergabe* in doppelten Anführungsstrichen: „… hab ick mir mein Geld wirklich nur für Drogen und Alkohol eingeteilt wa. Da war// hat's wirklich immer so gereicht so, … da haste von een Tach uff'n anderen jelebt"
b) *Unsichere Wiedergabe* in einfachen Anführungsstrichen: ‚Das Geld habe ich nur für Alkohol und Drogen ausgegeben. Das hat gerade gereicht.'
c) *Paraphrasierende Wiedergabe* durch Verwendung von Konjunktiv I: Er sagte, dass er das Geld nur für Alkohol und Drogen ausgegeben habe.

5.3.4 Memos als konzeptueller Ideensteinbruch

Memos sind kürzere oder längere (Erinnerungs-)Notizen und werden begleitend zu der textuellen Aneignung der Empirie geschrieben: beginnend mit den Protokollen, fortgesetzt bei der Datenanalyse und der Abfassung des ethnografischen Reports. Beim Schreiben der Feldprotokolle steht eine erfahrungsnahe, trotz aller Konzeptualisierung eher deskriptive Erfassung der sozialen Wirklichkeit im Vordergrund. Im Gegensatz dazu werden im Memorandum alle Gedanken und Ideen festgehalten, die über eine protokollierende Erfassung der Wirklichkeitserfahrung des Forschers hinausgehen. Durch das Memo erhalten Dokumentation und Entwicklung erster analytischer Schlussfolgerungen sowie aller theoretisierenden

Höhenflüge als analytischer Ideensteinbruch ihren systematischen Platz. Für die Forschung ist nichts wertvoller als ein guter Gedanke. Aufgrund seiner Flüchtigkeit und Vergänglichkeit sollte dieser gemäß der Sentenz „stop and memo!" sofort als Memorandum notiert werden (Glaser 1978, S. 83 ff.). Analog zu den Beobachtungsprotokollen werden auch die Memos sorgfältig indexiert, indem Datumsangabe, Schlagworte und Querverweise vorangestellt werden (Miles & Huberman 1994, S. 74). Es ist insbesondere darauf zu achten, dass die genauen Textstellen in den Beobachtungsprotokollen bzw. Literaturquellen, auf die sich der Gedankengang bezieht, im Memo nachgewiesen werden. Durch diesen Zitatnachweis bleibt der inhaltliche Zusammenhang zwischen Daten und Analyse stets erhalten, sodass zusammenhängende Informationseinheiten – units – entstehen (Schatzman & Strauss 1973, S. 103). Anstelle eines gesonderten Archivs an Memos lassen sich – wie etwa Lofland et al. (2006, S. 114) empfehlen – analytische Ideen und Schlussfolgerungen auch direkt in den Feldnotizen integrieren; diese sollten sich jedoch als Analysen bzw. integrierte Memos deutlich von den Beobachtungsprotokollen abheben, etwa durch eine andere Schriftart oder als kommentierende Randglosse zum Protokoll. Mit diesen ersten Memos kann dann als konzeptueller Ideensteinbruch nahtlos in der Auswertung weitergearbeitet werden, indem diese bei der Auseinandersetzung mit dem Datenmaterial weiter elaboriert werden (siehe in Kapitel 6.3.4: Kodierung und Schreiben von Memos).

Aufgaben zur Protokollierung

1. Vergleichen Sie verschiedene Protokolle hinsichtlich der Darstellungsarten und -formen: Nadig 1986; Taylor und Bogdan 1998, S. 246 sowie Streck, Unterkofler und Reinecke-Terner 2013.
2. Planen Sie schon zu Beginn Ihrer Feldforschung feste Orte und Zeiten, die sich zum Protokollieren eignen. Schreiben Sie so viel wie möglich zur Fixierung eines Maximums an Eindrücken und an Erlebtem.
3. Experimentieren Sie mit verschiedenen Darstellungsformen: Objektives versus reiches Protokoll, Running Description als chronologische Abhandlung, Situationsdarstellung entlang von konzeptuellen oder thematischen Beobachtungsdimensionen sowie von Key Events und Rich Points.

Weiterführende Literatur

Emerson, R. M., Fretz, R. I., & Shaw, L. L. (1995). *Writing ethnographic fieldnotes*. Chicago: University of Chicago Press.
Wolfinger, N. H. (2002). On Writing Field Notes: Background Expectancies and Collection Strategies. *Qualitative Research, 2*(1), 85-95.
Sanjek, R. (Hrsg.). (1990). *Fieldnotes. The makings of anthropology*. Ithaca (NY): Cornell University Press.

6.1 Von der Dichten Beschreibung zur analytischen Dekonstruktion

Das Grundrüstzeug für die Auswertung von Daten ist trivial: Lesen, Denken und Schreiben. Es gibt keine Methoden und kein Werkzeug, die dem Ethnografen diese Arbeit abnehmen könnten – auch nicht der Computer. Der qualitative Sozialforscher steht vor der Aufgabe, die Wirklichkeit in ihrem Kopf auszulegen, theoretisch auf den Begriff zu bringen und durch Niederschreiben festzuhalten (etwa Wolcott 1995, S. 233). Begreifendes Denken ist keine ominöse Geheimlehre, sondern eine vertiefte, langanhaltende, gerade eben zumindest Monate, wenn nicht sogar Jahre dauernde Beschäftigung mit dem Material. Dies geschieht zuerst in Rückblende auf die im Feld gemachten Erfahrungen, dann auf das gesammelte Datenmaterial, um schließlich in Bezug auf die Fragestellung allgemeine Schlussfolgerungen zu ziehen. Mit zunehmender Intensivierung der Auswertung rückt der Arbeitsplatz immer weiter weg vom Forschungsfeld in Richtung des Schreibtischs. Während dem Ethnografen empfohlen wird, schon in die Protokollierung mindestens dieselbe Menge an Zeit wie in die Beobachtung zu stecken, so verwenden sicherlich die meisten Forscher*innen eher ein Vielfaches der Zeit für die Auswertung und später für das Niederschreiben der Ergebnisse. Aber es lohnt sich, denn nicht selten geben die intensiven Felderfahrungen der sozialwissenschaftlichen Forscherin ein Leben lang etwas zu Denken auf.

Ziel der Auswertung sind Einsichten in die Beschaffenheit der untersuchten Wirklichkeit, die sich dem Alltagssinn nicht unmittelbar erschließen. Im Alltagssinn ist die Wirklichkeit immer eine Momentaufnahme einzelner Situationen, die immer schon verstanden und pragmatisch zu bewältigen sind. Die konzentrierte Auswertung ist wichtig, um vom Einzelnen, das in der Anschauung konkret greif-

© Springer Fachmedien Wiesbaden GmbH, ein Teil von Springer Nature 2019
S. Thomas, *Ethnografie*, Qualitative Sozialforschung,
https://doi.org/10.1007/978-3-531-94218-6_6

bar ist, zu abstrahieren und um das Allgemeine in den Blick zu nehmen, wodurch weiterweisende Lesarten der Daten entstehen. Erst anhand dieser intensiven Beschäftigung mit der sozialen Wirklichkeit gelangt der Forscher zu jenen aufregenden Entdeckungen, die sich über das Protokollieren nicht von alleine eingestellt haben, auch wenn diese sehr wohl schon in der ersten deskriptiven Erfassung der Sozialwelt enthalten sein mögen. Was es zu entdecken gilt, sind gerade nicht die übersehenen Details in der Beobachtung. Es sind vielmehr jene Strukturen der Sozialwelt, die als Bedingungen der Möglichkeit der beobachteten Empirie gelten können. Wie sich das Material wissenschaftlich erschließen lässt, um es einerseits zu ordnen und in seiner Systematik darzustellen, andererseits die Sozio-Logiken als Erklärungsmodelle der sozialen Wirklichkeiten herauszuarbeiten, damit wollen wir uns im Folgenden beschäftigen.

In der Datenauswertung sind zwei Vorgehensweisen prinzipiell denkbar: eine synthetische Verdichtung von Situationsbeschreibungen oder eine analytische Zerlegung der Daten. Die analytische Auswertungsstrategie, als die gewohnte qualitative Auswertungsstrategie, zielt auf eine Konzeptualisierung des Materials. Das Datenkorpus interessiert die Forscherin nicht in seiner vorgefundenen Form. Vielmehr versucht sie in einem ersten Schritt – der *Sequenzierung* – analytisch aus einzelnen Datensegmenten Bedeutungen zu extrahieren. Dazu wird das Textkorpus in einzelne Worte, Phrasen, Sätze, Absätze bis hin zu ganzen Dokumenten sequenziert. Die Theorie entsteht dadurch, dass diese einzelnen Datensegmente in einem zweiten Schritt – der *Kodierung* – mit Konzepten versehen werden, um begrifflich die inhärenten Bedeutungen zu erfassen. In einem dritten Schritt – der *Kategorisierung* – werden die Bedeutungen entlang der Konzepte wieder derartig zusammengesetzt, dass am Ende das Material anhand von Begriffen in Form einer Theorie geordnet ist.

Auch wenn die Theoriebildung durch Konzeptualisierung des Materials das Grundvorgehen jeder Auswertung darstellt, lässt sich speziell in der Ethnografie davon ein zweites Verfahren abgrenzen. Dieses möchte ich als die „synthetische" Auswertung bezeichnen. Hier steht nicht die Dekonstruktion der Daten durch ein Aufbrechen und Konzeptualisieren eines Textkorpus in Form von bedeutungsvollen Einheiten im Mittelpunkt. Vielmehr geht es um die Entwicklung von Dichten Beschreibungen der untersuchten Sozialwelt durch synthetische Erfahrungsaufschichtung. Indem der Ethnograf die beobachteten und erfahrenen Situationen anschaulich vor Augen hat, wird es möglich, eine Wirklichkeitsansicht auf die andere zu legen, um daran die generativen Strukturen sozialer Wirklichkeit herauszulesen (siehe Kapitel 6.2).

Obwohl die ethnografische Auswertung hauptsächlich Kopfarbeit ist, so wird die Theoriebildung heutzutage ganz elementar durch den Computer erleichtert

(Gobo & Molle 2017, S. 235 ff.; Gibbs 2014; Fielding 2001). Allein mit Papier, Stift und Schere – wie in den frühen Tagen der qualitativen Sozialforschung – arbeiten sicherlich nur noch die wenigsten Forscher*innen. Schon die gängigen Office-Programme bieten leistungsstarke Handhabungen zur Datenverwaltung und Datenauswertung. Die Dokumente mit den Daten lassen sich durch das Anlegen einer Verzeichnisstruktur systematisieren. Über Copy und Paste können Datensequenzen leicht in verschiedene Dateien kopiert werden. Die Daten lassen sich anhand von Überschriften gliedern. Memos können in einer sich von den Daten abhebenden Schriftart und -farbe direkt den Daten zugeordnet werden. Durch die Suchfunktion sind alle Daten und Memos schnell nach einzelnen Gesichtspunkten wieder aufzufinden.

Eigens für die qualitative Datenauswertung programmierte Software-Lösungen finden sich unter dem Begriff Computer Assisted Qualitative Data Analysis Software (CAQDAS). In Deutschland verbreitete Programme sind vor allem ATLAS. TI, MAXQDA, f4_Auswertung, NVivo, Nudist und Feldpartitur. Diese Programme erweitern das Spektrum der einfachen Dateienbearbeitung anhand von funktionalen und leistungsstarken Bearbeitungstools. Text-, Bild- und Videodokumente lassen sich in einfacher und intuitiver Weise konzeptualisieren. Memos können in direkter Verknüpfung mit wichtigen Fundstellen erstellt werden. Über spezielle Analysefunktionen lassen sich auch komplexe Suchanfragen durchführen. Zudem wird eine grafische Aufbereitung von Daten und Auswertungsergebnissen angeboten. Allesamt sind diese Programme sehr hilfreich beim Durcharbeiten des Materials und der Entwicklung von Theorien. Und dennoch gilt weiterhin:

> The hard work in coding data is intellectual, not mechanical. Computer assistance does not relieve the ethnographer of the need to spend many hours devising, revising, and applying an indexing system that is reliable and valid. (Dohan & Sanchez-Jankowski 1998, S. 482)

Die Ethnografin darf also nicht zu viel vom Computereinsatz bei der Datenauswertung erwarten. Es ist gerade die intellektuelle Aufgabe, die Ethnografie zum spannenden Forschungsstil macht; und diese kann nicht vom Computer übernommen werden. Dem Forscher bleibt gar nichts anderes übrig, als alle Texte und Materialien zur Kenntnis zu nehmen, diese in seinem Kopf hin und her zu bewegen, sich einen Reim darauf zu machen, um diese wieder zu Papier zu bringen. Im Vergleich dazu sind Computer aber ungeheuer effiziente Maschinen zur Speicherung und Wiedergabe von Informationen (LeCompte & Schensul 2013, S. 177). Und genau diese Eigenschaft ist es, auf die die Ethnografin nicht verzichten sollte. Empfehlenswert ist, schon zeitig vor Beginn des ethnografischen Projekts mit einigen Programmen zu experimentieren, die sich in Form von Demoversionen vielfach umsonst beziehen lassen.

Auswertungsmethoden gibt es wie Sand am Meer. Dies hat seine Berechtigung, weil sich die verschiedenen Methodologien bzw. Paradigmen im Hinblick auf Erkenntnisinteresse und Erkenntnisperspektive unterscheiden. Es ist ein Unterschied, ob nach den sozialweltlichen Bedeutungen gefragt wird wie in der Phänomenologie, nach der sozialen Ordnung wie im symbolischen Interaktionismus oder nach den Leidenschaften und unbewussten Impulsen sozialen Handelns wie in der Ethnopsychoanalyse. Die Klärung der eigenen methodologischen Hintergrundannahmen ist in der Auseinandersetzung mit dem empirischen Gegenstand auch während der Auswertung wichtig. Denn erstens ergibt sich aus der Methodologie das wesentliche Entscheidungskriterium für die Auswahl der zur Verfügung stehenden Auswertungsmethode. Zweitens bestimmen sich aus der Methodologie jene Grundbegriffe, die das Fundament für die eigenen Konzeptualisierungen und Theoretisierungen bilden.

Angesichts der Vielzahl unterschiedlicher Forschungsparadigmen und Auswertungsverfahren möchte ich keine Empfehlungen für einzelne Methoden aussprechen. Dennoch scheinen mir für die Ethnografie offene und auf Entdeckung gerichtete Auswertungsverfahren besonders angemessen zu sein. Und nicht selten handelt es sich gerade um solche Auswertungsverfahren – wie etwa die Grounded Theory (Glaser & Strauss 1967) oder die induktive Analyse im Stil von Howard S. Becker (1998) –, die vor dem Hintergrund von praktischen Erfahrungen in der Feldforschung entwickelt worden sind[1]. Ziel der folgenden Darstellung ist es, das prinzipielle Vorgehen beim Auswerten in seinen Grundzügen zu skizzieren, damit dieses quasi als Basismodell einer qualitativen Auswertung eines ethnografischen Projekts dienen kann. Ein solches Basismodell soll drei Ansprüchen genügen: Erstens soll es auf die heterogenen Datensorten anzuwenden sein, die typisch in der Ethnografie sind; zweitens soll das Grundmodell ausreichend konkret und praktisch sein, um mit dem Kerngeschäft des Analysierens und des Synthetisierens vertraut zu machen; drittens soll es offen genug sein, um anschlussfähig an elaboriertere Darstellungen von Datenanalysetechniken zu bleiben. Beginnen werden wir mit der Erörterung der synthetischen Auswertung als speziellem Verfahren des ethnografischen Auswertens entlang des Konzepts der Dichten Beschreibung (6.2). Daraufhin wird das analytische Vorgehen in Hinblick auf die wesentlichen Arbeitsschritte besprochen (6.3). Am Ende wird die Integration von analytischer

---

1   Daher möchte ich auch nicht verhehlen, dass meine Wurzeln in der qualitativen Sozialforschung in einer an der Grounded Theory orientierten Ausbildung im Kreis der Berliner Qualitativen Psychologie liegen.

und synthetischer Auswertung unter dem Gesichtspunkt des Theoretical Samplings behandelt (6.4).

6.2   Dichte Beschreibung als synthetische Auswertung

In der Ethnografie steht üblicherweise die Darstellung der bunten, waschechten und illustren Wirklichkeit im Mittelpunkt. Dennoch wird die Beschreibung erst zu einer Dichten Beschreibung, indem die ausgreifende Darstellung der Sozialwelt mit einer interpretativen Theoretisierung verbunden wird. Der Essay „Deep Play: Bemerkungen zum balinesischen Hahnenkampf" kann als paradigmatisches Beispiel dafür gelten, was Geertz unter Dichter Beschreibung versteht (1983, S. 202). Geertz beginnt mit der bekannten Hahnenkampf-Szene in einem balinesischen Dorf, in dem er sich mit seiner Frau für sein ethnografisches Forschungsprojekt aufhält. Der Hahnenkampf ist für die Dorfgemeinschaft ein großes Spektakel, das noch durch Wetten angeheizt wird. Die Hähne liefern sich dabei an den Krallen mit messerscharfen Sporen bewaffnet einen blutigen Kampf auf Leben und Tod. Das vom Ethnografen besuchte Festspiel findet ein jähes Ende, als die Polizei anrückt, weshalb sich die Dorfgesellschaft in einem heillosen Durcheinander in alle Richtungen fliehend auflöst. In dem Essay verdeutlicht sich an der Darstellungsform dieser Geschichte, wie in einer Dichten Beschreibung einerseits einzelne deskriptive Szenen in den Mittelpunkt gerückt werden, um das „wirkliche" Leben zu adressieren. Andererseits schließt sich der aus dem Leben gegriffenen Erzählung ein weitaus größerer Teil an, in dem dieser synopsenartige Bericht einer Interpretation unterzogen wird, um daran eine theoretische Spezifikation der balinesischen Kultur überhaupt zu versuchen. Der ethnografische Bericht folgt einem steten Wechsel von Bezugnahme auf Allerweltsereignisse und daran anschließender Explikation wissenschaftlicher Einsichten anhand theoretischer Begrifflichkeiten der Sozialanthropologie.

> Dichte Beschreibungen sind mikroskopische Untersuchungen. Sie setzen an besonderen Praktiken oder Ereignissen einer Kultur an und versuchen, ausgehend von dem örtlich und zeitlich begrenzten Geschehen, das Ganze der fremden Kultur interpretativ zu erschließen. Die präzise und lokale Untersuchung ist nicht der Endpunkt der dichten Beschreibung, sondern nur der Ort, von dem aus weitreichende Schlußfolgerungen über die untersuchte Kultur gezogen werden. (Ziegler 1998, S. 68).

Wichtig ist, daran zu erinnern, dass die reichen Beschreibungen in den Protokollen noch keine Dichten Beschreibungen sind. Erstere konvertieren durch ihre theoretische Spezifikation in Dichte Beschreibungen, um schließlich in Form einer empirisch anschaulichen sowie theoretisch versierten Darstellung in dem ethnografischen Bericht zu münden. Im Folgenden wird daher auf das „Making of" dieser Konversion von reicher zu Dichter Beschreibung eingegangen.

6.2.1   Dichte Beschreibungen als Synthese

Die am meisten naheliegende und verlockende Herangehensweise in der Erarbeitung von Dichten Beschreibungen besteht sicherlich darin, mit jenen Beobachtungen zu starten, die sich bereits während der Feldforschung als besonders originell und interessant erwiesen haben (Murchison 2010, S. 124 f.). Diese Schlüsselerlebnisse kristallisieren sich schon nach kurzer Zeit im Feld heraus. Sie sind als erste Anknüpfungspunkte für eine vertiefte Auswertung vielversprechend, wenn sie sich auch schon beim abendlichen Partygespräch als brauchbar erwiesen haben. Wir nehmen also als Grundlage der ersten probeweisen Herausarbeitungen von Dichten Beschreibungen jene fünf, sechs Geschichten, die bereits mehrmals in anderen Zusammenhängen zum Besten gegeben worden sind: umso abgestandener für die Erzählerin, desto besser eigentlich; letztlich sind es genau jene exemplarischen Geschichten, die Sie auch aus Seminaren und Vorlesungen gewohnt sind.

Der Charakter von Schlüsselszenen begründet sich daraus, dass diese etwas zu denken geben, noch wahrscheinlicher, etwas bezeichnen, was als Rich Points über die einzelnen Begebenheiten hinausweist. Oft fließen diese Schlüsselerlebnisse aus dem Grund so häufig in eine Erzählung für Außenstehende ein, weil in der Pointe etwas zum Ausdruck kommt, was als zentrales Bestimmungsmoment für das untersuchte Feld gelten kann. Dennoch wird es gerade zu Beginn der Auswertung mehr eine vage Ahnung als eine enträtselnde Exegese des tieferen Bedeutungsgehalts sein. Geradewegs: „Wenn Ihr etwas über meine Forschung wissen wollt, über die seltsamen und befremdlichen Riten, die sich in meinem Feld beobachten lassen, dann kann Euch diese Geschichte einen Einblick vermitteln."

Der Ethnograf ist gut beraten, solche Schlüsselszenen nicht nur im Kopf mit sich herumzutragen oder diese in einem flüchtigen Protokoll festzuhalten. Die Produktivität von Ethnografie kommt nur dann zur vollen Geltung, wenn die sich entwickelnden theoretischen Einsichten schon in der Beobachtungsphase genutzt werden, um eine ständige Schärfung und Rejustierung des eigenen Blicks anzuleiten. Daher werden bedeutsame Einsichten nicht allein als reiche Beschreibungen in den Beobachtungsprotokollen niedergeschrieben, sondern diese sollten sogleich in längeren Memoranden ausgelegt werden. Im Zuge der Ausformulierung des latenten, erahnten Gehalts gewinnt die interpretative Auswertung eine erste manifeste Begrifflichkeit. Andersherum dürfte klar sein, dass diese „zufälligen" Einzelbeobachtungen, nur weil diese sich für ein Partygespräch eignen, kein Garant dafür sind, das Potential einer Dichten Beschreibung zu haben; es handelt sich lediglich um ein Indiz, eventuell auf etwas Profundes gestoßen zu sein. Vielmehr ist es gerade das Langzeitengagement der Forscherin, Schlüsselsituationen mit geschultem Urteilsvermögen auf die Spur zu kommen bzw. diese in ihrer Tiefendimension auslesen zu können (LeCompte & Schensul 2010, S. 5 f.). Eine Dichte Beschreibung ist nämlich gerade das Resultat des Kondensierens und des Verdichtens von Erfahrungen. In Abgrenzung zu der klassischen, das heißt der *analytischen* Vorgehensweisen der Datenauswertung lässt sich das Entwickeln und Schreiben von Dichten Beschreibungen als ein *synthetisches* Aufschichten von Erfahrungen charakterisieren.

> [...] the fieldworker begins to sift systematically through the many pages of fieldnote accounts of discrete and often loosly related incidents and happenings, looking to identify threads that can be woven together to tell a story [...]" (Emerson, Fretz & Shaw 1995, S. 142)

Praktisch gewendet erfordert eine solche Synthese, eine Momentaufnahme auf die andere, ein Protokoll auf das andere, ein Datenstück auf das andere, eine Folie auf die andere zu legen. So schreibt Ryle in Bezug auf die Unterscheidung von Zwinkern und Zucken: „thick description is a many-layered sandwich" (1971, S. 482). Es handelt sich gerade um das Verweben von Bedeutungsfäden, um die einzelnen Beobachtungen zueinander ins Verhältnis zu stellen, mehr noch, um das Grundlegende im Muster der Bedeutungsfäden identifizieren zu können. Am Ende steht keine dekonstruktive Analyse, sondern eine Bildsynthese, indem wie bei der „Ethnografischen Collage" „unterschiedliche Materialien und Daten für die nachfolgende Interpretation zusammenzuführen" sind (Friebertshäuser, Richter & Boller 2010, S. 388). Beim Blick durch den dicker werdenden Foliensatz zeigt sich etwas, was an einer einzigen beobachteten Situation nicht ohne weiteres deutlich werden konnte. Es wird nämlich geradewegs von der empirischen Einmaligkeit der einzelnen Situation, die in ihrer anschaulichen Evidenz derartig überzeugend und einnehmend ist, abgesehen. Während sich die feinen Linien der Momentaufnahmen überlagern und überblenden, zeichnen sich mit ein wenig Glück dickere Linien ab, die nicht mehr bloß für die Entschlüsselung der einen Situation im Feld relevant sind, sondern für einen Typus an Situationen überhaupt. Die theoretische Evidenz entwickelt sich durch die Absehung vom Anschaulichen, wodurch die Strukturen und Sozio-Logiken des Feldes deutlicher hervortreten können. Dabei korrespondiert die ethnografische Synthese von Dichten Beschreibungen in besonderer

Weise mit der Feldforschung. Sie nimmt geradewegs den nicht allein über Protokollierung fortzuräumenden Bedeutungsüberschuss sozialweltlicher Erfahrung des Teilnehmers methodisch auf. Der Feldforscher hat im Sinne des „Catching the Phenomenon" nicht zuerst Daten, sondern eher Bilder von ganzheitlichen, durch ihren Sinn erschlossenen Situationen vor sich. Genau diese werden bei der Anfertigung Dichter Beschreibungen in den Mittelpunkt der Betrachtung gerückt.

6.2.2 Synthesen als ein Folie-auf-Folie-Legen

Die Ansprüche in den Sozialwissenschaften dürften im Vergleich zu den kulturanthropologischen bei Geertz normalerweise deutlich bescheidener sein. Geertz verfolgt mit dem Schreiben von Dichten Beschreibungen häufig die Intention, gleich die Indikation für eine ganze Kultur etwa im Hinblick auf ihre soziale Organisation, ihre Nationalidentitäten oder ihren kulturellen Habitus zu leisten (hierzu Crapanzano 1986, S. 75 ff.) – mit der greifbaren Gefahr, dass durch dieses monolithische Interpretationsmodell jede Form von Vielfalt und Differenz aus dem Blick fällt. Im Bereich der Sozialwissenschaften sind es jedoch in der Regel klar abgrenzbare Gesellschaftsfelder, die untersucht werden: Stadtviertel, Organisationen wie Betriebe und Schulen oder subkulturelle Gruppierungen. Mehr noch: Anstatt von einer paradigmatischen Situation – etwa dem balinesischen Hahnenkampf – auszugehen, um eine ganze Welt zu erklären, geht es um eine interpretative Aneignung und Auslegung einer Vielzahl einzelner Situationsarrangements. Im Normalfall wird auf mehrere Dichte Beschreibungen Bezug genommen, um verschiedene Situationen, die für das Feld von konstitutiver Bedeutung sind, in den Blick zu nehmen. Im ethnografischen Bericht schließlich werden diese zu einem kongruenten Gesamtpanorama vielfältiger Wirklichkeitsanschnitte zusammengelegt. Als Beispiel einer solchen situativen Beschreibung soll im Folgenden eine Beobachtung von mir in einem Obdachlosenprojekt für junge Menschen dienen.

Der Glaskasten als Überwachungsarrangement (nach Thomas 2010c)
Vom Aufenthaltsraum der sozialpädagogischen Kriseneinrichtung ist der „Glaskasten", der von den Sozialarbeiter*innen als Büro genutzt wird, nur durch eine provisorische Holzkonstruktion separiert. Der Aufenthaltsraum hat für die Bewohner*innen – junge Erwachsene, die keine eigene Wohnung haben – mit seiner Couchecke und Küchenzeile die Funktion eines häuslichen Treffpunkts. Während die trennende Wand vom Boden aus bis in die Höhe von circa einem Meter verkleidet ist, sind bis zur Decke Glasscheiben

eingesetzt. In diesem Glaskasten gehen die Sozialarbeiter*innen ihrer tagtäglichen Beschäftigung nach: Bürotätigkeiten, Beratungsgespräche, Teamgespräche. Der Glaskasten dient als (lärm-)geschützter Raum, und trotzdem sind die Pädagog*innen voll und ganz in das soziale Geschehen einbezogen. Und da der Schreibtisch der Glaswand zugewandt steht, liegt der Aufenthaltsraum fortwährend im Blickfeld des anwesenden Betreuers.

Die Bewohner*innen wissen um ihre Sichtbarkeit für die hinter ihren Glasscheiben sitzenden Sozialarbeiter*innen. Das zeigt sich besonders an den flüchtigen Blicken, die in Richtung des Büros geworfen werden, speziell wenn in Wortgefechten untereinander Anerkennung und Respekt ausgehandelt werden, Dispute in hitzigen Wortgefechten münden oder sogar die Anwendung von körperlicher Gewalt angedroht wird. Auch die unbeteiligten Bewohner*innen richten dann ihre erwartungsfrohen Gesichter immer wieder zum Büro, scheinbar nur darauf wartend, dass der Konflikt durch die Einmischung der Betreuerin weiter an Dynamik gewinnt. Zumeist reicht der fokussierende und missbilligende Blick der Betreuerin aus, um unerwünschtes Verhalten zurückzuweisen und das soziale Geschehen wieder in die Grenzen des Normalen zurückzuführen. In den Macht- und Wissenshierarchien, wie diese in der Überwachungsanordnung zur Geltung kommen, verkörpern die Sozialarbeiter*innen selbst eine Norm, die aber im Gegensatz zum Reglement nicht expliziert werden muss, sondern gerade in ihrem diffusen, undefinierten Charakter den sozialen Raum strukturiert. Das Interessante der sozialpädagogischen Wirkmächtigkeit der Institution besteht darin, dass der Effekt der Normalisierung den Beteiligten noch nicht einmal bewusst sein muss. Eine Analogie zu dem von Foucault (1977) in „Überwachen und Strafen" beschriebenen „Panopticon" drängt sich aufgrund des hier zur Anwendung gelangten Prinzips der „permanenten Sichtbarkeit" der Akteure von ganz alleine auf.

Die in einer Dichten Beschreibung dargestellte Interpretation von beobachteten Handlungssituationen erfolgt stets in Form einer doppelten Hermeneutik. Durch Vertextlichung muss eine Lesart der beobachteten Wirklichkeit erstellt werden, wozu das Protokoll als erster Ausgangspunkt dient. Interpretierend ist schon die Beschreibung der sozialen Dynamik im Aufenthaltsraum, indem das flüchtige Blicken als bedeutungsvoll herausgehoben wird und zugleich in einen bestimmten Bedeutungsrahmen gestellt wird. Die in der Sozialwelt verhandelte Bedeutung ist offensichtlich. Im Blicken versichern sich die Jugendlichen antizipativ, ob die Sozialarbeiter*innen zurückblicken. In dieser Interpretation erster Ordnung wird versucht, im

Sinne von Blumer an der Semantik und der Lexik der Sozialwelt anzusetzen und diese protokollierend aufzuheben (1969). Die Frage steht im Mittelpunkt: Was geht aus der Perspektive der Beteiligten und in Termini alltäglicher Bedeutungen konkret im Aufenthaltsraum vor? Dennoch wird zugleich deutlich, dass die Blicke nicht nur situativ zu erfassen suchen, ob die Sozialarbeiter*innen auch gerade herüberschauen. Vielmehr entlarvt sich im Hin- und Herblicken die soziale Strukturierung individueller Aktivitäten, die im Aufenthaltsraum als Ordnungsgefüge der Überwachung und Normalisierung wirkmächtig ist. Der Situationswitz besteht geradewegs darin, dass keinem der Beteiligten bewusst sein muss, dass sie sich in einem normalisierenden Panoptikum bewegen. Dennoch ist der soziale Raum durch das Machtgefüge als panoptische Kontroll- und Disziplinaranlage strukturiert. Dabei zeigte sich mir diese grundlegende Ordnung anhand dieses synthetischen Folie-auf-Folie-Legens, indem ich eine zufällige Momentaufnahme vom Aufenthaltsraum in einen Zusammenhang mit der nächsten brachte. Die leitende Frage war: Was zeigt sich als typisches Verhaltensmuster in der Situation? Das war gerade diese Hierarchie an regulierenden und sich defensiv versichernden Blicken. Bei der Präsentation einer Dichten Beschreibung reicht wiederum die Bezugnahme allein auf eine Beobachtungsszene, weil in jeder weiteren Szene die Struktur als Bedingung der Möglichkeit, sich situationsangemessen im Aufenthaltsraum zu bewegen, fortwirkt.

Schließlich lässt sich auch der Unterschied einer Dichten Beschreibung im Vergleich zu einer reichen Beschreibung herausheben. Die reiche Beschreibung hat die Funktion einer im *empirischen Detail verweilenden Entfaltung* einer Beobachtung. Die Dichte Beschreibung zielt auf die *mit Begriffen arbeitende Entfaltung* einer Theorie. Und sicherlich sind beide Interpretationsniveaus miteinander verschränkt und erschließen die Situation in guter hermeneutischer Tradition erst im Wechselspiel vom Allgemeinen und Besonderen:

> Ist nämlich Ethnographie dichte Beschreibung und der Ethnograph derjenige, der solche Beschreibungen gibt, dann lautet in jedem einzelnen Fall – ob es sich um eine Kladde mit Feldnotizen oder um eine Monographie vom Umfang malinowskischer Werke handelt – die entscheidende Frage, ob Zwinkern von Zucken und wirkliches Zwinkern von parodiertem Zwinkern unterschieden wird. (Geertz 1983, S. 24).

6.3   Theoriebildung als analytische Auswertung

Bei der analytischen Auswertung steht die Entwicklung einer systematischen Theorie im Mittelpunkt. Während das synthetische Vorgehen Beobachtungen auf Beobachtungen legt, um mit ganzheitlichem Blick den Situationswitz zu eruieren, zielt die Analyse auf die Zerlegung der einzelnen Beobachtung, um daraus eine Vielzahl an inkorporierten Bedeutungen zu extrahieren. Um die Bedeutungen erfasst zu bekommen, werden diese in Begriffe gegossen, als das Baumaterial einer jeden Theorie. Daraufhin werden die Begriffe in ein kohärentes Ganzes, in eine begriffliche Ordnung eingepasst (Konstruktion zweiter Ordnung), die sich aus der sozialen Ordnung der Empirie (Konstruktion erster Ordnung) ableitet. Durch Dezentrierung zieht sich der wissenschaftliche Blick von der Besonderheit der empirischen Erscheinung und von der Einstellung der pragmatischen Handhabung der Sozialwelt zurück. In der Theorie wird mit Blick auf das Allgemeine die Struktur der Wirklichkeit als Bedingung der Möglichkeit der empirischen Erscheinung herausgearbeitet. Damit zielt die Theorie auf eine Erklärung der empirischen Phänomene durch Aufweis dessen, was die Welt im faustschen Sinne „im Innersten zusammenhält". Es wurde schon in der Einleitung darauf hingewiesen, dass die generative Matrix sozialer Wirklichkeit auf eine Kausalität im schwachen Sinne weist. In Form von sozialen Bedeutungen, Regeln und Normen wird ein Möglichkeitsraum aufgespannt, wodurch Situation und Handeln ihre Strukturierung erhalten. Folglich ergibt sich eine gute Theorie aus dem *Ordnen* und dem *Erklären* von in der Sozialwelt beobachteten Phänomenen. Es soll nun dargestellt werden, wie auf der Grundlage von Daten zu Begriffen und schließlich zu Theorien zu gelangen ist.

6.3.1 Basismodell der analytischen Auswertung

Das Korpus an Daten kann in einem ethnografischen Forschungsprojekt eine große Vielfalt aufweisen: Feldnotizen, Interviewprotokolle, Verwaltungsakten, Screenshots, Bilder, Fotografien, Videoaufnahmen, kulturelle Artefakte etc. In der vorliegenden Form interessiert das Material nicht. Das Handwerk sozialwissenschaftlicher Forschung wäre um ein Vielfaches einfacher, wenn die gewonnenen Daten bloß im Ergebnisteil des Berichts zu dokumentieren, zu kopieren und abzutippen wären. Und auch bei der Klärung der Frage: „Was ist Auswertung?" hilft der Verweis auf den Dreischritt „Lesen, Denken, Schreiben" nicht sonderlich weiter; selbst wenn es sich um die zentralen, in jeder ethnografischen Studie angewandten Verfahrensschritte handelt.

Auswertung bedeutet, dass das Material aus der Logik der Datenerhebung – Protokolle, Transkriptionen, Akten, Bilder, Videos etc. – umgebrochen werden muss in die Logik der Theorie. Bei der Umwandlung der „rohen Daten" in eine systematische Theorie steht die Ethnografin vor der Herausforderung, das mehrere hundert Seiten starke Material im Spiegel ihrer praktischen Erfahrungen als Teilnehmende Beobachterin durcharbeiten zu müssen. Gerade aufgrund seiner

Felderfahrung kann der Ethnograf bei der Theoriearbeit auf ein hohes Maß an empirischer Sensibilität zurückgreifen. Die Sozialwelt ist ihm aus der Perspektive 1. Person als Teilnehmer, 2. Person als Gesprächspartner und 3. Person als Beobachter vertraut. Zudem sind unter dem Stichwort Triangulation Fragen des In-Beziehung-Setzens verschiedener Datentypen, Perspektiven und Ausschnitte zu klären (ausführlich: Flick 2011). Im Mittelpunkt der Theoriearbeit steht das Ordnen der übergroßen Fülle an für sich stehenden Gegebenheiten und Ereignissen. Die entscheidenden Arbeitsschritte sind dabei die Dekonstruktion und die Rekonstruktion (Gobo & Molle 2017, S. 212 ff.). Das Material ist in seiner naturwüchsigen Logik und Ordnung der verschiedenen Datenmodi zu dekonstruieren, um die herauspräparierten Bedeutungseinheiten in Form einer Theorie neu zusammenzusetzen. Die Forschende beginnt mit dem sorgfältigen Lesen, löst analytisch einzelne Datensegmente heraus, deren Inhalt und Gehalt sie begrifflich konzeptualisiert, um schließlich die erarbeiteten Konzepte in einer sukzessiv abstrahierenden Theoriebildung zueinander in ein neues Verhältnis zu stellen.

Dabei verzichtet der Ethnograf in der Regel auf eine vorgefertigte Theorie, sodass er sich in der Auswertung auf die Suche nach geeigneten Ordnungsprinzipien machen muss, die sich aus dem Material selbst entwickeln (Glaser & Strauss 1967). Es ließe sich einwenden, dass die Forscherin dem Untersuchungsgegenstand immer schon in einem vorläufigen Gegenstandsverständnis, also einem theoretischen Verhältnis, gegenübertritt, sei es als Wissenschaftlerin oder als Privatmensch. Aber die Mühen eines ethnografischen Forschungsprojekts werden gerade auf sich genommen, um die soziale Wirklichkeit selbst zur Geltung zu bringen. Theorie verhält sich nicht äußerlich zum Datenmaterial. Im Mittelpunkt steht eine induktive Analyse, um die theoretischen Begriffe in den Daten selbst zu entdecken; was nicht dem widerspricht, dass darin auch deduktive – also von einer Theorie abgeleitete – und abduktive – also gedankenblitzartige – Schlüsse vollzogen werden (Reichertz 2011). Vielmehr noch ist das Korpus an Daten anders als bei den meisten Forschungsmethoden keine analytische Letztheit. Die Datenebene kann im Sinne des Theoretical Samplings immer wieder überschritten werden. Die Wirklichkeit kann an jedem weiteren Tag im Feld vertiefend befragt werden, ob die bei der Theoriearbeit entwickelten Hypothesen Bestand haben. Als *Catching the Phenomenon* soll Theorie begrifflich das entfalten, was in der Struktur der Wirklichkeit enthalten ist. Es geht also darum, auf der Grundlage von Daten ein allgemeines Theoriemodell über die soziale Wirklichkeit aufzustellen, indem den ethnografischen Erfahrungen ein Sinn verliehen wird (LeCompte & Schensul 2010, S. 195 ff.). Zur Veranschaulichung dessen, was analytische Auswertung bedeuten kann, möchte ich mit einem Beispiel aus meinen eigenen Auswertungserfahrungen beginnen.

Auswertung: Das Billigste vom Billigen (vgl. Thomas 2010b)
In meiner Studie zu Extremformen von Armut in Deutschland im Kontext von jugendkulturellen Straßenszenen konzentrierte ich mich nach einer mehrmonatigen Feldphase immer stärker auf die Datenauswertung. Dies erforderte ein genaues Lesen der Protokolle, Transkripte und Dokumente, eine Kodierung des Materials anhand von Konzepten und ein Festhalten der ersten Ideen in Memos. Trotz der fortschreitenden Entschlüsselung der Texte, ihrer verborgenen Deutungen, der Explikation der tieferliegenden Sinnschichten stellte sich bald ein Unbehagen ein. Gespiegelt an meiner generellen Fragestellung boten diese mir in ihrem konkreten, partikulären, zerstreuten Aussagegehalt keinen weitergehenden Aufschluss. Die Frage, die ich mit der Ethnografie eigentlich beantworten wollte: „Was bedeutet es ganz prinzipiell für junge Menschen in einer deutschen Großstadt von Armut betroffen zu sein?", verwies auf einen Irrweg. Klar war, Hunger, Krankheit und existentielle Entbehrung sind es nicht – nichtsdestotrotz diese Probleme am äußersten sozialen Rand der Gesellschaft sehr wohl auftreten, aber eher im Kontext von persönlichen Krisen. Einer Beantwortung dieser allgemeinen Frage, die sich doch in jedem einzelnen Aspekt der untersuchten Lebensformen zeigen müsste, stand der konkrete und triviale Gehalt des Datenmaterials eher im Wege. Und dennoch konnte die Antwort nirgendwo anders als in den Daten liegen. Eines Tages jedoch schlug beim Lesen eine Einsicht wie ein Blitz ein. Der Blitz schlug nicht aus heiterem Himmel ein, aber eine augenblickliche Ahnung elektrisierte sich zunehmend, bis sich der Aussagegehalt einer Textstelle, die ich bei der wiederholten Erarbeitung des Datenmaterials mehrfach gelesen hatte, in neuer Weise zusammenfügte. Die neue Lesart berührte nicht allein diesen einzelnen Fundort, sondern die bis dato erarbeitete Materialkenntnis zog sich in dem Gedanken zusammen und organisierte sich neu.
„Ich mein, Du willst// willst ja nich immer nur das Billigste vom Billigsten, weil irgendwann biste davon übersättigt oder so, … jeden Tach immer nur so'n Büchsenfraß oder so, haste keene Lust drauf, sa'ick ma. […] die Hygieneartikel alleene schon, wat de im Monat schon ausjibst für Jeld, sa'ick ma" (Oliver, 23 Jahre).
Armut war mitnichten der Hunger, dieser überstarke Topos, sondern manifestierte sich im „Immer nur das Billigste vom Billigsten". Das, was sich mein Gesprächspartner leisten kann, geht nicht über das Billigste und, wie ein Blick in die Alltagswelt offenbart, das Notwendigste hinaus. In jedem Bereich des Alltagslebens ist zuerst die Knappheit zu entdecken: der leere Kühlschrank, der stetig wiederkehrende Hunger, die karge Wohnungseinrichtung, der bescheidene Umkreis an persönlichen Besitzgegenständen. Ar-

> mut bedeutet ein Eingeschlossensein in die Banalität der Existenzsicherung,
> das heißt, ein Leben führen zu müssen, das regressiv auf die Besorgung des
> Billigsten und Notwendigsten gerichtet ist. Und dieses Eingeschlossensein
> bedeutet andererseits ein *Ausgeschlossensein* von all den Möglichkeiten,
> die heutzutage ein würdevolles und selbstbestimmtes Leben derartig bedeu-
> tungsvoll machen und die allesamt darauf abzielen, der Individualität eine
> eigene Prägung zu geben. Während in der Reichtumsgesellschaft „alle" da-
> mit beschäftigt sind, ihr Leben zu leben, indem sie sich darauf konzentrieren
> können, ihrer Individualität einen Ausdruck zu geben und eigene Sinnhori-
> zonte zu entwerfen, bedeutet Armut am äußersten Rand eine entwürdigende
> und entwertende Regression auf die *Banalität der Existenzsicherung*.

Entlang dieses Beispiels möchte ich nun die wesentlichen Schritte der analytischen
Auswertung entfalten: Lesen, Sequenzieren, Kodieren, Kategorisieren und Theoriebildung. Dieses Basismodell liegt mehr oder weniger explizit – so meine These
– jeder analytischen Auswertung zugrunde, ist aber in Abhängigkeit von einer
spezifischen Auswertungsmethode (Grounded Theory, qualitative Inhaltsanalyse,
Dokumentarische Methode etc.) weiter zu spezifizieren.

6.3.2 Konzentriertes Lesen und Betrachten

Die Ethnografin beginnt mit dem konzentrierten Lesen der in Daten gefrorenen
Ausschnitte sozialer Wirklichkeit als dem ersten Schritt der Materialaneignung.
Bei Texten ist das Zeile-für-Zeile-Kodieren eine dafür bewährte Methode. Kon-
zentriertes Lesen ist vor allem ein langsames Lesen, um ausreichend Zeit für das
Nachdenken über die im Text verhandelten Inhalte zu haben. Wichtige Passagen
lassen sich Wort für Wort kodieren, unwichtigere Passagen können eher Absatz für
Absatz überflogen werden. Aber Vorsicht: Was dem Ethnografen auf den ersten
Blick als unwichtig erscheint, kann auch an seinem begrenzten Verständnisver-
mögen liegen. Nicht selten sind es gerade diese zunächst unverstanden gebliebenen
Textstellen, die bei genauerer Interpretation ganz neue Einsichten liefern.

Die gleiche Funktion erfüllt ein detailliertes und feinkörniges Betrachten von
Bildern, Videos und Artefakten, das in den jeweiligen Anschauungen und Perspektiven begreifend verweilt (Mey & Dietrich 2016). Das Problem ist, dass das
Material in der Regel immer sogleich verstanden ist. In der Regel erfordert es
keine Mühe, einen Interviewtext, den Inhalt von Bildern oder Videos oder die
bedeutungsvolle Emblematik etwa von Kleidung zu erfassen. Text, Bilder, Videos

und Artefakte besitzen eine eigentümliche *Hermetik des Verstehens*, die nicht so einfach zu durchbrechen ist, gerade weil auf dem ersten Blick alles verstanden zu sein scheint. Nach Hitzler jedoch muss eine Interpretation darauf abzielen, „methodisch kontrolliert durch den oberflächlichen Informationsgehalt des Textes hindurchzustoßen zu ‚tieferliegenden‘ Sinn- und Bedeutungsschichten und dabei diesen Rekonstruktionsvorgang intersubjektiv nachvollziehbar zu machen bzw. zu halten" (2002, Abs. 24). Was mit „Billigstem vom Billigstem" gemeint ist, bedarf für das intuitive Verstehen keiner besonderen Erläuterung. Aber „billig" ist etwa nicht nur eine Frage des Preises, sondern auch eine des Wertes, und in unserer Konsumgesellschaft liegt der Rückschluss von der Exklusivität der Gebrauchsgegenstände auf den sozialen Status einer Person nicht fern. Diese Wertigkeit des Äußerlichen wird umso wichtiger, desto weniger es andere Dinge von Belang gibt, die vorzuweisen wären. Diese Einsichten liegen aber nicht auf der Oberfläche des anschaulichen Verstehens. Vielmehr bedarf es eines begreifenden Denkens, um in einer analytischen Perspektive die Unmittelbarkeit aufzubrechen und unter die Oberfläche zu schauen (Holzkamp 1973, S. 360 ff.).

Das unmittelbare Verstandenhaben der Daten ist damit zugunsten eines Catching the Phenomenon zu „denaturalisieren" (Gobo & Molle 2017, S. 152 f.). Die Interpretin sollte beim Auswerten ihre Daten im Sinne eines Fraglichhalten gründlich analysieren: Warum wurde gerade dieser Ausdruck und dieses Wort verwendet – etwa die Doppelung der beiden Superlative: das Billigste vom Billigstem? Warum steht das Wort gerade an dieser Stelle? Warum kann der Ausdruck nicht einfach weggelassen werden? Welche anderen Begriffe hätten verwendet werden können? Aber auch: Wer spricht? Wie konstruiert sich der Sprecher als Person? Welche alternativen Sichtweisen werden abgewehrt?

6.3.3 Sequenzierung und Interpretation

Die Ideen, die beim gedankenvollen Eindringen in das Material während des auswertenden Lesens und Betrachtens entstehen, müssen durch Sequenzierung und Interpretation als dem zweiten Schritt der Materialaneignung festgehalten werden. *Sequenzierung* heißt nichts anderes, als dass beim Lesen einzelne Datenschnipsel als bedeutungsvoll herausgehoben werden. Was bei Texten kleinste Sinneinheiten, Worte, Sätze, Absätze sind, wären bei Bildern, Fotos und Videos entsprechend skalierte Bild- und Filmausschnitte. Dabei kann die „Laufweite" einer Sequenz sehr unterschiedliche Größen und Längen aufweisen. Diese kann von kleinen Details und einzelnen Silben bis zu einem ganzen Datenkorpus reichen. Die Laufweite kann formal festgelegt werden – wie in der qualitativen Inhaltsanalyse nach

Mayring (2008) – oder abhängig vom verhandelten Inhalt gemacht werden. Dennoch steht die Sequenz nicht für sich, sondern erschließt sich erst anhand der interpretierten Bedeutungen.

An dem oben dargestellten Ausschnitt lässt sich vieles sequenzieren und interpretieren: „Ich mein, Du willst// willst ja nich immer nur das Billigste vom Billigsten, weil irgendwann biste davon übersättigt oder so, … jeden Tach immer nur so'n Büchsenfraß oder so, haste keene Lust drauf, sa'ick ma". In der Sequenz „Du" lädt mich mein Interviewpartner ein, an seiner Perspektive teilzuhaben. Gleichzeitig abstrahiert er von seiner eigenen Situation in Richtung des Allgemeinmenschlichen, sodass er nicht über seine eigene Armut sprechen muss. „Haste keene Lust" verweist darauf, dass es gerade um Fragen persönlicher Präferenzen geht, die hier auf dem Spiel stehen. „Jeden Tach immer" zeigt die Unausweichlichkeit seiner Situation an. „Büchsenfraß" möchte niemand gerne essen. Es geht nicht um das Sattwerden, sondern Essen bedeutet immer auch die Realisierung des eigenen Selbst im Genuss. Damit haben wir zwar noch keine Konzepte, aber zumindest sind wir dem Bedeutungsgehalt auf der Spur; und viele weitere Spuren ließen sich hier in kleineren und größeren Sequenzen verfolgen – etwa als Motto für das ganze Interview (Jaeggi, Fass & Mruck 1998).

Als Disclaimer aller Interpretationen ist im Blick zu behalten, dass diese, umso allgemeiner und weitreichender sie werden, zunächst immer hypothetischen Charakter haben. Die Unausweichlichkeit und Alltäglichkeit von Armut lässt sich nicht allein durch die Formulierung „jeden Tach immer" absichern. Ebenso würde die obige Interpretation von „haste keene Lust" die einzelne Textstelle stark überbeanspruchen. Aber wenn nicht schon beim ersten Lesen ideenreiche und weitreichende Interpretationen entwickelt werden, dann würde die Ethnografin über das intuitive Textverständnis nie hinauskommen. Dagegen ist eine gute, abgesicherte und belastbare Interpretation eine, die sich überzeugend auf die Grundlage mehrerer Datenbezüge stellen lässt. Interpretationen, die sich nicht anhand mehrerer Datensequenzen und Belegstellen absichern lassen, fliegen im weiteren Verlauf heraus. Angesichts der interpretativen Offenheit und Vieldeutigkeit sozialweltlicher Gegebenheiten geht es ebenso wenig darum, die *eine* Bedeutung zu finden. Die spezifischen Bedeutungen des Ereignisses sind in ihrer Mehrdeutigkeit und Vielschichtigkeit zu interpretieren, um letztlich zu verstehen, was dort in der untersuchten Welt vor sich geht: wie etwa Armut die Alltagsbewältigung und das Selbstverständnis prägt.

6.3.4 Kodierung und Schreiben von Memos

Im Zuge der Bestimmung von bedeutungsvollen Datensequenzen erhalten diese in einem dritten Schritt durch ihre Konzeptualisierung einen Namen. Diese Merknamen werden als *Kodes* bezeichnet. Bei der Kodierung des Materials handelt es sich also um das Finden von Konzepten für einzelne Datensequenzen[2]. *Konzepte* sind zunächst nichts Anderes als Worte oder Begriffe. Begriffe sind Werkzeuge, um die Welt und ihre Bedeutungen zu begreifen. Und doch erhält Sprache ihre Macht dadurch, dass die empirische Erfahrung erst anhand von Begriffen *greifbar* wird (Schiffauer 1991, S. 26). Ein Begriff wird zu einem Konzept durch ein höheres Maß an Verallgemeinerung. Es geht nun nicht mehr um die detailreiche Beschreibung des Einzelfalls, sondern im Vordergrund steht der Anspruch, am besten mit einem Wort zu sagen, was Sache ist. Der folgende Screenshot (Abb. 1) eines Ausschnitts aus dem obigen Interview, das mit Hilfe von ATLAS.TI, einer qualitativen Datenauswertungssoftware (QDAS) ausgewertet wurde, veranschaulicht, wie interpretatives Lesen, Sequenzierung und Kodierung unvermittelt ineinander übergehen. Die bedeutungsvolle Datensequenz wird nicht nur durch Markierung herausgehoben, sondern bekommt zugleich auch einen Kode zur Seite gestellt. Der Bedeutungsgehalt soll mit diesem kurzen Merknamen erfasst und expliziert werden.

Während im linken Teil des Fensters das Interview (Datenmaterial) angezeigt wird, finden sich in der mittleren Spalte die Kodes, denen einzelne Datensequenzen zugeordnet sind. Der Kode „Wertlosigkeit" ist aktiviert, sodass zugleich die Datensequenz hervorgehoben ist. Eine Sequenzierung von Fotos und Videos ist ebenso möglich. Zudem sollte zu jedem Kode ein ausführlicher Kommentar, ein *Kode-Memo* (bei Comment unten rechts), geschrieben werden. Schließlich lässt sich die Liste an bereits vergebenen Kodes – die *Listen-Kodes* – für die weitere Benennung von Datensequenzen nutzen. Am Ende beinhalten gerade wichtige Kodes eine Vielzahl an Textstellen, die dann für eine genauere Analyse miteinander verglichen werden können.

Während die Kodes das Material systematisch erschließen, indem eine Datensequenz in möglichst prägnanten, das heißt kurzen Konzepten herausgehoben und benannt wird, sollten in *Theorie-Memos* alle weiterführenden Interpretationen festgehalten werden: wie beim obigen Beispiel das Wechselverhältnis von Einge-

---

2 Bei der Bezeichnung der verschiedenen analytischen Begriffe herrscht eine babylonische Sprachverwirrung vor. Die Begriffe Konzepte, Kodes, Kategorien werden sehr unterschiedlich definiert, sodass diese Setzung nicht mehr als mein Vorschlag sein kann.

schlossensein in die Banalität der Existenzsicherung und dem Ausgeschlossensein von den Realisationsmöglichkeiten von Individualität. Ideen sollten – wie schon im Kapitel 4 „Beobachtungsprotokolle und Feldnotizen" ausgeführt – im Sinne von: „Stop and Memo!" sofort aufgeschrieben werden, um diese vor dem Vergessen zu bewahren (Glaser 1978, S. 138). ATLAS.TI bietet hierzu wie zu vielem mehr auch eine Memo-Funktion.

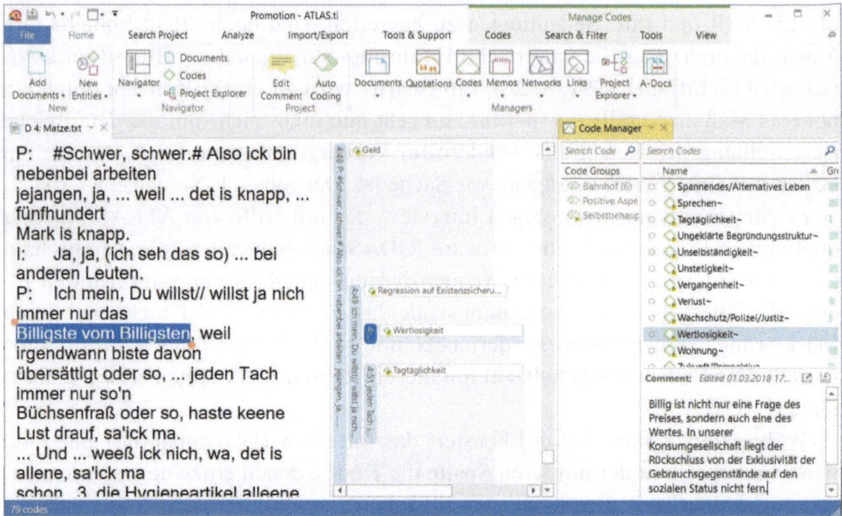

Abb. 1 Beispiel Sequenzierung und Kodierung mit ATLAS.TI

Diese analytischen Theorie-Memos bieten nicht nur einen systematischen Ort für die emergierende Theorie, vielmehr werden diese sich spätestens beim Schreiben des ethnografischen Reports als wahre Goldgruben für die schriftliche Abfassung der Ergebnisse erweisen. „A good set of notes quickly becomes a ‚constant companion' – a sort of alter ego composed of factual and reliable data, a running account of fleeting and developed interpretations and reflections, and a chronicle of operational decisions made at stated times, places, and circumstances" (Schatzman & Strauss 1973, S. 98). Und schließlich sollten in die Theorie-Memos auch die Kodes eingeflochten werden, um zu einer konzeptuell dichten und differenzierten Theoriebildung zu gelangen, die zugleich einen direkten Bezug zu den Daten sozialer Wirklichkeit aufweist. In Anlehnung an Strauss und Corbin (1996, S. 169) lassen sich verschiedene Memo-Typen unterscheiden:

- *Theorie-Memos* halten analytische Überlegungen fest, die sich induktiv aus der Arbeit am Datenmaterial, deduktiv aus der Beschäftigung mit der Literatur oder abduktiv als auf Neues schließende Gedankenblitze entwickeln (Reichertz 2011)
- *Kodier-Memos* stellen einen Spezialfall der theoretischen Memos dar, die im Zuge der systematischen Kodierung der Daten entstehen und als Kommentare den Bedeutungsgehalt der Kodes festhalten und erläutern
- *Methoden-Memos* dienen zur Klärung und sukzessiven Fortentwicklung des methodischen Vorgehens bei der Datenerhebung und -auswertung
- *Konzept-Memos* beschäftigen sich mit der Fortentwicklung von Fragestellung und Forschungsdesign
- *Planungs-Memos* legen als „Reminder" die nächsten Vorgehensschritte fest

6.3.5 Systematisierung und Kategorisierung

Die Theoriebildung erfordert als letzten Schritt der analytischen Auswertung ein Ordnen der vielfältigen Kodes und Memos durch Kategorisierung. Kategorisierung zielt als vierter Schritt der analytischen Auswertung auf die *Herstellung einer Ordnung* unter den Kodes. Daher wird zwischen zwei unterschiedlichen Formen von Konzepten unterschieden. Während jene Konzepte, die einen direkten Datenbezug haben, als Kodes bezeichnet werden, sind *Kategorien* theoretische Begriffe höherer Ordnung, die eine Gliederung und Systematisierung der Kodes und Memos leisten. Der Hauptfokus liegt also auf dem Ordnen der Kodes, um durch Aufweis inhaltlicher Bezüge wichtige Kategorien als zentrale Tragelemente der Theorie herauszuarbeiten. Dabei ist der Unterschied ein gradueller, weil es sich bei beidem um Konzepte handelt, nur das Abstraktionsniveau steigt deutlich an. Zudem dürfen jederzeit Kodes in den Rang von Kategorien gehoben werden. „Treating codes analytically transforms them into theoretical categories" (Charmaz & Mitchell 2001, S. 167). Und spätestens jetzt ist der Ethnograf, wie Taylor und Bogdan (1998) ausführen, gut beraten, auch den im weitesten Sinne sozialwissenschaftlichen Wissensstand zu seinem Themengebiet für die Theoriebildung zu berücksichtigen.

By the time you are ready to engage in intensive analysis, however, you should be familiar with the sociological literature and theoretical frameworks relevant to your research. Other studies often provide fruitful concepts and propositions that will help you interpret your data. It is not uncommon to find that the best insights come from studies of a totally different substantive area. (S. 135)

Was eine Theorie in Bezug auf Ordnen und Erklären leisten soll, ist idealtypisch in Abbildung 2 veranschaulicht.

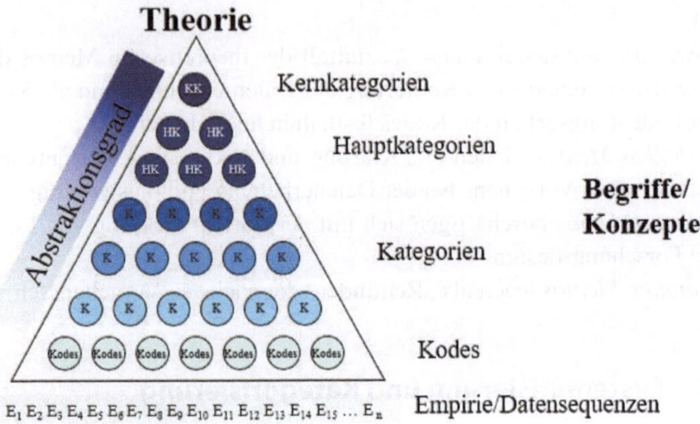

Abb. 2   Theorie-Empirie-Pyramide

An der Spitze der Theorie-Empirie-Pyramide steht die *Kernkategorie*. Diese soll eine konzeptuell dichte Verbindung von Hauptkategorien über weitere Niveaus an (Unter-)Kategorien bis hinunter zu den Kodes und Datensequenzen leisten. Am Beispiel der Studie über Extremformen von Armut im Kontext von jugendkulturellen Straßenszenen ließe sich als Kernkategorie „Ausschluss aus der Individualitätsgesellschaft" herausheben (Thomas 2010b). Nun sollen mit diesem zugegebenermaßen sehr abstrakten Konzept alle *Hauptkategorien*, bei denen es sich um die zentralen Dimensionen der Studie handelt, in Verbindung stehen. Dies wurde gewährleistet, indem zentrale Ausschlussdimensionen entwickelt worden sind: Segregative Arbeitslosigkeit, Ausschließende Armut, Dislokalisation, Soziale Isolation etc. Diese Hauptkategorien bilden zugleich Hauptkapitel der Arbeit. Wenn wir nun die Hauptkategorie „Ausschließende Armut" herausgreifen, dann findet sich darunter eine weitere Ebene an (Unter-)*Kategorien*, die zugleich Unterkapitel sind: Enge der Armut, Zwischen Existenzsicherung und Lebensstilrealisierung, Zusammenbruch des Haushaltsmanagements etc. Und schließlich verbirgt sich in dem Unterkapitel „Zwischen Existenzsicherung und Lebensstilrealisierung" auch der *Kode* „Banalität der Existenzsicherung" zusammen mit der *Datensequenz* „das Billigste vom Billigen". Um der Komplexität und zunehmenden Abstraktheit Herr zu werden, sind neben Theorie-Memos vor allem integrative Diagramme hilfreich, auf denen etwa als großes Wandbild auf einem Blick fassbar gemacht wird, was die zentralen Begriffe, Konzepte, Kodes und Kategorien sind und in welchem Zusammenhang diese stehen (etwa Strauss & Corbin 1996, S. 189 ff.; Clarke 2005).

Eine gute Theorie weist also einen stringenten Ableitungszusammenhang in beide Richtungen auf: Die Hunderte von Datensequenzen und die darin enthaltenen Bedeutungen sind durch Kodes erschlossen, die über Kategorien, Hauptkategorien und eine Kernkategorie selbst in einen ordnenden und erklärenden Ableitungszusammenhang – also in eine Theorie – gebracht worden sind. Umgekehrt lässt sich der hundert Seiten starke Ergebnisteil der Studie komfortabel und stringent anhand der Kernkategorie in jede Richtung explizieren: Am äußersten Rand der Gesellschaft heißt Armut vor allem ein regressiver Ausschluss von den Realisierungsmöglichkeiten der eigenen Individualität (Kernkategorie). Dieser zeigt sich auf der Ebene der ökonomischen Exklusion als ausschließende Armut (Hauptkategorie), die vielfältige Facetten gewinnt: die alltägliche Enge der Armut, ein nur auf die kurzfristige Erfüllung von Bedürfnissen gerichtetes Haushaltsmanagement und eine Alltagsbewältigung, die zwischen Existenzsicherung und bescheidenen Versuchen der Lebensstilrealisierung festgefahren ist (Kategorie). Es ist vor allem die Banalität der Existenzsicherung, in die sich die Betroffenen eingeschlossen erfahren, wie beispielhaft ausgeführt wurde (Kode). So sagt Oliver, einer meiner Informant*innen: „Ich mein, Du willst// willst ja nich immer nur das Billigste vom Billigsten ..." (Datensequenz). Durch eine konzeptuell dichte und differenzierte Theorie lässt sich schnell sowohl die Studie in ihren Kernaussagen bis hinunter zur in Daten eingefangenen sozialen Wirklichkeit darstellen als auch die vereinzelten und vielzähligen Aspekte der sozialen Wirklichkeit in einen geordneten Zusammenhang aufheben. Damit beansprucht die entwickelte Theorie mehr zu sein als nur ein logischer Ableitungszusammenhang. Die begriffliche Struktur soll als Sozio-Logik die empirische Struktur abbilden, aus der sich die einzelnen, in Daten erhobenen Erscheinungen erklären.

Zugegebenermaßen: Mit der fertigen Theorie vor Augen, ist diese einfacher erklärt, als angefertigt. Das Basismodell soll mit den zentralen Stationen der analytischen Auswertung und Theoriebildung vor allem eine Orientierung geben, welche Schritte auf dem Wege der analytischen Theorieentwicklung zu gehen sind. Weil an dieser Stelle noch vieles mehr zur Auswertung zu sagen wäre, sollte beim eigenen Projekt unbedingt weitere Literatur zu Auswertungsverfahren zu Rate gezogen werden (siehe Literaturverzeichnis). In der qualitativen Sozialforschung wimmelt es letztlich an Forschungsstilen, Kodierpraxen, Theorieschulen, die über das vorgeschlagene Basismodell hinaus auch unterschiedliche Zielsetzungen verfolgen: etwa Erstellung von Strukturmodellen, Kasuistiken, Typisierungen und Fallrekonstruktionen. In den verschiedenen Auswertungsmethoden werden dann auch all die Detailprobleme und möglichen Lösungswege behandelt, die üblicherweise am Wegrand lauern. Und schließlich ist als Korrektiv von Einseitigkeiten und blinden Flecken die Bildung von Interpretationsgruppen zu empfehlen.

6.4 Theoretical Sampling revisited

Am Ende dieses Kapitels zur Auswertung möchte ich die strikte Trennung von synthetischer und analytischer Auswertung wieder etwas relativieren. Einerseits arbeitet die synthetische Auswertung der Erfahrungsaufschichtung ebenso mit der analytischen Herauspräparierung von Begriffen, die als konzeptuelles Grundgerüst der Dichten Beschreibung dienen. Andererseits arbeitet die analytische Auswertung mit der Erfahrungsverdichtung etwa beim abduktiven Finden des richtigen Begriffs, der den interpretativen Gehalt einer Datensequenz erfassen soll. Was im Rückblick auf die Datenerhebung und die Datenauswertung als Grundbestimmungsmoment des ethnografischen Forschens bleibt, ist die Einsicht, dass nicht die Methode den Forschungsprozess lenkt. Der wirkliche Motor des Forschungs- und Erkenntnisprozesses bildet das Theoretical Sampling. Catching the Phenomenon bedeutet, die gedanklichen Einsichten immer wieder ans Feld zurückzuführen, um diese dort aufgrund neuer Erfahrungen zu überprüfen, anzupassen und auszudifferenzieren. Dieser zirkuläre Forschungsprozess übersetzt sich für die Ethnografin in Form einer beständig länger werdenden To-do-Liste an Dingen, die ihre Aufmerksamkeit erregt haben und die beim nächsten Feldaufenthalt näher anzuschauen sind. Theoretical Sampling erfordert daher viel Disziplin vom Forscher, weil es schwerfällt, sich gegenüber der Überfülle an lebendigen Eindrücken und aufregenden Erfahrungen im Feld abzugrenzen und zurückzuziehen, um das Erlebte intellektuell zu verarbeiten. Und dies gilt gerade zu Beginn des Feldaufenthalts. Und doch meint Theoretical Sampling die beflissene Er- und Abarbeitung dieser To-do-Liste: „Man holt sich *ein paar* Daten, dann hält man ein und *denkt nach!* Im Grunde genommen müssen Sie diese Art von Arbeit bei den ersten Beobachtungsprotokollen oder Interviews an jedem Punkt machen" (Strauss 1998, S. 78 f.).

Theoretical Sampling ist damit weniger ein Problem des Forschungsdesigns, um eine Stichprobe festzulegen. Vielmehr ist wie bei Sherlock Holmes ein beständiges Entwickeln und Testen von Hypothesen gefragt. Oder einfacher: Wann immer du eine Idee hast, überprüfe diese im Feld! Nichts ist aufregender als eine theoretische Entdeckung, die das erste oberflächliche, konventionelle Begreifen vom Schreibtisch fegt, nicht um den Ethnografen verwirrt und ahnungslos zurückzulassen, sondern um ihn anzuhalten, noch einmal genauer nachzuschauen. Der Gefahr, die sich entwickelnde Theorie auf der Grundlage einer esoterischen Abstraktion aufzubauen, ist mit diesem alternierenden Zirkel von Induktion und

Deduktion wunderbar Abhilfe geschaffen. Und erst dieses iterative und rekursive Vorgehen ermöglicht es, das volle Potential der ethnografischen Methode auszuschöpfen. Keine Interpretation ist zu abgehoben, zu weit entfernt oder zu absurd, um diese nicht am nächsten Tag durch neue Beobachtungen entweder zu erden oder zu verwerfen. Und dennoch ist eine Balance zu halten zwischen dieser Zentrierung auf interpretative Hypothesen und der Dezentrierung des „Nosing Around". Die Kunst besteht darin, bis zum Ende der Feldforschung Offenheit und Neugier zu bewahren. Erst das rechte Verhältnis von fokussierender Konzentration und gleichschwebender Aufmerksamkeit belässt der Serendipity sowohl auf der Ebene der Theorie als auch der Empirie eine reelle Chance.

Aufgaben zur Auswertung

1. *Synthetische Auswertung*: Beginnen Sie mit dem Aufschreiben der fünf bis sechs Geschichten, die sich am besten bewährt haben, um anderen einen Eindruck von Ihrem Feld zu vermitteln. Elaborieren Sie diese Schlüsselszenen, indem Sie von den konkreten Situationsmerkmalen, Ereignissen und Personen zunehmend abstrahieren, sodass der Blick frei wird auf die generative Struktur der beobachteten Situation. Binden Sie dabei Ihre Daten ein, legen Sie Folie auf Folie und arbeiten Sie sich an Ihren Protokollen ab. Konzentrieren Sie sich in Form ständiger Vergleiche auf den die unterschiedlichen Situationen verbindenden Situationswitz. Gehen Sie im Sinne des Theoretical Samplings und zur Validierung Ihrer Hypothesen daran, die Schlüsselsituationen anhand weiterer Beobachtungen zu verdichten.
2. *Analytische Auswertung*: Verschaffen Sie sich einen systematischen Überblick über das Datenmaterial und bestimmen Sie das Datenkorpus, das Sie in die Auswertung einbeziehen wollen. Beginnen Sie mit dem konzentrierten Lesen und Betrachten jener Materialien, die sich als wichtig erweisen. Tauchen Sie interpretativ in das Material ein, indem Sie sich ausreichend Zeit nehmen, um langsam und feinfühlig das Material sukzessiv an kleinen Ausschnitten verweilend durchzuarbeiten. Sequenzieren Sie das Material entlang von Interpretationen und Einfällen. Kodieren Sie die Sequenzen anhand eines kurzen Merknamens, erstellen Sie eine Kode-Liste, verwenden Sie diese Liste, um ähnliche Bedeutungen mit demselben Kode zu kodieren. Schreiben Sie parallel dazu sofort alle Ideen in Memos auf, in denen sorgfältig Quelle und Datenbezug nachgewiesen sind. Beginnen Sie von Anfang an mit der Kategorisierung der Kodes, indem Sie bei auffälligen Themen, über die Sie beim sorgfältigen Lesen und Betrachten stolpern, sofort das offene Kodieren unterbrechen, um nun selektiv

das Material entlang der – als vorläufig markierten Kategorien – zu erschließen. Beginnen Sie frühzeitig damit, sich Gedanken über mögliche Hauptkategorien zu machen, die immer auch Hauptthemen des Datenmaterials und zentrale Phänomene der sozialen Wirklichkeit wiedergeben sollen. Arbeiten Sie an diesen Kategorien, verändern Sie diese Kategorien, passen Sie diese an und – wenn nötig – verwerfen Sie diese. Aber mit der Zeit sollten die Kategorien konzeptuell in der Lage sein, überzeugend die darunterliegenden Kodes zusammenzuziehen, um eine differenzierte Theorie unter dem Merknamen der Hauptkategorie zu entfalten. Arbeiten Sie die Kernkategorie systematisch aus, indem Sie die theoretischen Ableitungszusammenhänge zwischen Kategorien, Kodes und Daten mit integrativen Theorie-Memos und Diagrammen ausarbeiten.

3. Gründen Sie gemeinsam mit anderen eine Auswertungsgruppe ganz unabhängig davon, ob Sie im gleichen Themenfeld arbeiten – dies wird in den wenigsten Fällen gegeben sein. Ein Blick von außen kann eine wundervolle Bereicherung und Befremdung der eigenen Perspektive darstellen.

Weiterführende Literatur

Becker, H. S., & Geer, B. (1979). Teilnehmende Beobachtung: Die Analyse qualitativer Felddaten. In K. Gerdes (Hrsg.), *Explorative Sozialforschung. Einführende Beiträge aus ‚Natural Sociology' und Feldforschung in den USA* (S. 158-183). Stuttgart: Enke.
Charmaz, K., & Mitchell, R. G. (2001). Grounded theory in ethnography. In P. Atkinson, A. Coffey, S. Delamont, J. Lofland & L. Lofland (Hrsg.), *Handbook of ethnography* (S. 160-174). London: Sage.
Strauss, A. L. (1998). *Grundlagen qualitativer Sozialforschung. Datenanalyse und Theoriebildung in der empirischen und soziologischen Forschung* (2. Auflage). München: Fink.

7.1 Der Abschluss im Schreiben

Am Ende des ethnografischen Forschungsprozesses steht das Schreiben des Forschungsberichts. Ohne Schreiben wäre die ganze Feldarbeit, das Nach-draußen-Gehen in die Sozialwelt, sinnlos, weil es keine Ergebnisse gäbe. Und erst im Schreiben findet der Feldforscher als Wissenschaftler zu sich selbst zurück. Das Schreiben ist eine Verinnerlichung des Beobachteten als mentaler Konzentrationsprozess, beginnend mit den Protokollen, gefolgt von der schreibenden Aneignung in der Analyse, um nun am Ende mit der Darstellung der Ergebnisse im ethnografischen Bericht wieder in die Welt hinauszutreten. In der niedergeschriebenen Ethnografie erhalten die spontanen Erfahrungen der Teilnehmenden Beobachterin ihre Übersetzung in die Sprache der Wissenschaften, um Teil des Wissensbestandes der Scientific Community zu werden (Spradley & McCurdy 1972, S. 81). Dies erfordert auch, sich den wissenschaftlichen Lyrikformen und Darstellungsriten zu unterwerfen, um als Monografie, in Buchkapiteln und Artikeln, auf Tagungen und Konferenzen wahrgenommen zu werden. Zugleich werden im Zuge einer Public Ethnography alternative Formen der Veröffentlichung ethnografischer Texte etwa in Print- oder Internet-Zeitschriften oder in Blogs diskutiert (Mosher 2013; Vannini 2013). In Form von Texten wird der sozialwissenschaftliche Diskurs als *kulturelles Archiv* menschlicher Lebensäußerungen auf existentielle Herausforderungen des Alltags fortgeschrieben.

Die Einführung in den ethnografischen Forschungsprozess wird mit einigen Hinweisen zum Schreiben abschließen. Zunächst wird gezeigt, was dabei zu beachten ist, wenn mit den aus Datenerhebung, Protokollierung und Datenauswertung gewonnenen Resultaten der Bericht geschrieben wird (7.2), um dann das Schreiben als Objektivierungspraxis, das weit mehr ist als die bloße Wiedergabe der Ergebnisse, kritisch zu reflektieren (7.3).

© Springer Fachmedien Wiesbaden GmbH, ein Teil von Springer Nature 2019
S. Thomas, *Ethnografie*, Qualitative Sozialforschung,
https://doi.org/10.1007/978-3-531-94218-6_7

7.2   Der Schreibprozess

Der finale Schreibprozess, als letzte Station der intellektuellen Aneignung, hat
viel mit handwerklichem Geschick zu tun (Lofland, Snow, Anderson & Lofland
2006, S. 224 ff.). Howard S. Becker hat sich gegen den verbreiteten Mythos wissenschaftlicher Textproduktionen gewendet, wonach der fertige Text im Kopf des
Wissenschaftlers längst vorhanden ist, bevor dieser runtergeschrieben wird (1994).
Demgegenüber dürfte der Regelfall sein, dass die Analyse erst in der Ausarbeitung
des Manuskripts ihren Abschluss findet. In sich wiederholenden Überarbeitungs-
schleifen wird um Begriffe, Formulierungen und Systematik gerungen. Im fortgeschrittenen Stadium liegen schon eine Menge an theoretischen Begriffen und
Dichten Beschreibungen vor, die in Memos und schriftlichen Skizzen angelegt
sowie in Grafiken und Mindmaps in ihrer Systematik ausgearbeitet sind. Dennoch
handelt es sich, wenn die Ethnografin damit beginnt, die ersten Kapitel niederzu-
schreiben, eher noch um ein unsortiertes Puzzle an Auswertungsergebnissen. Um
zu einer konzeptuell ausgearbeiteten Systematik zu gelangen, kann mit den ersten
Schreibversuchen nicht früh genug begonnen werden. Die Elaboration von Memos ist dabei ein erster Ausgangspunkt in Richtung des Schreibens von Kapiteln.
Vor allem schafft das, was sich schriftlich gesetzt hat, wiederum Klarheit für die
nächsten Kapitel. Das bedeutet auch, dass nach der Offenheit der Analyse konkrete
Entscheidungen anstehen: Der Forscher muss nun wieder auf die Fragestellung
fokussieren, Wichtiges vom Unwichtigem scheiden, Gewichtungen vornehmen,
zentrale Kategorien und einen Korpus paradigmatischer Situationsbeschreibungen
auswählen, um die herum er einen ethnografischen Report entwickelt.

Die besondere Herausforderung des ethnografischen Schreibens besteht darin,
in der Darstellung der empirischen Welt üppig und anschaulich, zugleich in der
Darlegung des theoretischen Apparats eindeutig zu sein. Viele Ethnografien bleiben bei der Präsentation ihrer Ergebnisse trivial, weil es nicht gelingt, durch abs-
traktere Höhenflüge präzise zu sagen, worum es bei der Beschreibung der Empirie
allgemein geht. Andere Ethnografien verfehlen die dichte Textur des Empirischen
und verlieren sich in theoretischen Erörterungen, die auch ohne empirischen Bei-
schmuck ausgekommen wären. Die beobachtete Situation soll – wozu der baline-
sische Hahnenkampf als Beispiel dienen kann (Geertz 1983, S. 202 ff.) – einerseits
erfahrungsnah den Leser*innen präsentiert werden, andererseits soll daraus zugleich eine Theorie abgeleitet werden, die nicht weit hergeholt ist, sondern die in
ihrer Abstammung vom Material rekonstruierbar bleibt. Die frühen Ethnografien
hatten häufig den Charakter von enzyklopädischen Sammlungen, in denen kulturelle Gegenstände und Praktiken – Werkzeuge, Schmuckgegenstände, Gebräuche,
Mythen, Gesänge, Riten und Zeremonien – in einem eher losen Begriffszusam-

menhang geordnet wurden. Gerahmt wurde dieser Korpus an empirischen Befunden anhand von theoretischen Exegesen am Anfang und Ende. Heutzutage gehen die Ansprüche an eine Ethnografie darüber hinaus, Schmetterlingssammlungen zu erstellen, deren Systematik sich durch anschauliche Ordnungscharakteristika erschließt.

Für eine konzeptuelle Dichte der Darstellung ist besonders das systematische Begriffsgerüst von Kodes und Kategorien geeignet, das im Zuge der analytischen Auswertung gewonnen wurde. Da in der Ordnungsstruktur die zentralen Themen in ihrer Systematik entwickelt wurden, bietet es sich an, die Struktur für die Gliederung der Arbeit in Kapitel und Unterkapitel zu verwenden. Dennoch erfordert ethnografische Schriftstellerei Übung. Nicht nur bei Anfänger*innen sind mehrmalige Anläufe notwendig, die zuerst unbefriedigend bleiben, bis ein befriedigendes Äquilibrium zwischen Deskription und Theorie gefunden wurde. Empirie und Theorie sind mitnichten Pole eines einheitlichen Ganzen, die zwanglos ineinanderfließen (Kalthoff, Hirschauer & Lindemann 2008), eher bedarf es viel handwerklicher Arbeit und stilistischer Treffsicherheit, um beidem – zumindest dem Anschein nach – die Form eines homogenen Ganzen zu geben. Die Welt der empirischen Erscheinungen ist immer größer und existentieller, aber zumeist trivial; die Welt der theoretischen Ordnung ist dagegen immer transzendenter, bleibt damit leblos, stellt aber Zusammenhänge auf und bietet Erklärungen.

In ethnografischen Berichten finden sich eine Reihe an konventionalisierten Darstellungsformen. Typisch ist etwa das Oszillieren zwischen der Aufnahme in der Totalen – der Grand Tour, dem großen Panoramablick – und der Portraitaufnahmen, in denen Miniaturen der untersuchten Sozialwelt gezeichnet werden. Häufig wiederzufindende Narrationsformen, um die Geschichten des Feldes zu erzählen, sind: „an arrival scene, stories of cultural misunderstanding as moments of serendipity, case studies, a focus on key individuals, and composite descriptions" (Murchison 2010, S. 196 f.). Gerade die Eintrittsszene ist ein häufig angespieltes Stilelement, in der die Ethnografin die Leser*innen mit an die Hand nimmt, um sie in Form einer Begehung, in der die wichtigsten Orte und Personen vorgestellt werden, in die fremde Welt einzuführen. Hier kann in plastischer Darstellung eine Übersicht über das reale Leben im Feld gegeben werden. Dagegen führen Fallanalysen ins leicht übersehene Detail ein und erarbeiten minutiöse, feingliedrige Charakteristika und Differenzierungen. Gerade in Interaktions- oder Arbeitsplatzanalysen kann ein Augenbrauenziehen oder die exakte Bedienung einer Maschine für die Analyse große Bedeutung erlangen.

Verabschieden sollte sich der Ethnograf von der Vorstellung, dass sich die theoretischen Höhenflüge durch Daten beweisen ließen. Es bringt also nichts, eine Interpretation mit fünf Protokollauszügen oder Interviewpassagen wasserdicht zu machen. Das Verhältnis von Theorie und Daten ist nicht nur in der Ethnografie ein schwieriges. Breidenstein, Hirschauer, Kalthoff und Nieswand argumentieren sogar, dass die subjektiven Erfahrungsprotokolle erst zu Daten werden durch die performative Bezugnahme im ethnografischen Text, indem diese dort als Daten präsentiert werden (2013, S. 180). Nichtsdestotrotz haben Daten die wichtige Funktion, die theoretischen Höhenflüge des Textes wieder zu erden. Daten sollen dabei nicht nur die Begründbarkeit der Interpretation ausweisen, sondern auch die Originaltöne des Feldes hörbar machen. Und schließlich sollte immer auch die kritische Datenfunktion erhalten bleiben, indem offene Widersprüche zwischen Theorie und Empirie kenntlich gemacht werden. Gegenüber einer hermetischen Abdichtung der eigenen Interpretation ist dieses Vorgehen viel anregender und produktiver, weil es den Leser*innen ermöglicht, weitere Schlussfolgerungen und Hypothesen für das eigene Arbeiten selbst aufzustellen.

7.3   Writing Culture – zur Krise der Repräsentation

Die Writing-Culture-Debatte hatte für die Sozialwissenschaften ein großes Anregungspotential (Clifford & Marcus 1986). Sie hat darauf aufmerksam gemacht, dass es sich bei den Texten, die als ethnografische Berichte produziert werden, um keine objektiven Wiedergaben und keine bloßen Abbildungen von Realität handelt. Vielmehr sind es performative Praktiken, über die wissenschaftliche Repräsentationen der Anderen geschaffen werden (Denzin 2014). Zu Beginn stand die Einsicht, dass Objektivität und Fakten das Ergebnis einer textuellen Inszenierung sind, durch Politik und Poesie geprägt, was in der „Krise der ethnographischen Repräsentation" mündete (Berg & Fuchs 1993). Dies mag heutzutage nicht mehr aufregend wirken, doch war diese Einsicht wichtig, um den verbreiteten Szientismus in den Sozialwissenschaften, das Ideal einer naturwissenschaftlichen Objektivität, zurückzuweisen und sich der Spezifik des eigenen Wissenschaftszugangs zu versichern. Der Verlust der Gewissheit, worauf sich die eigene Wissenschaftlichkeit begründen ließe, führte als Ethnografie der Ethnografie zur intensiven Beschäftigung mit den spezifischen Aneignungs- und Konstruktionspraxen sozialwissenschaftlicher Erkenntnisprozesse. Ein wichtiger Referenzpunkt waren die Literaturwissenschaften, deren analytische Instrumentarien genutzt wurden, um die Eigenarten von ethnografischen Textproduktionen aufzudecken. Die Ethnografin bleibt als Schreibende und Wissenschaftlerin notwendig eine gebrochene Figur. Gerade mit Blick auf gestandene Sozialanthropolog*innen wurden die literarischen und rhetorischen Stilmittel extrahiert, die zur Absicherung der ethnografischen Autorität genutzt werden (Clifford 1993). Das Grunddilemma speziell der frühen Ethnograf*innen bestand darin, sich gegenüber unwissenschaftlichen, literarischen Kulturbeschreibungen abzugrenzen und sich des eigenen wissenschaftlichen Vorgehens zu versichern. Geertz zeigt in seiner Analyse „Die künstlichen Wilden. Der Anthropologe als Autor" anhand der Monografien von Ethnograf*innen vom Schlage Malinowskis, Lévi-Strauss', Evans-Pritchards und Benedicts, mit welchen literarischen Stilmitteln sie die Wirklichkeit konstruierten (1993). Der Argumentationsduktus ist vor allem durch ein ständiges Hin- und Herlavieren zwischen dem „Being There" in Form einer authentischen Ich-Zeugenschaft im Felde und dem „Being Here" wissenschaftlicher Objektivierungspraxis als Autor des ethnografischen Berichts gekennzeichnet. Die Autorität ist auf beiden Feldern sowohl als Eingeweihte des Forschungsfeldes als auch als ausgewiesene Wissenschaftlerin zu markieren. Diesen Widerspruch kann die Ethnografin nicht auflösen: Einerseits muss sie sich als Subjekt der Felderfahrungen stets hinter den wissenschaftlichen Darstellungsformen verstecken, um nicht des Subjektivismus beschuldigt zu werden, andererseits legitimiert sich das dargelegte Wissen allein auf der Grundlage ihrer persönlichen Erfahrung.

Zwar lässt sich das Problem dieser Objektivierungspraxis nicht umgehen, doch finden sich typische Schreibkonventionen, mit denen das Dilemma des „Being There and Here" in sehr unterschiedlicher Weise literarisch gestaltet wird. In einer Typisierung gelangt van Maanen (1988) zu drei charakteristischen Grundformen ethnografischer Textformen:

a) In den „Realist Tales" als dem klassischen Schreibstil werden „deskriptive" Darstellungen des Feldes vom Standpunkt 3. Person angefertigt, ohne dass der Ethnograf als Erfahrungsquelle und Autor in Erscheinung tritt. Unter dem Anschein einer uneingeschränkten Objektivität werden im Bericht die Sachverhalte und Gegebenheiten als unmittelbare Wiedergabe von Wirklichkeit inszeniert.

b) In den „Confessional Tales" werden im Genre des Erfahrungsberichtes die eigenen Erfahrungen, methodischen Entscheidungen sowie Reflexionen zum Ausgangspunkt der Darstellung erhoben, um das „Gemachtsein" des ethnografischen Berichts zu entmystifizieren. Die im Bericht niedergelegten Erkenntnisse werden aus dem praktischen Vorgehen im Forschungsprozess als biografischer Lernprozess begründet.

c) In den „Impressionist Tales" verbinden sich die persönlichen Erfahrungsbezüge mit einer objektiven Genauigkeit für das Detail, die zu einer figurativen Darstellung von historisch einzigartigen Momenten zusammengeschmolzen werden. „The idea is to draw an audience into an unfamiliar story world and allow it, as far as possible, to see, hear, and feel as the fieldworker saw, heard, and felt" (Maanen 1988, S. 103).

Die Krise der Repräsentation verschärfte sich zugleich von zweiter Seite, weil die ethnografische Objektivierungspraxis durch die postkoloniale Kritik als perspektivisch, subjektivistisch und machtstrukturiert in Frage gestellt wurde. Wissenschaft lässt sich in ihrem globalen Anspruch, das Welterklärungssystem schlechthin zu sein, nicht von Politik lösen. Mehr noch: In nichtwestlichen Kulturen wurde Forschung überhaupt als „inextricably linked to European imperialism and colonialism" wahrgenommen (Denzin & Lincoln 2005a, S. 1). Unter der Perspektive des Postkolonialismus wurde das Fortwirken von Strukturen der Ausbeutung, Unterdrückung und Entwürdigung in den vormals kolonialisierten Ländern nach der Rückgabe ihrer politischen Souveränität vor allem auch in den kulturellen Repräsentationen nachgewiesen, die sich der „Westen von seinem Anderen" gemacht hat (Fabian 1983, S. 149). Durch die reflexive Wendung des ethnografischen Blicks auf die eigene Disziplin wurde die eigene Forschungspraxis als autoritative Inskription der Anderen entlarvt (Geertz 1984; Clifford 1993). Der Dialog im Feld wird zum Monolog des Textes, in dem verkündet wird, wer die Anderen sind. In dieser asymmetrischen Begegnung zwischen dem anthropologischen Forschungssubjekt und dem indigenen Forschungsobjekt erhebt sich der Erstere zum Sprecher über diejenigen, denen eine eigenmächtige Darstellung ihrer Kultur und ihrer Person versagt bleibt (Geertz 1993; Maanen 1988, S. ix). Malinowski bringt diese ungleiche Kreation von Darstellung und Gegenstand in seinen Tagebüchern deutlich zum Ausdruck: „Besitzgefühl: Ich bin es, der sie beschreiben oder erschaffen wird" (1985, S. 127). Diese postkoloniale Wissenschaftskritik resultierte auch daraus, dass mittlerweile die „Indigenen" der kolonialen Herrschaftsgebiete an den anthropologischen Instituten des Westens studierten, sich der wissenschaftlichen Erkenntnismittel bemächtigten und damit begannen, die weißen, westlichen und zumeist männlichen Repräsentationen von ihren eigenen Kulturen analytisch zu dekonstruieren. Edward Said wies etwa auf den verbreiteten „Orientalismus" in den westlichen Darstellungen arabischer Kulturen hin, in denen durch Exotisierung Menschen in ihrem fremdartigen Anderssein (Othering) festgeschrieben wurden (1981). Im Zuge der Writing-culture-Debatte konnte sich Wissenschaft nicht mehr als unschuldige Tätigkeit reiner Erkenntnisgewinnung außerhalb gesellschaftlicher Praktiken verorten. Vielmehr musste sie sich selbst in ihrer eigenen positionalen Figuration als Teil von Machtverhältnissen reflektieren (Das 1993, S. 423). Subjekt und Objekt stehen in einer Geschichte sozialer Beziehungen und Bedeutungen, die immer auch als hegemoniale Repräsentationsformen Machtverhältnisse zum Ausdruck bringen (Denzin & Lincoln 2005a).

Die Kritik der Poesie und Politik an den vermeintlich naturhaften, objektiven und unschuldigen Repräsentationen sozialer Wirklichkeit wirkte produktiv, indem sich in der Ethnografie experimentelle Ansätze herausbildeten, in denen die

Asymmetrie zwischen Subjekt und Objekt der Erkenntnis neu verhandelt wurde. Einhergehend mit der postmodernen Wende in den Sozialwissenschaften wurde von den großen (Wissenschafts- und Wahrheits-)Erzählungen Abstand genommen (Lyotard 1986), um sich unter Fokussierung von „Personal Accounts" auf das Lokale und das Historische zurückzubesinnen (Toulmin 1994). So werden in der Autoethnography die persönlichen Lebensgeschichten der Ethnografin anhand von Tagebüchern, Erzählungen, fiktionalen Geschichten, Collagen etc. in den Mittelpunkt gerückt. Ziel ist eine reflexive Aneignung der eigenen biografischen Erfahrungen, indem diese in ihren sozialen, historischen und politischen Kontext eingeordnet werden (Bochner & Ellis 2016; Adams, Jones & Ellis 2015). In der Performance Ethnography wird ein alternativer Zugang zu den Erfahrungen der Akteur*innen über Theaterprojekte und Tanzaufführungen, aber auch über politische Aktionen und Demonstrationen gewonnen. Darin wird das gesellschaftliche Gewordensein von Subjektivität und das Unterworfensein durch Machtkonstellationen zum Thema gemacht (Madison 2005; Finley 2005). In ähnlicher Weise wird in Arts-Based Inquiries die Alltagserfahrung der Menschen durch Poesie und literarisches Schreiben, Theateraufführungen, Zeichnen und Malen, Musik und anderen Kunstformen reflexiv aufgehoben (Leavy 2015; Jones 2013). Zugleich wird Ethnografie mit der Diskursanalyse zusammengeführt, um die Subjektivierungsformen der Akteur*innen aus den Wissens-Macht-Formationen gesellschaftlicher Diskurse zu begründen (Bergschmidt 2014). Wichtig ist in diesen experimentellen Ansätzen ein eindeutiges Bekenntnis des Ethnografen zur eigenen Subjektivität. Das Politische wird angesichts der Einsicht, als Wissenschaftlerin selbst untrennbarer Teil der gesellschaftlichen Praxen zu sein, explizit eingefordert. Zugleich werden die Informant*innen in die Wissens- und Textproduktionen einbezogen, um vor allem dem Dilemma zu entgehen, über die Anderen zu schreiben, ohne sie selbst zu Wort kommen zu lassen. Die Abwesenheit im Text wird durch polyphone, dialogische Schreibformen aufzuheben versucht. Über „Dialogic Tales" werden die Stimmen des Feldes hörbar gemacht.

Viele dieser Ansätze eines postmodernen Multiperspektivismus protegieren jedoch einen Subjektivismus, in dessen relativistischer Selbstzerfleischung sich letztlich ein deutlicher Antiszientismus artikuliert. Indem im wissenschaftlichen Relativismus allgemeine Wahrheitsstandards aufgegeben werden, ist jede Erkenntnis, weil diese letztlich an ihre subjektive Perspektive gebunden bleibt, für sich wahr und gleich gültig. Dieser Infragestellung der Möglichkeit von verallgemeinerbaren Erkenntnissen in den Wissenschaften wurde kritisch entgegnet, dass diese als „narzisstische Nabelschau" in ironischer und distinguierter Selbstbetrachtung verweilt. Der eigentliche Auftrag, wissenschaftliche Erkenntnisse zu liefern, wird dagegen verleugnet, „um die Begegnung mit der rauhen Wirklichkeit des ‚Feldes' durch den Reiz der Selbstuntersuchung zu ersetzen" (Bourdieu 1993, S. 366). Trotz aller Kritik sind nach Bourdieu die Potentiale der Reflexion sehr wohl mitzunehmen, diese müssen aber zurück auf eine soziologische Analyse bezogen werden, der es um die Objektivierung der wissenschaftlichen Objektivierungspraxis geht. Erreicht wird dies insbesondere durch die Analyse der gesellschaftlichen Stellung, die der Akademiker im gesellschaftlichen Feld selbst einnimmt (Bourdieu 1988).

> Der Soziologe hat nur dann die Möglichkeit, den gesellschaftlichen Bedingungen, deren Produkt er wie jedermann selbst ist, zu entgehen, wenn er seine eigenen wissenschaftlichen Waffen gegen sich selbst richtet; wenn er sich mit der Erkenntnis der auf ihm lastenden gesellschaftlichen Determinierungen ausrüstet und ganz besonders mit der wissenschaftlichen Analyse all der Zwänge und all der Begrenzungen, die an seine vorbestimmte Stellung und eine vorbestimmte Bahn in einem Feld gebunden sind, um zu versuchen, die Wirkungen dieser Determinierungen zu neutralisieren. (Bourdieu 1993, S. 372)

Als Reaktion auf die relativistischen und zum Teil anti-szientistischen Tendenzen manifestierte sich ein reflexiver Realismus, der sich darauf besinnt, zunächst einmal die der Ethnografie zugedachte Arbeit zu erledigen: in die Wirklichkeit gehen, um Daten, Interpretation, Theorien und Repräsentationen zu liefern, und dies in einer Haltung von Respekt und Wertschätzung gegenüber der Sozialwelt (Hammersly & Atkinson 2007, S. 7). Als Ausgangspunkt des *reflexiven* Realismus bleibt die Annahme, dass die Sozialwelt dort draußen sowohl in der Praxis als auch in der Theorie als eigene Wirklichkeit vorliegt. Es reicht aber nicht aus, sich wie im *naiven* Realismus bloß mit den Augen umzuschauen und mit den Ohren umzuhören. Die Welt da draußen existiert nicht in Form von Fakten, die als „natural occuring data" bloß abzuschöpfen sind. Vielmehr ist in der ethnografischen Praxis die soziale Wirklichkeit nur interpretativ zugänglich. Und jede Interpretation bringt es notwendigerweise mit sich, dass sich im Erkenntnisprozess die Perspektiven der Akteur*innen und der Ethnografin zu verschränken haben. Eine aufgeklärte Ethnografie muss also auch um die *eigenen* Konstruktionspraktiken wissen, die sich der Interpret nur erkennend aneignen kann, aus denen er sich aber nicht ohne Preisgabe der Möglichkeit, den Anderen zu verstehen, lösen kann. Wissenschaftler*innen können keinen privilegierten Zugang in die sakralen Hallen transzendenter Wahrheiten mehr beanspruchen, was sie wohl eher vom Ballast befreit als desillusioniert. Und dennoch sollte an den Potentialen von Wissenschaft festgehalten werden, nämlich mit nötiger Distanz zur Praxis und mit größerer Präzision in der Betrachtung das herauszuarbeiten, was die Sozialwelt bedeutet, um schließlich in Form von Theorien systematisches Wissen zu generieren.

Aufgaben zum Schreiben

1. Das Schreiben bildet sich durchs Lesen. Lesen Sie ethnografische Studien, um sich einen Überblick zu verschaffen, in welch vielfältigen Formen die Ergebnisse in einem Bericht dargestellt werden können.
2. Entwickeln Sie Ihre eigenen Forschungsergebnisse entlang der Darstellung Ihrer zentralen Konzepte und Begriffe. Beginnen Sie mit der Erstellung eines Portfolios der überzeugendsten und interessantesten Dichten Beschreibungen, theoretischen Memos und Datenauszüge.
3. Schreiben Sie zu Beginn den roten Faden Ihrer Auswertung auf einer halben bis ganzen Seite auf (Corbin & Strauss 1996, S. 98).
4. Verwenden Sie zur Gliederung des Ergebnisteils Ihr Kategoriensystem. Die Überschriften können zum Beispiel den Namen der wichtigsten Kategorien tragen, anhand derer das Phänomen beschrieben wird. Binden Sie Auszüge aus Ihren Daten ein, um Ihre Interpretationen zu veranschaulichen und zu belegen.

Weiterführende Literatur

Atkinson, P., & Delamont, S. (Hrsg.). (2008). *Representing ethnography: Reading, writing and rhetoric in qualitative research* (4 Bde). Los Angeles: Sage.
Becker, H. S. (1994). *Die Kunst des professionellen Schreibens*. Frankfurt/M.: Campus.
Berg, E., & Fuchs, M. (Hrsg.). (1993). *Kultur, soziale Praxis, Text. Die Krise der ethnographischen Repräsentation*. Frankfurt/M.: Suhrkamp.

Schlussbetrachtungen 8

Ethnografie hat sich in den deutschsprachigen Sozialwissenschaften den ihr gebührenden Platz erobert, als anerkanntes und etabliertes Verfahren, das auch in den grundlagenwissenschaftlichen Förderlinien von Drittmittelprogrammen eine Chance hat. Obwohl Interviews und konservative Formen der Datenaufzeichnung vorherrschen, kann der Ethnografie fast schon der Status einer Trendmethode zugeschrieben werden. Der Erfahrungsfundus der Feldforschung bildet nicht mehr nur den Referenzrahmen zur methodologischen Selbstvergewisserung qualitativer Methodik. Das besondere Innovationspotential begründet sich eben daraus, dass sich diese nicht auf die *eine* Methode verpflichten lässt. Vielmehr befindet sich Ethnografie in einer auf Permanenz gesetzten Suchbewegung, weil diese am striktesten die Frage aufwirft, wie ein adäquater Zugang zum Erkenntnisgegenstand zu gewinnen ist. Die Entwicklungsdynamik der sozialen Wirklichkeit, aber auch der sozialwissenschaftlichen Theoriebildung eröffnet stets neue Horizonte. Damit lässt sich der Kanon an Forschungsmethoden nicht ein für alle Mal festschreiben. Sozialwissenschaften benötigen immer auch Methodeninnovationen, die als „Emergent Methods" bestehende Erkenntnisgrenzen überschreiten (Hesse-Biber & Leavy 2008). Dafür eignet sich Ethnografie in besonderer Weise, weil beim Aufspüren und Nachverfolgen gesellschaftlicher Veränderungen vor Ort die Begrenztheit des vorhandenen Werkzeugs und die Potentiale alternativer Erkenntniswege sehr schnell zur Einsicht gelangen. Und wie bei jedem Trend drohen auch der Ethnografie Übertreibungen, vor allem in der Tendenz, auf jede feldaffine Methode „Ethnografie" draufzuschreiben, auch wenn es sich vielfach um Teilnehmende Beobachtung oder um explorative Interviewstudien handelt.

Wenn die Frage gestellt wird, in welche Richtung sich die Ethnografie weiterentwickeln wird, dann auf jeden Fall in Form einer Ausdifferenzierung der methodischen Zugänge und der sich vertiefenden Klärung von Geltungs- und Erkennt-

© Springer Fachmedien Wiesbaden GmbH, ein Teil von Springer Nature 2019
S. Thomas, *Ethnografie*, Qualitative Sozialforschung,
https://doi.org/10.1007/978-3-531-94218-6_8

nisansprüchen. Insbesondere ist eine Technologisierung der Datenerhebung zu beobachten. Angesichts des methodischen Opportunismus können technologische Innovationen – worunter gegenwärtig „insbesondere digitale Medien, das Internet, mobile Endgeräte und *Big Data*" fallen (Schreier 2017, S. 48) – rasch aufgegriffen und integriert werden. Neuentwicklungen finden sich vor allem in der Aneignung des Internets, obwohl die erste sozialwissenschaftliche Erschließung wie etwa in der Netnography mittlerweile schon zwei Jahrzehnte zurückliegt (Kozinets 2015). Die virtuellen Welten des World Wide Web werden gerade innerhalb der Ethnografie als neue Forschungsfelder erschlossen (Angrosino 2007, S. 94 ff.; Hine 2015), und zugleich eröffnet die Nutzung von Social Media neue Kommunikationsformen und alternative Datenzugänge (Fielding, Lee & Blank 2008). Genauso lässt sich eine Konjunktur der Videografie beobachten, die sich nur zu einem Teil aus der immer leichteren Verfügbarkeit der Aufnahmetechnik begründet. Wichtiger noch sind neuere Wissenschaftsbeiträge, die auf die besonderen Erfordernisse bei der Datenanalyse fokussieren, sowie die Neuentwicklung spezialisierter Softwareprogramme zur computergestützten Auswertung, die Frame für Frame eine sequenzielle Transkription der Videoaufnahmen erlauben (Moritz 2014). Der Boom der Videografie wirkt geradewegs so, als ob in der deutschsprachigen Methodendebatte die Beschäftigung mit Ethnografie gleich in Richtung eines datenobjektiveren Verfahrens übersprungen wird. Und dennoch bildet die Ethnografie für die Videografie einen wichtigen Referenzpunkt. Auf Ethnografie-Tagungen und in ethnografischen Sammelbänden findet diese einen Heimathafen (z. B. Reh & Labede 2012) – obwohl der Bezug häufig nur darin gegeben ist, dass die Videoaufnahmen im Feld gemacht worden sind.

Unter dem Gesichtspunkt der Fortentwicklung von Erkenntnisansprüchen zeigt sich, dass Ethnografie eine immer größere methodische Raffinesse erlangt. Nachdem diese mittlerweile in den Methodenkanon der sozialwissenschaftlichen Disziplinen diffundiert ist, findet sich anstelle eines One-size-fits-all-Verfahrens eine zunehmend feinkörnigere Aneignung und Adaption, die passgenau auf die jeweiligen Wissensdisziplinen zugeschnitten ist. Die methodischen Schritte – wie etwa die Konstituierung des Feldes, der Feldzugang, die Beziehung von Ethnograf und Akteur*innen, die Datenerhebung und -analyse etc. – werden innerhalb der jeweiligen disziplinären Kontexte analytisch zerlegt und objektiviert. Unterhalb dieser Ebene artikulieren sich gerade im englischsprachigen Raum eine Vielzahl von Bindestrich-Ethnografien, die sich speziellen Forschungsprogrammatiken und Untersuchungsfeldern zuordnen lassen: Political, Critical, Feminist und Public Ethnography wie auch Organizational, Institutional, Work Place Ethnography etc.

Zugleich verstärkt sich das Interesse an der Subjektivität und individuellen Erfahrung der Akteur*innen der Sozialwelt. Entgegen der klassischen Zugänge über

Teilnehmende Beobachtung, die eher defensiv im Feld agiert, wächst – wie im Kapitel „Schreiben" vorgestellt – die Anzahl jener Ansätze, die in Form von künstlerischen, schriftstellerischen und politischen Projekten aktiv im Feld intervenieren. Ethnografie öffnet sich zugunsten von Erkenntnisprozessen, in denen die Menschen in die Wissens- und Bedeutungsproduktionen einbezogen werden. Hieraus ergibt sich auch eine Affinität zur Praxisforschung speziell in den angewandten Wissenschaften, die sich von der häufigen Esoterik grundlagenwissenschaftlicher Betrachtung abgrenzen und an der Beschreibung und Lösung realweltlicher Probleme interessiert sind, wie etwa in der Sozialen Arbeit und den Gesundheitswissenschaften, aber auch im weitergefassten Sinne in den Erziehungswissenschaften. Die größere Nähe zum Feld und der Einbezug der Perspektiven der Menschen verbindet sich in Projekten des gemeinsamen Forschens schließlich mit Ansprüchen der partizipativen Methodik (v. Unger 2013; Bergold & Thomas 2012).

Dennoch sollte hinter die Methodisierung der Ethnografie auch ein großes Fragezeichen gesetzt werden. Mit der „Focused Ethnography" hatte Knoblauch einen weithin diskutierten Vorschlag gemacht (2001), wie sich die Phase der empirischen Feldforschung komprimieren ließe. Anstatt Monate im Feld zu verbringen, werden in kurzer Zeit intensiv Daten erhoben, die im Anschluss in Ruhe auszuwerten sind. Ähnlich verhält sich der Vorschlag einer short-term ethnography von Pink und Morgan (2013) dazu. Insbesondere die Videografie wird in diesem Zusammenhang als geeignete Methode ins Spiel gebracht, um die Dichte der Empirie zu konservieren (Knoblauch 2001). Angesichts dieses Abkürzungsvorschlags wurde jedoch kritisch annotiert, ob überhaupt noch von Ethnografie gesprochen werden kann (Breidenstein & Hirschauer 2002). Zum Beispiel wird sowohl auf die Einsozialisierung der Ethnografin als Teilnehmerin als auch auf eine dauerhafte Verbindung von Datenerhebung und -auswertung über das Theoretical Sampling verzichtet. Dennoch kann sich die Ethnografie der Effizienzlogik der Gegenwart nicht entziehen.

> Today's fieldworkers are under pressure to become more scientific, more efficient, more systematic, better focused. I think such ideals have their place and can be satisfied as necessary, when it makes sense to meet them, but I do not believe they are inherently praiseworthy. It is fieldwork's time-consuming, slowly focusing, sometimes convoluted and inefficient but always contextually rich, life-mirroring approach that needs to be protected in our age of efficient anxiety. (Wolcott 1995, 252)

Die große Herausforderung besteht gerade in dem hohen Zeitaufwand der Methode bei der Exploration des Feldes. Erinnert sei an den von Goffman formulierten Anspruch, mindestens ein Jahr ins Feld zu gehen und sich während dieser Zeit möglichst weitgehend aus den persönlichen Sozialbezügen herauszulösen (1996). Was noch in jungen Jahren gelingen mag, wird mit zunehmenden Alter des Ethnografen schwieriger. Erkenntnis braucht ihre Zeit gerade angesichts der hohen Komplexität der sozialen Welt, die nicht so sehr durch Methoden, sondern durch genaue Beobachtung und vertieftes Nachdenken zur Erkenntnis gelangt.

Würde ich jetzt am Ende dieses Buches nach einem persönlichen Resümee gefragt werden, was die Ethnografie der Sozialwissenschaftlerin bringen mag, dann würde ich zu folgender Antwort gelangen: Ethnografie ist für mich vor allem das Wagnis der beobachtenden und intellektuellen Aneignung fremder Sozialwelten, das interessierte Hinausgehen und Sichumschauen, um der Rätselhaftigkeit des sozialen Lebens auf die Spur zu kommen. Der Ertrag ist kein rein persönlicher, sondern es ist die Absicht, einen bescheidenen Beitrag dazu zu leisten, das kulturelle Archiv fortzuschreiben, in dem jene Antworten geschrieben stehen, die Menschen bei der Bewältigung der existentiellen Herausforderungen ihres Alltags gefunden haben (Geertz 1983, S. 43). Gerade in unserer globalisierten Welt, in der uns das Fremde so nah ist, besteht der besondere Reiz dieses Unternehmens darin, zu lernen, wer die Anderen sind. Damit eröffnet sich die Chance, den eigenen bornierten Horizont bloß persönlicher Anschauungen zu erweitern und zu neuen Gesichtspunkten zu gelangen (Bauman 2005, S. 1089). Dabei geht es nicht um Repräsentativität, sondern sowohl um das Begreifen von Strukturen, in denen Menschen ihren Alltag vorfinden, als auch um ein Nutzen dieser Erkenntnis, um zu einem selbstbestimmten Leben zu gelangen, in dem der Andere nicht als Beschränkung und Bedrohung erscheint, sondern als Bereicherung der eigenen Möglichkeiten.

Literatur

Ackermann, T. (2017). *Über das Kindeswohl entscheiden. Eine ethnographische Studie zur Fallarbeit im Jugendamt.* Bielefeld: Transcript.

Adams, T., Jones, H. S., & Ellis, C. (2015). *Autoethnography. Understanding qualitative research.* Oxford: Oxford University Press.

Agar, M. H. (1996). *The professional stranger. An informal introduction in ethnography* (2. Aufl.). San Diego: Academic Press.

Amann, K., & Hirschauer, S. (1997). Die Befremdung der eigenen Kultur. Ein Programm. In S. Hirschauer & K. Amann (Hrsg.), *Die Befremdung der eigenen Kultur. Zur ethnographischen Herausforderung soziologischer Empirie* (S. 7-52). Frankfurt/M.: Suhrkamp.

Anderson, N. (1923). *The hobo. The sociology of the homeless men.* Chicago: University of Chicago Press.

Andreas, M. (2015). *Vom neuen guten Leben. Ethnographie eine Ökodorfs.* Bielefeld: Transcript.

Angrosino, M. (2007). *Doing ethnograhic and observational research.* London: Sage.

Atkinson, P. & Delamont, S. (Hrsg.) (2008). *Representing ethnography: Reading, writing and rhetoric in qualitative research* (4. Bde). Los Angeles: Sage.

Atkinson, P. (2015). *For ethnography.* London: Sage.

Atkinson, P. (2017). *Thinking ethnographically.* London: Sage.

Atkinson, P., Coffey, A., Delamont, S., Lofland, J., & Lofland, L. (Hrsg.). (2001). *Handbook of ethnography.* London: Sage.

Austin, J. L. (1972). *Zur Theorie der Sprechakte.* Stuttgart: Reclam.

Banks, M. (2007). *Using visual data in qualitative research.* London: Sage.

Bauman, Z. (2005). Afterthought: On writing sociology. In N. K. Denzin & Y. S. Lincoln (Hrsg.), *Handbook of qualitative research* (3. Aufl.) (S. 1089-1098). Thousand Oaks (CA): Sage.

Becker, H. S. (1958). Problems of inference and proof in participant observation. *American Sociological Review, 23*(6), 652-660.

Becker, H. S. (1967). Whose side are we on? *Social Problem, 14*(3), 239-247.

Becker, H. S. (1970). *Sociological work. Method and substance.* Chicago: Aldine.

Becker, H. S. (1994). *Die Kunst des professionellen Schreibens.* Frankfurt/M.: Campus.

Becker, H. S. (1998). *Tricks of the trade.* Chicago: University of Chicago Press.

© Springer Fachmedien Wiesbaden GmbH, ein Teil von Springer Nature 2019
S. Thomas, *Ethnografie*, Qualitative Sozialforschung,
https://doi.org/10.1007/978-3-531-94218-6

Becker, H. S., & Geer, B. (1979). Teilnehmende Beobachtung: Die Analyse qualitativer Felddaten. In K. Gerdes (Hrsg.), *Explorative Sozialforschung. Einführende Beiträge aus ‚Natural Sociology' und Feldforschung in den USA* (S. 158-183). Stuttgart: Enke.

Becker, H. S., Geer, B., Hughes, E. C., & Strauss, A. L. (1961). *Boys in white. Student culture in medical school*. Chicago: University of Chicago Press.

Benkel, T., & Meitzler, M. (2015). Feldforschung im Feld der Toten. Unterwegs in einer Nische der sozialen Welt. In A. Poferl & J. Reichertz (Hrsg.), *Wege ins Feld. Methodologische Aspekte des Feldzugangs* (S. 234-251). Essen: Oldib-Verl.

Berg, E., & Fuchs, M. (Hrsg.). (1993). *Kultur, soziale Praxis, Text. Die Krise der ethnographischen Repräsentation*. Frankfurt/M.: Suhrkamp.

Bergner, E. (2002). „Ich war da" – Überlegungen zur Authentizität von Daten teilnehmender Beobachtung. In D. Schaeffer & G. Müller-Mundt (Hrsg.), *Qualitative Gesundheits- und Pflegeforschung* (S. 375-389). Bern: Huber.

Bergold, J. B., & Breuer, F. (1987). Methodologische und methodische Probleme bei der Erforschung der Sicht des Subjekts. In J. B. Bergold & U. Flick (Hrsg.), *Ein-Sichten. Zugänge zur Sicht des Subjekts mittels qualitativer Forschung* (S. 20-52). Tübingen: DGVT.

Bergold, J., & Thomas, S. (2012). Participatory research methods: A methodological approach in motion. *Forum Qualitative Sozialforschung/Forum: Qualitative Social Research, 13*(1). Abgerufen von http://nbn-resolving.de/urn:nbn:de:0114-fqs1201302

Bergschmidt, V. (2014). *Konstruktion „verworfener" Subjekte. Eine ethnografisch-diskursanalytische Untersuchung am Beispiel von Drogenabhängigen ohne deutschen Pass*. Berlin: Psychosozial.

Billaud, J. (2016). Snapshots of British islam: Exploring self, identity, and the good ethical life in the global megalopolis. *Journal of Contemporary Ethnography, 45*(5), 503-528.

Blumenthal, S.-F. (2014). *Scham in der schulischen Sexualaufklärung. Eine pädagogische Ethnographie des Gymnasialunterrichts*. Wiesbaden: Springer VS.

Blumer, H. (1969). *Symbolic interactionism. Perspective and method*. Berkeley: University of California Press.

Boas, F. (1994). *Bei den Inuit in Baffinland 1883-1884. Tagebücher und Briefe*. Berlin: Schletzer.

Bochner, A., & Ellis, C. (2016). *Evocative autoethnography. Writing lives and telling stories*. New York: Routledge.

Bogner, A., Littig, B., & Menz, W. (2014). *Interviews mit Experten. Eine praxisorientierte Einführung*. Wiesbaden: Springer VS.

Bohnsack, R. (2011). Gütekriterien. In R. Bohnsack, W. Marotzki, & M. Meuser (Hrsg.), *Hauptbegriffe Qualitativer Sozialforschung* (S. 80-82). Opladen: Barbara Budrich.

Bohnsack, R., Przyborski, A., & Schäffer, B. (2010). *Das Gruppendiskussionsverfahren in der Forschungspraxis*. Opladen: Barbara Budrich.

Bonz, J., Eisch-Angus, K., Hamm, M., & Sülzle, A. (Hrsg.). (2017). *Ethnografie und Deutung. Gruppensupervision als Methode reflexiven Forschens*. Wiesbaden: Springer VS.

Bosk, C. L., & de Vries, R. G. (2004). Bureaucracies of mass deception: Institutional review boards and the ethics of ethnographic research. In E. Anderson, S. N. Brooks, R. Gunn, & N. Jones (Hrsg.), *Being here and being there. Fieldwork encounters and ethnographic discoveries* (S. 249-263). Thousand Oaks, CA: Sage.

Bourdieu, P. (1988). *Homo academicus*. Frankfurt/M.: Suhrkamp.

Bourdieu, P. (1993). Narzißtische Reflexivität und wissenschaftliche Reflexivität. In E. Berg & M. Fuchs (Hrsg.), *Kultur, soziale Praxis, Text. Die Krise der ethnographischen Repräsentation* (S. 365-374). Frankfurt/M.: Suhrkamp.

Bourdieu, P. (1997). Verstehen. In P. Bourdieu (Hrsg.), *Das Elend der Welt. Zeugnisse und Diagnosen alltäglichen Leidens an der Gesellschaft* (S. 779-802). Konstanz: UVK.

Bourgois, P. (2003). *In search of respect. Selling crack in El Barrio* (2. Aufl.). New York: Cambridge University Press.

Bower, G. H., & Hilgard, E. R. (1983). *Theorien des Lernens* (3. Aufl.). Stuttgart: Klett.

Breidenstein, G. (2006). *Teilnahme am Unterricht. Ethnographische Studien zum Schülerjob.* Wiesbaden: VS-Verlag.

Breidenstein, G., & Hirschauer, S. (2002). Endlich fokussiert? Weder ‚Ethno' noch ‚Graphie'. Anmerkungen zu Hubert Knoblauchs Beitrag „Fokussierte Ethnographie". *Sozialer Sinn, 3*(1), 125-128.

Breidenstein, G., & Kelle, H. (1998). *Geschlechteralltag in der Schulklasse. Ethnographische Studien zur Gleichaltrigenkultur.* Weinheim: Juventa.

Breidenstein, G., Hirschauer, S., Kalthoff, H., & Nieswand, B. (2013). *Ethnografie. Die Praxis der Feldforschung.* Konstanz: UVK/UTB.

Breuer, F., Muckel, P., & Dieris, B. (2018). *Reflexive Grounded-Theory. Eine Einführung für die Forschungspraxis* (3., vollst. überarb. u. erweit. Aufl.). Wiesbaden: Springer.

Brewer, J. D. (2004). Ethnography. In C. Cassell & G. Symon (Hrsg.), *Essential guide to qualitative methods in organizational research* (S. 312-322). London: Sage.

British Association for the Advancement of Science (1874). *Notes and queries on anthropology. For the use of travellers and residents in uncivilized lands.* London: Stanford.

Burawoy, M. (1991). Introduction. In M. Burawoy (Hrsg.), *Ethnography unbound. Power and resistance in the modern metropolis* (S. 1-7). Berkeley: University of California Press.

Burgess, R. G. (1982). *Field research: A sourcebook and field manual.* London: Allen & Unwin.

Burgess, R. G. (1984). *In the field. An introduction to field research.* London: Allen & Unwin.

Burgess, R. G. (1991). Sponsors, gatekeepers, members and friends: Access in educational settings. In W. B. Shaffir & R. A. Stebbins (Hrsg.), *Experiencing fieldwork. An inside of qualitative research* (S. 43-52). London: Sage.

Burkart, T. (2010). Qualitatives Experiment. In G. Mey & K. Mruck (Hrsg.), *Handbuch Qualitative Forschung in der Psychologie* (S. 252-262). Wiesbaden: VS Verlag für Sozialwissenschaften.

Buscatto, M. (2018). Doing ethnography: Ways and reasons. In U. Flick (Hrsg.), *The SAGE handbook of qualitative data collection* (S. 327-343). London: Sage.

Carter, T. F. (2017). Disciplinary (per)mutations of ethnography. *Cultural Studies – Critical Methodologies* (1-8). doi:10.1177/1532708617746423

Charmaz, K. (2006). *Constructing grounded theory: A practical guide through qualitative analysis.* London: Sage.

Charmaz, K., & Mitchell, R. G. (2001). Grounded theory in ethnography. In P. Atkinson, A. Coffey, S. Delamont, J. Lofland & L. Lofland (Hrsg.), *Handbook of ethnography* (S. 160-174). London: Sage.

Cicourel, A. V. (1974). *Methode und Messung in der Soziologie.* Frankfurt/M.: Suhrkamp.

Clifford, J. (1993). Über ethnographische Autorität. In E. Berg & M. Fuchs (Hrsg.), *Kultur, soziale Praxis, Text. Die Krise der ethnographischen Repräsentation* (S. 109-157). Frankfurt/M.: Suhrkamp.

Clifford, J. (1997). *Routes travel and translation in the late twentieth century.* Cambridge: Harvard University Press.

Clifford, J., & Marcus, G. E. (Hrsg.). (1986). *Writing culture. The poetics and politics of ethnography.* Berkeley: University of California Press.

Cloos, P., & Thole, W. (Hrsg.). (2006). *Ethnografische Zugänge. Professions- und adressatInnenbezogene Forschung im Kontext von Pädagogik.* Wiesbaden: VS-Verlag.

Coffey, A. (2018). *Doing ethnography* (The Sage qualitative research kit) (2. Aufl.). London: Sage.

Coleman, S., & von Hellermann, P. (Hrsg.). (2011). *Multi-sited ethnography. Problems and possibilities in the translocation of research methods.* New York: Routledge.

Crapanzano, V. (1986). Hermes' dilemma. The masking of subversion in ethnographic description. In J. Clifford & G. E. Marcus (Hrsg.), *Writing culture. The poetics and politics of ethnography* (S. 51-76). Berkeley: University of California Press.

Cressey, P. G. (1932). *The Taxi-Dance Hall. A sociological study in commercialized recreation and city life.* Chicago: University of Chicago Press.

Creswell, J. W. (2003). *Research design. Qualitative, quantitative, and mixed methods approaches* (2. Aufl.).Thousand Oaks (CA): Sage.

Creswell, J. W. (2013). *Qualitative inquiry and research design: Choosing among five traditions* (3. Aufl.). Thousand Oaks (CA): Sage.

Das, V. (1993). Der anthropologische Diskurs über Indien. Die Vernunft und ihr Anderes. In E. Berg & M. Fuchs (Hrsg.), *Kultur, soziale Praxis, Text. Die Krise der ethnographischen Repräsentation* (S. 402-425). Frankfurt/M.: Suhrkamp.

Dechmann, M. D. (1978). *Teilnahme und Beobachtung als soziologisches Basisverhalten. Ein Lehrbuch für Sozialwissenschaftler und soziale Berufe.* Bern: Haupt.

Deegan, M. J. (2007). The Chicago School of ethnography. In P. Atkinson, A. Coffey, S. Delamont, J. Lofland & L. Lofland (Hrsg.), *Handbook of ethnography* (S. 11-25). London: Sage.

Dellwing, M., & Prus, R. (2012). *Einführung in die interaktionistische Ethnografie. Soziologie im Außendienst.* Wiesbaden: Springer VS.

Denzin, N. K. (1989). *The research act* (3. Aufl.). Englewood Cliffs: Prentice Hall.

Denzin, N. K. (2014). Writing and/as analysis or performing the world. In U. Flick (Hrsg.), *The Sage handbook of qualitative data analysis* (S. 569-584). London: Sage.

Denzin, N. K., & Lincoln, Y. S. (2005). Introduction: The Discipline and practice of qualitative research. In N. K. Denzin & Y. S. Lincoln (Hrsg.), *Handbook of qualitative research* (3. Aufl.) (S. 1-32). Thousand Oaks (CA): Sage.

Devereux, G. (1973). *Angst und Methode in den Verhaltenswissenschaften.* München: Hanser.

Dohan, D., & Sánchez-Jankowski, M. (1998). Using computers to analyze ethnographic field data: Theoretical and practical considerations. *Annual Review of Sociology, 24,* 477-498.

Drake, S. C., & Cayton, H. R. (1945). *Black metropolis. A study of Negro life in a northern city.* Chicago: University of Chicago Press.

Ellis, C. (2004). *The ethnographic I: A methodological novel about autoethnography.* Walnut Creek (CA): Alta Mira.

Emerson, R. M., Fretz, R. I., & Shaw, L. L. (1995). *Writing ethnographic fieldnotes*. Chicago: University of Chicago Press.

Emerson, R. M., Fretz, R. I., & Shaw, L. L. (2007). Participant observation and fieldnotes. In P. Atkinson, A. Coffey, S. Delamont, J. Lofland & L. Lofland (Hrsg.), *Handbook of ethnography* (S. 352-368). London: Sage.

Emmison, M. (2016). Visual inquiry: Issues and developments. In D. Silverman (Hrsg.), *Qualitative research* (4. Aufl.) (S. 297-310). London: Sage.

Engel, N. (2014). *Die Übersetzung der Organisation. Pädagogische Ethnographie organisationalen Lernens*. Wiesbaden: Springer VS.

Esposito, F. (2017). Practicing ethnography in migration-related detention centers: A reflexive account. *Journal of Prevention an Intervention in the Community, 45*(1), 57-69.

Fabian, J. (1983). *Time and the other. How anthropology makes its object*. New York: Columbia University Press.

Fetterman, D. M. (2010). *Ethnography. Step by step* (3. Aufl.). Newburry Park: Sage.

Fielding, N. (2001). Computer applications in qualitative research. In P. Atkinson, A. Coffey, S. Delamont, J. Lofland & L. Lofland (Hrsg.), *Handbook of ethnography* (S. 453-467). London: Sage.

Fielding, N., Lee, R. M., & Blank, G. (Hrsg.). (2008). *The Sage handbook of online research methods*. Los Angeles: Sage.

Filstead, W. K. (1970). *Qualitative methodology. Firsthand involvement with the social world*. Chicago: Rand McNally College.

Finley, S. (2005). Performing revolutionary pedagogy. In N. K. Denzin & Y. S. Lincoln (Hrsg.), *Handbook of qualitative research* (3. Aufl.) (S. 681-694). Thousand Oaks (CA): Sage.

Fischer, H. (1981). Zur Theorie der Feldforschung. In W. Schmied-Kowarzik & J. Stagl (Hrsg.), *Grundfragen der Ethnologie. Beiträge zur gegenwärtigen Theorie-Diskussion* (S. 63-77). Berlin: Reimer.

Flick, U. (1991). Stationen des qualitativen Forschungsprozesses. In U. Flick, E. v. Kardorff, H. Keupp, L. v. Rosenstiel & S. Wolff (Hrsg.), *Handbuch Qualitative Sozialforschung. Grundlagen, Konzepte, Methoden und Anwendungen* (S. 147-173). München: PsychologieVerlagsUnion.

Flick, U. (2007). *Qualitative Sozialforschung. Eine Einführung* (vollständig überarb. und erweit. Neuaufl.). Reinbek: Rowohlt.

Flick, U. (2007a). *Managing quality in qualitative research*. London: Sage.

Flick, U. (2007b). *Qualitative Sozialforschung. Eine Einführung* (vollständig überarb. und erweit. Neuaufl.). Reinbek: Rowohlt.

Flick, U. (2011). *Triangulation. Eine Einführung* (3., aktual. Aufl.). Wiesbaden: VS-Verlag.

Flick, U. (2018). *Doing grounded theory* (The Sage qualitative research kit) (2. Aufl.). London: Sage.

Flick, U., Kardorff, E. v., & Steinke, I. (Hrsg.). (2000). *Qualitative Forschung. Ein Handbuch*. Reinbek: Rowohlt.

Foucault, M. (1977). *Überwachen und Strafen. Die Geburt des Gefängnisses*. Frankfurt/M.: Suhrkamp.

Frake, C. O. (1964). Notes on queries in ethnography. *American Anthropologist, 66*(3), 132-45.

Freeman, D. (1983). *Liebe ohne Aggression. Margaret Meads Legende von der Friedfertigkeit der Naturvölker.* München: Kindler.

Friebertshäuser, B., Richter, S., & Boller, H. (2010). Theorie und Empirie im Forschungsprozess und die „Ethnographische Collage" als Auswertungsstrategie. In B. Friebertshäuser, A. Langer & A. Prengel (Hrsg.), *Handbuch Qualitative Forschungsmethoden in der Erziehungswissenschaft* (3. Aufl.) (S. 379-395). Weinheim: Juventa.

Friedrichs, J., & Lüdtke, H. (1973). *Teilnehmende Beobachtung. Einführung in die sozialwissenschaftliche Feldforschung* (2. Aufl.). Weinheim: Beltz.

Gadamer, H.-G. (1990). *Wahrheit und Methode.* Tübingen: Mohr.

Geertz, C. (1983). *Dichte Beschreibung. Beiträge zum Verstehen kultureller Systeme.* Frankfurt/M.: Suhrkamp.

Geertz, C. (1984). „From the native's point of view": On the nature of anthropological understanding. In R. A. Shweder & R. A. LeVine (Hrsg.), *Culture theory: Essays on mind, self, and emotion* (S. 123-136). Cambridge: Cambridge University Press.

Geertz, C. (1993). *Die künstlichen Wilden. Der Anthropologe als Schriftsteller.* Frankfurt/M.: Fischer.

Gerdes, K. (1979). Erläuterungen zu den einzelnen Beiträgen. In K. Gerdes (Hrsg.), *Explorative Sozialforschung. Einführende Beiträge aus ‚Natural Sociology' und Feldforschung in den USA* (S. 9-15). Stuttgart: Enke.

Gerdes, K. (Hrsg.) (1979). *Explorative Sozialforschung. Einführende Beiträge aus ‚Natural Sociology' und Feldforschung in den USA.* Stuttgart: Enke.

Gerdes, K., & Wolffersdorff-Ehlert, C. v. (1979). Ausgewählte Forschungsberichte. In K. Gerdes (Hrsg.), *Explorative Sozialforschung. Einführende Beiträge aus ‚Natural Sociology' und Feldforschung in den USA* (S. 121-140). Stuttgart: Enke.

Gibbs, G. R. (2014). Using software in qualitative analysis. In U. Flick (Hrsg.), *The Sage handbook of qualitative data analysis* (S. 277-94). London: Sage.

Girtler, R. (1995). *Randkulturen. Theorie der Unanständigkeit.* Wien: Böhlau.

Girtler, R. (2001). *Methoden der Feldforschung.* Wien: Böhlau.

Glaser, B. G. (1978). *Theoretical sensitivity.* Mill Valley (CA): The Sociology Press.

Glaser, B. G. (2001). *The grounded theory perspective: Conceptualization contrasted with description.* Mill Valley (CA): Sociology Press.

Glaser, B. G., & Strauss, A. L. (1967). *The discovery of grounded theory.* Chicago: Aldine.

Gobo, G., & Molle, A. (2017). *Doing ethnography* (2. Aufl.). London: Sage.

Goffman, E. (1959). *The presentation of self in everyday life.* New York: Anchor Books.

Goffman, E. (1996). Über Feldforschung. In H. Knoblauch (Hrsg.), *Kommunikative Lebenswelten. Zur Ethnographie einer geschwätzigen Gesellschaft* (S. 261-269). Konstanz: UVK.

Gold, R. L. (1958). Roles in sociological field observations. *Social Forces, 36*(3), 217-223.

Graff, U., Kolodzig, K., & Johann, N. (2016). Bildungsqualitäten genderpädagogischer Angebote der Jugendarbeit. Methodologische Überlegungen zu einer vergleichenden Ethnographie. In U. Graff, K. Kolodzig, & N. Johann (Hrsg.), *Ethnographie – Pädagogik – Geschlecht. Projekte und Perspektiven aus der Kindheits- und Jugendforschung* (S. 17-37). Wiesbaden: Springer VS.

Groeben, N. (1986). *Handeln, Tun, Verhalten als Einheiten einer verstehend-erklärenden Psychologie. Wissenschaftstheoretischer Überblick und Programmablaufentwurf zur Integration von Hermeneutik und Empirismus.* Tübingen: Francke.

Hader, J. J., & Lindeman, E. C. (1933). *Dynamic social research*. London: Kegan Paul.

Hahn, H. P. (2013). *Ethnologie. Eine Einführung*. Frankfurt/M.: Suhrkamp.

Hallett, R. E., & Barber, K. (2014). Ethnographic research in a cyber era. *Journal of Contemporary Ethnography, 43*(3), 306–330.

Hammersley, M. & Atkinson, P. (2007). *Ethnography. Principles in practice* (3. Aufl.). Abingdon: Routledge.

Hammersley, M. (1992). *What's wrong with ethnography?* London: Routledge.

Harper, D. (Hrsg.) (2012). *Visual sociology*. New York: Routledge.

Heath, C. (2016). Embodied action: Video and the analysis of social interaction. In D. Silverman (Hrsg.), *Qualitative research* (4. Aufl., S. 311-327). London: Sage.

Heng, T. (2017). *Visual methods in the field. Photography for the social sciences*. London: Sage.

Hermanns, H. (2000). Interviewen als Tätigkeit. In U. Flick, E. von Kardorff & I. Steinke (Hrsg.), *Qualitative Forschung. Ein Handbuch* (S. 360-368). Reinbek: Rowohlt.

Hesse-Biber, N., & Leavy, P. (Hrsg.). (2008). *Handbook of emergent methods*. New York: The Guilford Press.

Hildenbrand, B. (2007). Mediating structure and interaction in grounded theory. In A. Bryant & K. Charmaz (Hrsg.), *The Sage handbook of grounded theory* (S. 539-564). London: Sage.

Hildenbrandt, B. (2000). Anselm Strauss. In U. Flick, E. v. Kardorff & I. Steinke (Hrsg.), *Qualitative Forschung. Ein Handbuch* (S. 32-42). Reinbek: Rowohlt.

Hine, C. (2008). Virtual ethnography: Modes, varieties, affordances. In N. Fielding, R. M. Lee & G. Blank (Hrsg.), *The Sage handbook of online research methods* (S. 257-70). Los Angeles: Sage.

Hine, C. (2015). *Ethnography for the internet: Embedded, embodied and everyday*. London: Bloomsbury.

Hirschauer, S. (1993). *Die soziale Konstruktion der Transsexualität: Über die Medizin und den Geschlechtswandel*. Frankfurt/M.: Suhrkamp.

Hirschauer, S. (2001). Ethnografisches Schreiben und die Schweigsamkeit des Sozialen. Zu einer Methodologie der Beschreibung. *Zeitschrift für Soziologie, 30*(6), 429–451.

Hirschauer, S., & Amann, K. (Hrsg.). (1997). *Die Befremdung der eigenen Kultur. Zur ethnographischen Herausforderung soziologischer Empirie*. Frankfurt/M.: Suhrkamp.

Hitzler, R. (1986). Die Attitüde der künstlichen Dummheit. *Sozialwissenschaftliche Informationen, 15*, 53-59.

Hitzler, R. (1998). „Let your body take control!" Zur ethnographischen Kulturanalyse der Techno-Szene. In R. Bohnsack & W. Marotzki (Hrsg.), *Biographieforschung und Kulturanalyse* (S. 75-92). Opladen: Leske + Budrich.

Hitzler, R. (2002). Sinnrekonstruktion. Zum Stand der Diskussion (in) der deutschsprachigen interpretativen Soziologie. *Forum Qualitative Sozialforschung/Forum: Qualitative Social Research, 3*(2).

Hitzler, R. (2016). Macht denn das noch Sinn? Ein Votum für bedingte Methodentoleranz. In R. Hitzler, S. Kreher, A. Poferl, & N. Schröer (Hrsg.), *Old School – New School? Zur Frage der Optimierung ethnographischer Datengenerierung* (S. 15-26). Essen: Oldib.

Hitzler, R., & Eisenwicht, P. (2016). *Lebensweltanalytische Ethnographie – im Anschluss an Anne Honer*. Weinheim: Beltz/Juventa.

Hitzler, R., & Honer, A. (1995). Qualitative Verfahren zur Lebensweltanalyse. In U. Flick, E. v. Kardorff, H. Keupp, L. v. Rosenstiel & S. Wolff (Hrsg.), *Handbuch Qualitative Sozialforschung. Grundlagen, Konzepte, Methoden und Anwendungen* (2. Aufl.) (S. 382-385). München: Psychologie Verlags Union.

Hjorth, L., Horst, H., Galloway, A., & Bell, G. (Hrsg.). (2017). *The Routledge companion to digital ethnography.* New York: Routledge.

Hochschild, A. R. (1990). *Das gekaufte Herz. Zur Kommerzialisierung der Gefühle.* Frankfurt/M.: Campus.

Holzkamp, K. (1973). *Sinnliche Erkenntnis. Historische Ursprünge und gesellschaftliche Funktion der Wahrnehmung.* Frankfurt/M.: Athenäum.

Honer, A. (1989). Einige Probleme lebensweltlicher Ethnographie. *Zeitschrift für Soziologie, 18*(4), 297-312.

Honer, A. (1993). *Lebensweltliche Ethnographie. Ein explorativ-interpretativer Forschungsansatz am Beispiel von Heimwerker-Wissen.* Wiesbaden: DTV.

Honer, A. (2000). Lebensweltanalyse in der Ethnographie. In U. Flick, E. v. Kardorff & I. Steinke (Hrsg.), *Qualitative Forschung – Ein Handbuch* (S. 194-204). Reinbek: Rowohlt.

Honer, A., & Hitzler, R. (2015). Life-world-analytical ethnography: A phenomenology-based research approach. *Journal of Contemporary Ethnography, 44*(5), 544–562.

Høybye, M. T. (2016). Engaging the social texture of internet cancer support groups: Matters of presence and affectivity in ethnographic research on the internet. *Journal of Contemporary Ethnography, 45*(4), 451–473.

Humphreys, L. (1970). *Tearoom trade: Impersonal sex in public places.* Chicago: Aldine.

Humphreys, L. (1975). *Tearoom trade: Impersonal sex in public places* (Enlarged edition: With a retrospect on ethical issues). Chicago: Aldine.

Hünersdorf, B., Müller, B., & Maeder, C. (Hrsg.). (2008). *Ethnographie und Erziehungswissenschaft. Methodologische Reflexion und empirische Annährungen.* Weinheim: Juventa.

Hung, Y. (2016). Infraordinary ties and place-making at a convenience store in West Los Angeles. *Journal of Contemporary Ethnography, 45*(5), 529–552.

Hurston, Z. N. (1995). *Dust tracks on a road.* New York: Harper Perennial.

Jackson, J. E. (1990). „I am a fieldnote": Fieldnotes as symbol of professional. In R. Sanjek (Hrsg.), *Fieldnotes: The makings of anthropology* (S. 3-33). Ithaca (NY): Cornell University Press.

Jaeggi, E., Faas, A., & Mruck, K. (1998). Denkverbote gibt es nicht! Vorschlag zur interpretativen Auswertung kommunikativ gewonnener Daten. *Forschungsbericht aus der Abteilung Psychologie im Institut für Sozialwissenschaften der Technischen Universität Berlin, 98-2.* Abgerufen von https://www.ssoar.info/ssoar/handle/document/24953

Jahoda, M., Deutsch, M., & Cook, S. W. (1972). Beobachtungsverfahren. In R. König (Hrsg.), *Beobachtung und Experiment in der Sozialforschung.* Köln: Kiepenheuer & Witsch.

Jahoda, M., Lazarsfeld, P. F., & Zeisel, H. (1975). *Die Arbeitslosen von Marienthal. Ein soziographischer Versuch.* Frankfurt/M.: Suhrkamp.

James, A. (2007). The ethics of ethnography. In P. Atkinson, A. Coffey, S. Delamont, J. Lofland, & L. Lofland (Hrsg.), *Handbook of ethnography* (S. 339-351). London: Sage.

Jarzabkowski, P., Bednarek, R., & Cabantous, L. (2015). Conducting global team-based ethnography: Methodological challenges and practical methods. *Human Relations, 68*(1), 3–33.

Jerolmack, C., & Khan, S. (2017). The analytic lenses of ethnography. *Socius: Sociological Research for a Dynamic World, 3*, 1-11. doi:10.1177/2378023117735256

Jones, K. (2013). Infusing biography with the personal: Writing Rufus Stone. *Creative Approaches to Research, 6*(2), 6-23.

Kahn, R., & Mann, F. (1969). Developing research partnerships. In G. J. McCall & J. L. Simmons (Hrsg.), *Issues in participant observation* (S. 45-52). Reading (MA): Addison-Wesley.

Kalthoff, H. (1997). *Wohlerzogenheit. Eine Ethnographie deutscher Internatsschulen.* Frankfurt/M.: Campus.

Kalthoff, H., Hirschauer, S., & Lindemann, G. (Hrsg.) (2008). *Theoretische Empirie. Zur Relevanz qualitativer Forschung.* Frankfurt/M.: Suhrkamp.

Katz, J. (2004). On the rhetoric and politics of ethnographic methodology. In E. Anderson, S. N. Brooks, R. Gunn, & N. Jones (Hrsg.), *Being here and being there. Fieldwork encounters and ethnographic discoveries* (S. 280-308). Thousand Oaks (CA): Sage.

Kiegelmann, M. (2010). Ethik. In G. Mey & K. Mruck (Hrsg.), *Handbuch Qualitative Forschung in der Psychologie* (S. 382-394). Wiesbaden: VS.

Kirk, J., & Miller, M. L. (1986). *Reliability and validity in qualitative research.* Newbury Park: Sage.

Kleining, G. (1982). Umriß zu einer Methodologie qualitativer Sozialforschung. *Kölner Zeitschrift für Soziologie und Sozialpsychologie, 34*(2), 224-253.

Kleining, G. (1986). Das qualitative Experiment. *Kölner Zeitschrift für Soziologie und Sozialpsychologie, 38*(4), 724-750.

Kleining, G. (1995). *Lehrbuch Entdeckende Sozialforschung.* Weinheim: Beltz/PsychologieVerlagsUnion.

Kluckhohn, F. (1972). Die Methode der Teilnehmenden Beobachtung in kleinen Gemeinden. In R. König (Hrsg.), *Beobachtung und Experiment in der Sozialforschung* (S. 97-114). Köln: Kiepenheuer & Witch.

Knoblauch, H. (2001). Fokussierte Ethnographie. *Sozialer Sinn, 1*, 123-141.

Knoblauch, H. (2014). Ethnographie. In N. Baur & J. Blasius (Hrsg.), *Handbuch Methoden der empirischen Sozialforschung* (S. 521-528). Wiesbaden: Springer.

Knoblauch, H., Schnettler, B., Raab, J., & Soeffner, H.-G. (2006). *Video analysis. Methodology and methods, qualitative audiovisual data analysis in sociology.* Frankfurt/M.: Lang.

Koepping, K. P. (1984). Feldforschung als emanzipatorischer Akt? Der Ethnologe als Vermittler von Innen- und Außensicht. *Kölner Zeitschrift für Soziologie und Sozialpsychologie* (Sonderheft 26: Ethnologie als Sozialwissenschaft), 216-39.

Koepping, K. P. (1987). Authentizität als Selbstfindung durch den Anderen. Ethnologie zwischen Engagement und Reflexion, zwischen Leben und Wissenschaft. In H. P. Duerr (Hrsg.), *Authentizität und Betrug in der Ethnologie* (S. 7-37). Frankfurt/M.: Suhrkamp.

Kohl, K.-H. (2012). *Ethnologie – die Wissenschaft vom kulturell Fremden. Eine Einführung* (3., aktual. und erweit. Aufl.). München: Beck.

Kozinets, R. V. (2010). *Netnography. Doing ethnographic research online.* London: Sage.

Kozinets, R. V. (2015). *Netnography: Redefined.* London: Sage.

Krämer, H. (2014). *Die Praxis der Kreativität. Eine Ethnografie kreativer Arbeit.* Bielefeld: Transkript.

Kuhn, T. S. (1967). *Die Struktur wissenschaftlicher Revolutionen*. Frankfurt/M.: Suhrkamp.

Küsters, I. (2009). *Narrative Interviews: Grundlagen und Anwendungen* (2. Aufl.). Wiesbaden: VS-Verlag.

Lamnek, S., & Krell, C. (2016). *Qualitative Sozialforschung* (6., überarb. Aufl.). Weinheim: Beltz.

Langer, E., Blank, A., & Chanowitz, B. (1978). The mindlessness of ostensibly thoughtful action. The role of „placebic" information in interpersonal interaction. *Journal of Personality and Social Psychology, 36*(6), 635-642.

Lau, T., & Wolff, S. (1983). Der Einstieg in das Untersuchungsfeld als soziologischer Lernprozeß. *Kölner Zeitschrift für Soziologie und Sozialpsychologie, 35*, 417-437.

Leavy, P. (2015). *Method meets art* (2. Aufl.). New York: The Guilford Press.

LeCompte, M. D., & Schensul, J. J. (2010). *Designing and conducting ethnographic research (Ethnographer's toolkit 1)* (2. Aufl.). Lanham (MD): AltaMira.

LeCompte, M. D., & Schensul, J. J. (2013). *Analysis and interpretation of ethnographic data. A mixed methods approach (Ethnographer's toolkit 5)* (2. Aufl.). Lanham (MD): AltaMira.

LeCompte, M. D., & Schensul, J. J. (2015). *Ethics in ethnography. A mixed methods approach (Ethnographer's toolkit 6)*. Lanham (MD): AltaMira.

LeCompte, M. D., Schensul, J. J., Weeks, M. R., & Singer, M. (1999). *Researcher roles and research partnerships (Ethnographer's toolkit 6)*. Walnut Creek (CA): AltaMira.

Legewie, H. (1987). Interpretation und Validierung biographischer Interviews. In G. Jüttemann & H. Thomae (Hrsg.), *Biographie und Psychologie* (S. 138-150). Berlin: Springer.

Legewie, H. (1991). Feldforschung und teilnehmende Beobachtung. In U. Flick, E. v. Kardorff, H. Keupp, L. v. Rosenstiel & S. Wolff (Hrsg.), *Handbuch Qualitative Sozialforschung. Grundlagen, Konzepte, Methoden und Anwendungen* (S. 189-193). München: PsychologieVerlagsUnion.

Lichterman, P. (2017). Interpretive reflexivity in ethnography. *Ethnography, 18*(1), 35–45.

Liebow, E. (1967). *Tally's corner. A study of negro streetcorner men*. Boston: Littel, Brown and Company.

Lincoln, Y. S., & Guba, E. G. (1985). *Naturalistic inquiry*. Beverly Hills: Sage.

Lindeman, E. C. (1924). *Social discovery*. New York: Republic.

Lindner, R. (2004). *Walks on the wild side. Eine Geschichte der Stadtforschung*. Frankfurt/M.: Campus.

Lindner, R. (2007). *Die Entdeckung der Stadtkultur: Soziologie aus der Erfahrung der Reportage*. Frankfurt/M.: Campus.

Lofland, J., Snow, D., Anderson, L., & Lofland, L. H. (2006). *Analyzing social settings. A guide to qualitative observation and analysis*. Belmont, CA: Wadsworth.

Löw, M. (2001). *Raumsoziologie*. Frankfurt/M.: Suhrkamp.

Lüders, C. (1995). Von der teilnehmenden Beobachtung zur ethnographischen Beschreibung. In E. König & P. Zedler (Hrsg.), *Bilanz qualitativer Forschung, Bd. 2: Methoden* (S. 311-341). Weinheim: Deutscher Studien Verlag.

Lüders, C. (2000). Beobachten im Feld und Ethnographie. In U. Flick, E. v. Kardorff & I. Steinke (Hrsg.), *Qualitative Forschung – Ein Handbuch* (S. 384-402). Reinbek: Rowohlt.

Lüders, C. (2009). *Teilnehmende Beobachtung und Ethnografie*. Hagen: Fernuniversität Hagen.

Lüders, C., & Reichertz, J. (1986). Wissenschaftliche Praxis ist, wenn alles funktioniert und keiner weiß warum – Bemerkungen zur Entwicklung qualitativer Sozialforschung. *Sozialwissenschaftliche Literaturrundschau, 9*(12), 90-102.

Lueger, M. (2000). *Grundlagen qualitativer Feldforschung. Methodologie, Organisierung, Materialanalyse.* Wien: WUV.

Luhmann, N. (1997). *Die Gesellschaft der Gesellschaft* (2 Bde). Frankfurt/M.: Suhrkamp.

Lyotard, J.-F. (1986). *Das postmoderne Wissen. Ein Bericht.* Graz: Böhlau.

MacLeod, J. (1995). *Ain't no makin' it: Aspirations and attainment in a low-income neighborhood.* Boulder (CO): Westview Press.

Madison, D. S. (2005). Critical ethnography as street performance. Reflections of home, race, murder, and justice. In N. K. Denzin & Y. S. Lincoln (Hrsg.), *Handbook of qualitative research* (3. Aufl.) (S. 537-46). Thousand Oaks (CA): Sage.

Maeder, C., & Nadai, E. (2004). *Organisierte Armut. Sozialhilfe aus wissenssoziologischer Sicht.* Konstanz: UVK.

Malinowski, B. (1922). *Argonauts of the Western Pacific. An account of native enterprise and adventure in the Archipelagoes of Melanesian New Guinea.* London: Routledge & Kegan Paul.

Malinowski, B. (1954/1926). *Magic, science and religion and other essays.* Long Grove (IL): Waveland.

Malinowski, B. (1979). *Argonauten des westlichen Pazifik. Ein Bericht über Unternehmungen und Abenteuer der Eingeborenen in den Inselwelten von Melanesisch-Neuguinea.* Frankfurt/M.: Syndikat.

Malinowski, B. (1985). *Ein Tagebuch im strikten Sinn des Wortes. Neuguinea 1914-1918.* Frankfurt/M.: Syndikat.

Mapedzahama, V., & Dune, T. (2017). A clash of paradigms? Ethnography and ethics approval. *Sage Open,* 1-8. doi:10.1177/2158244017697167

Marcus, G. E. (1995). Ethnography in/of the world system: The emergence of multi-sited ethnography. *Annual Review of Anthropology, 24,* 95-117.

Markham, A., & Stavrova, S. (2016). Internet/digital research. In D. Silverman (Hrsg.), *Qualitative Research* (4. Aufl.) (S. 299-243). London: Sage.

Marshall, C., & Rossman, G. B. (2016). *Designing qualitative research* (6. Aufl.). Thousand Oaks (CA): Sage.

Matzner, A. (2018). *Informelle Gespräche in Jugendämtern. Eine Ethnografie sozialer Praktiken der Arbeit im Allgemeinen Sozialen Dienst.* Wiesbaden: Springer VS.

Mayntz, R., Holm, K., & Hübner, P. (1978). *Einführung in die Methoden der empirischen Soziologie.* Opladen: Westdeutscher Verlag.

Mayring, P. (2008). *Qualitative Inhaltsanalyse. Grundlagen und Techniken* (10. Aufl.). Weinheim: Beltz.

McCall, G. J., & Simmons, J. L. (Hrsg.) (1969). *Issues in participant observation. A text and reader.* Reading (MA): Addison-Wesley.

Mead, M. (1970). *Kindheit und Jugend in Samoa.* München: DTV.

Merton, R. K. (1980). *Auf den Schultern von Riesen. Ein Leitfaden durch das Labyrinth der Gelehrsamkeit.* Frankfurt/M.: Syndikat.

Mey, G., & Dietrich, M. (2016). Vom Text zum Bild – Überlegungen zu einer visuellen Grounded-Theory-Methodologie. *Forum Qualitative Sozialforschung / Forum: Quali-*

tative Social Research, 17(2). Abgerufen von http://nbn-resolving.de/urn:nbn:de:0114-fqs160225

Mey, G., & Mruck, K. (Hrsg.). (2007). *Grounded Theory Reader*. Köln: Zentrum für Historische Sozialforschung.

Miles, M. B., & Huberman, A. M. (1994). *Qualitative data analysis. An expanded sourcebook* (2. Aufl.). Thousand Oaks (CA): Sage.

Moritz, C. (2014). *Transkription von Video- und Filmdaten in der Qualitativen Sozialforschung. Multidisziplinäre Annäherungen an einen komplexen Datentypus*. Wiesbaden: Springer VS.

Mosher, H. (2013). A question of quality: The art/science of doing collaborative public ethnography. *Qualitative Research, 13*(4), 428–441.

Murchison, J. (2010). *Ethnography essentials: Designing, conducting, and presenting your research*. San Francisco: Wiley.

Nader, L. (1968). From anguish to exultation. In P. Golde (Hrsg.), *Women in the field. Anthropological experience* (S. 97-118). Berkeley: University of California.

Nadig, M. (1986). *Die verborgene Kultur der Frau. Ethnopsychoanalytische Gespräche mit Bäuerinnen in Mexiko. Subjektivität und Gesellschaft im Alltag von Otomi-Frauen*. Frankfurt/M.: Fischer.

Newmahr, S., & Hannem, S. (2016). Surrogate ethnography: Fieldwork, the academy, and resisting the IRB. *Journal of Contemporary Ethnography, 47*(1), 3-27.

Nisbett, R. E. & Wilson, T. D. (1977). Telling more than we can know: Verbal reports on mental process. *Psychological Review, 84*(3), 231-59.

Oester, K., & Brunner, B. (2015). *Von Kings und Losern. Eine Performance-Ethnografie mit Schülerinnen und Schülern im transnationalisierten Stadtteil Bern West*. Wiesbaden: Springer VS.

Owton, H., & Allen-Collinson, J. (2014). Close but not too close: Friendship as method(ology) in ethnographic research encounters. *Journal of Contemporary Ethnography, 43*(3), 283–305.

Pfadenhauer, M. (2005). Ethnography of scenes. Towards a sociological life-world analysis of (post-traditional) community-building. *Forum Qualitative Sozialforschung / Forum: Qualitative Social Research, 6*(3). Abgerufen von http://nbn-resolving.de/urn:nbn:de:0114-fqs0503430

Pfadenhauer, M. (2017). Grenzziehungen, Grenzverläufe, GrenzgängerInnen. Zum kulturanalytischen Potenzial der Ethnografie. *Forum Qualitative Sozialforschung / Forum: Qualitative Social Research, 18*(1). Abgerufen von http://nbn-resolving.de/urn:nbn:de:0114-fqs1701121.

Pink, S., & Morgan, J. (2013). Short-term ethnography: Intense routes to knowing. *Symbolic Interaction, 36*(3), 351–361.

Pink, S., Horst, H., Postill, J., Hjorth, L., Lewis, T., & Tacchi, J. (2016). *Digital ethnography. Principles and practice*. Los Angeles: Sage.

Ponterotto, J. G. (2006). Brief note on the origins, evolution, and meaning of the qualitative research concept thick description. *The Qualitative Report, 11*(3), 538-549. Abgerufen von http://nsuworks.nova.edu/tqr/vol11/iss3/6

Read, K. E. (1965). *The High Valley*. New York: Charles Scribner's Sons.

Reh, S., & Labede, J. (2012). Kamera-Interaktion. Videoethnographie im geöffneten Unterricht. In B. Friebertshäuser, H. Kelle, H. Boller, S. Bollig, C. Huf, A. Langer, M. Ott, &

S. Richter (Hrsg.), *Feld und Theorie. Herausforderungen erziehungswissenschaftlicher Ethnographie* (S. 89-103). Opladen: Barbara Budrich.

Reichertz, J. (2007). Qualitative Sozialforschung – Ansprüche, Prämissen, Probleme. *Erwägen – Wissen – Ethik, 18*(2), 1-14.

Reichertz, J. (2011). *Die Abduktion in der qualitativen Sozialforschung. Über die Entdeckung des Neuen* (2. Aufl.). Wiesbaden: VS-Verlag.

Reichertz, J. (2015). Beziehungsaufbau ist der Schlüssel – nicht nur beim Feldeinstieg. In A. Poferl & J. Reichertz (Hrsg.), *Wege ins Feld. Methodologische Aspekte des Feldzugangs* (S. 12-29). Essen: Oldib-Verl.

Reichmayr, J. (2003). *Ethnopsychoanalyse. Geschichte, Konzepte, Anwendungen.* Gießen: Psychosozial.

Ricoeur, P. (1978). Der Text als Modell: Hermeneutisches Verstehen. In H.-G. Gadamer & G. Boehm (Hrsg.), *Seminar: Die Hermeneutik und die Wissenschaft* (S. 83-117). Frankfurt/M.: Suhrkamp.

Rosenhan, D. (1973). On being sane in insane places. *Science, 179,* 250–258.

Ruppel, P. S., & Mey, G. (2012). Arbeiten nach dem Peer-to-Peer-Prinzip in einer online-basierten Forschungsumgebung: Die NetzWerkstatt – Integrierte Methodenbegleitung für qualitative Qualifizierungsarbeiten. In F. Günauer, A. K. Krüger, J. Moes, T. Steidten & C. Koepernik (Hrsg.), *GEW-Handbuch Promovieren mit Perspektive. Ein Ratgeber von und für DoktorandInnen* (S. 293-298). Bielefeld: Bertelsmann.

Ryle, G. (1971). Thinking of thoughts. What is ‚Le Penseur' doing? In K. Kolenda (Hrsg.), *Collected Papers, Vol. II* (S. 480-96). Oxford: Blackwell.

Said, E. W. (1981). *Orientalismus.* Frankfurt/M.: Ullstein.

Salerno, R. A. (2007). *Sociology noir. Studies at the University of Chicago in loneliness, marginality and deviance, 1915-1935.* Jefferson (NC): McFarland.

Sanjek, R. (Hrsg.) (1990). *Fieldnotes. The makings of anthropology.* Ithaca (NY): Cornell University Press.

Schatzman, L., & Strauss, A. L. (1973). *Field research. Strategies of natural sociology.* Englewood Cliffs (NJ): Prentice-Hall.

Scheffer, T. (2001). *Asylgewährung. Eine ethnographische Analyse des deutschen Asylverfahrens.* Stuttgart: Lucius & Lucius.

Schiffauer, W. (1991). *Die Migranten aus Subay. Türken in Deutschland: Eine Ethnographie.* Stuttgart: Klett-Cotta.

Schiffauer, W. (2010). *Nach dem Islamismus. Eine Ethnographie der Islamischen Gemeinschaft Milli Görüş.* Frankfurt/M.: Suhrkamp.

Schmitt, R. (1992). *Die Schwellensteher. Sprachliche Präsenz und sozialer Austausch in einem Kiosk.* Tübingen: Narr.

Schreier, M. (2017). Kontexte qualitativer Sozialforschung: Arts-Based Research, Mixed Methods und Emergent Methods. *Forum Qualitative Sozialforschung / Forum: Qualitative Social Research, 18*(2). Abgerufen von http://nbn-resolving.de/urn:nbn:de:0114-fqs170263

Schröder, C. (2017). *Emotionen und professionelles Handeln in der Sozialen Arbeit. Eine Ethnographie der Emotionsarbeit im Handlungsfeld der Heimerziehung.* Wiesbaden: Springer VS.

Schulz, M. (2015). ‚Sinnliche Ethnografie' als Fiktion und ‚Augen-Ethnografie' als Praxis. Anmerkungen zum ethnografischen Wahrnehmen und Erkennen als epistemologisches Problem. *Zeitschrift für Qualitative Forschung, 16*(1), 43-55.

Schütz, A. (1964). *Collected papers* (Vol. II: Studies in social theory). Den Haag: Nijhoff.

Schütz, A. (1973). *Collected papers* (Vol. I: The problem of social reality). Den Haag: Nijhoff.

Seale, C. (2004). Quality in qualitative research. In C. Seale, G. Gobo, J. F. Gubrium & D. Silverman (Hrsg.), *Qualitative research practice* (S. 409-419). London: Sage.

Sherman, L. W., & Strang, H. (2004). In E. Anderson, S. N. Brooks, R. Gunn, & N. Jones (Hrsg.), *Being here and being there. Fieldwork encounters and ethnographic discoveries* (The annals of the American Academy of Political and Social Science) (S. 204-222). Thousand Oaks (CA): Sage.

Silverman, D. (2010). *Doing qualitative research. A practical handbook* (3. Aufl.). London: Sage.

Small, M. L. (2004). *Villa Victoria. The transformation of social capital in a Boston barrio.* Chicago: University of Chicago Press.

Spradley, J. P. (1970). *You owe yourself a drunk. An ethnography of urban nomads.* Long Grove (IL): Waveland.

Spradley, J. P. (1979). *The ethnographic interview.* New York: Holt, Rinehart & Winston.

Spradley, J. P. (1980). *Participant observation.* New York: Rinehart & Winston.

Spradley, J. P., & McCurdy, D. W. (1972). *The cultural experience. Ethnography in complex society.* Chicago: Science Research Associates.

Stagl, J. (1991). Ethnologie. In U. Flick, E. v. Kardorff, H. Keupp, L. v. Rosenstiel & S. Wolff (Hrsg.), *Handbuch Qualitative Sozialforschung. Grundlagen, Konzepte, Methoden und Anwendungen* (S. 60-63). München: PVU.

Stagl, J. (2000). Feldforschungsideologie. In H. Fischer (Hrsg.), *Feldforschungen. Erfahrungsberichte zur Einführung* (Neufassung) (S. 267-291). Berlin: Riemer.

Steinke, I. (1999). *Kriterien qualitativer Forschung. Ansätze zur Bewertung qualitativ-empirischer Sozialforschung.* Weinheim: Juventa.

Stocking, G. W. (1983). The ethnographer's magic: Fieldwork in British anthropology from Taylor to Malinowski. In G. W. Stocking (Hrsg.), *Observers observed. Essays on ethnographic fieldwork* (S. 70-120). Madison: University of Wisconsin Press.

Strauss, A. L. (1998). *Grundlagen qualitativer Sozialforschung. Datenanalyse und Theoriebildung in der empirischen und soziologischen Forschung* (2. Aufl.). München: Fink.

Strauss, A. L., & Corbin, J. (1996). *Grounded Theory: Grundlagen Qualitativer Sozialforschung.* Weinheim: PsychologieVerlagsUnion.

Strauss, A., Schatzman, L., Bucher, R., Ehrlich, D., & Sabshin, M. (1964). *Psychiatric ideologies and institutions.* New York: Free Press.

Streck, R., Unterkofler, U., & Reinecke-Terner, A. (2013). Das „Fremdwerden" eigener Beobachtungsprotokolle – Rekonstruktionen von Schreibpraxen als methodische Reflexion. *Forum Qualitative Sozialforschung / Forum: Qualitative Social Research, 14*(1). Abgerufen von http://nbn-resolving.de/urn:nbn:de:0114-fqs1301160

Strübing, J. (2014). *Grounded Theory. Zur sozialtheoretischen und epistemologischen Fundierung eines pragmatistischen Forschungsstils* (3. überarb. u. erweit. Aufl.). Wiesbaden: Springer VS.

Sutterlüty, F., & Imbusch, P. (Hrsg.). (2008). *Abenteuer Feldforschung. Soziologen erzählen*. Frankfurt/M.: Campus.

Tanggaard, L. (2014). Ethnographic fieldwork in psychology: Lost and found? *Qualitative Inquiry, 20*(2), 167-174.

Taylor, J. (2011). The intimate insider: Negotiating the ethics of friendship when doing insider research. *Qualitative Research, 11*(1), 3–22.

Taylor, S. J., & Bogdan, R. (1998). *Introduction to qualitative research methods. A guidebook and resource* (3. Aufl.). New York: John Wiley.

Terhart, E. (1995). Kontrolle von Interpretationen: Validierungsprobleme. In E. König & P. Zedler (Hrsg.), *Bilanz qualitativer Forschung, Bd. 2: Methoden* (S. 373-397). Weinheim: Deutscher Studien Verlag.

Tertilt, H. (1996). *Turkish Power Boys. Ethnographie einer Jugendbande*. Frankfurt/M.: Suhrkamp.

Thomas, S. (2007). Exklusion und Embodiment: Formen sozialen Ausschlusses im modernen Kapitalismus. In C. Würmann, M. Schuegraf, S. Smykalla & A. Poppitz (Hrsg.), *Welt.Raum.Körper. Transformationen und Entgrenzungen von Körper und Raum* (S. 37-56). Bielefeld: Transcript.

Thomas, S. (2009). Grundbegriffe einer Psychologie des Alltags: Eine Wiederannäherung an die Sozialwissenschaften. *Journal für Psychologie, 17*(3). Abgerufen von http://www.journal-fuer-psychologie.de/jfp-3-2009-3.html

Thomas, S. (2010a). Rezension: Giampietro Gobo (2008). Doing Ethnography [32 Absätze]. *Forum Qualitative Sozialforschung/Forum: Qualitative Social Research, 11*(2). Abgerufen von http://nbn-resolving.de/urn:nbn:de:0114-fqs1002234

Thomas, S. (2010b). *Exklusion und Selbstbehauptung. Wie junge Menschen Armut erleben*. Frankfurt/M.: Campus.

Thomas, S. (2010c). Normierung und Normalisierung. Funktionsformen der Sozialen Arbeit im Spiegel der Ethnografie. *Zeitschrift für Sozialpädagogik, 4*, 416-440.

Thomas, S. (2017a). Ethnografie. In G. Mey & K. Mruck (Hrsg.), *Handbuch Qualitative Forschung in der Psychologie* (S. 462-475). Wiesbaden: VS.

Thomas, S. (2017b). Kritische Ethnographie in der Psychologie. In D. Heseler, R. Iltzsche, O. Rojon, J. Rüppel, & T. D. Uhlig (Hrsg.), *Perspektiven kritischer Psychologie und qualitativer Forschung. Zur Unberechenbarkeit des Subjekts* (S. 293-316). Heidelberg: Springer.

Thomas, S., Sauer, M., & Zalewski, I. (2018). *Unbegleitete minderjährige Geflüchtete. Ihre Lebenssituationen und Perspektiven in Deutschland*. Bielefeld: Transcript.

Thomas, W. I., & Thomas, D. S. (1928). *The child in America. Behavior problems and programs*. New York: Knopf.

Thomas, W. I., & Znaniecki, F. (1918-1920). *The Polish peasant in Europe and America* (5 Bde.). New York: Knopf.

Thrasher, F. M. (1927). *The gang. A study of 1,313 gangs in Chicago*. Chicago: University of Chicago Press.

Toulmin, S. (1994). *Kosmopolis. Die unerkannten Aufgaben der Moderne*. Frankfurt/M.: Suhrkamp.

Tracy, S. J. (2010). Qualitative quality: Eight "big-tent" criteria for excellent qualitative research. *Qualitative Inquiry, 16*(10), 837–851.

Trouille, D., & Tavory, I. (2016). Shadowing: Warrants for intersituational sariation in ethnography. *Sociological Methods and Research*, 1-27. doi:DOI: 10.1177/0049124115626171

Tuma, R., Schnettler, B., & Knoblauch, H. (2013). *Videographie. Einführung in die interpretative Videoanalyse sozialer Situationen*. Wiesbaden: Springer VS.

van Maanen, J. (1988). *Tales of the field. On writing ethnography*. Chicago: University of Chicago Press.

Vannini, P. (2013). Popularizing ethnography. Reflections on writing for popular audiences in magazines and blogs. *Qualitative Research, 13*(4), 442–451.

Venkatesh, S. (2008). *Gang leader for a day. A rogue sociologist takes to the streets*. New York: Penguin.

Vidich, A. J., & Lyman, S. M. (1994). Qualitative methods. Their history in Sociology and Anthropology. In N. K. Denzin & Y. S. Lincoln (Hrsg.), *Handbook of Qualitative Research* (S. 23-59). Thousand Oaks (CA): Sage.

von Unger, H. (2013). *Partizipative Forschung: Einführung in die Forschungspraxis*. Wiesbaden: VS-Verlag.

Wacquant, L. (2003). *Leben für den Ring. Boxen im amerikanischen Ghetto*. Konstanz: UVK.

Wacquant, L. (2009). Habitus as topic and tool: Reflections on becoming a prizefighter. In A. J. Puddephatt, W. Shaffir, & S. W. Kleinknecht (Hrsg.), *Ethnographies revisited. Constructing theory in the field* (S. 137–151). London: Routledge.

Wax, R. H. (1971). *Doing fieldwork: Warnings and advice*. Chicago: University of Chicago Press.

Whyte, W. F. (1955/1981). *Street corner society. The social structure of an Italian slum* (3. Aufl.). Chicago: University of Chicago Press.

Whyte, W. F. (1996). *Die Street Corner Society. Die Sozialstruktur eines Italienerviertels*. Berlin: Gruyter.

Wilson, T. P. (1973). Theorien der Interaktion und Modelle soziologischer Erklärung. In Arbeitsgruppe Bielefelder Soziologen (Hrsg.), *Alltagswissen, Interaktion und gesellschaftliche Wirklichkeit (Band 1)* (S. 54-79). Reinbek: Rowohlt.

Winands, M. (2015). *Interaktionen von Fußballfans. Das Spiel am Rande des Spiels*. Wiesbaden: Springer VS.

Winch, P. (1974). *Die Idee der Sozialwissenschaft und ihr Verhältnis zur Philosophie*. Frankfurt/M.: Suhrkamp.

Wirth, L. (1928). *The ghetto*. Chicago: University of Chicago Press.

Witt, H. (2010). Introspektion. In G. Mey & K. Mruck (Hrsg.), *Handbuch Qualitative Forschung in der Psychologie* (S. 491-505). Wiesbaden: VS.

Witzel, A. (2000). Das problemzentrierte Interview. *Forum Qualitative Sozialforschung/ Forum: Qualitative Social Research (Online Journal), 2006*(Dezember). Abgerufen von http://www.qualitative-research.net/fqs-texte/1-00/1-00witzel-d.htm

Witzel, A., & Reiter, H. (2010). *The problem-centred interview*, London: Sage.

Wolcott, H. F. (1995). *The art of fieldwork*. Walnut Creek (CA): AltaMira.

Wolcott, H. F. (2002). *Sneaky kid and its aftermath. Ethics and intimacy in fieldwork*. Walnut Creek: Altamira.

Wolff, S. (2000). Wege ins Feld und ihre Variationen. In U. Flick, E. v. Kardorff, & I. Steinke (Hrsg.), *Qualitative Forschung – Ein Handbuch* (S. 334-349). Reinbek: Rowohlt.

Wolff, S. (2000). Dokumenten- und Aktenanalyse. In U. Flick, E. v. Kardorff & I. Steinke (Hrsg.), *Qualitative Forschung – Ein Handbuch* (S. 502-513). Reinbek: Rowohlt.

Wolfinger, N. H. (2002). On writing field notes: Background expectancies and collection strategies. *Qualitative Research, 2*(1), 85-95.

Young, A. A. (2004). *The minds of marginalized black men. Making sense of mobility, opportunity, and future life chances.* Princeton: Princeton University Press.

Ziegler, M. (1998). *Exemplarische Erkenntnis: Zehn Beiträge zur interpretativen Erforschung sozialer Wirklichkeit.* Innsbruck: Studien-Verlag.

Zorbaugh, H. W. (1929). *The Gold Coast and the slum. A sociological study of Chicago's near north side.* Chicago: The University of Chicago Press.